贸大法学学术文库

国家级青年人才项目（2020）、对外经济贸易大学杰出青年学者培育计划（2019）研究成果
受对外经济贸易大学学科建设专项经费（324-81100512 0202）资助

# 网络借贷法律治理
## 基于整体主义理念及方法论的研究

Legal Governance of Online Lending
A Study Based on the Holistic Concept and Methodology

冯辉 著

法律出版社 北京
LAW PRESS·CHINA

### 图书在版编目(CIP)数据

网络借贷法律治理：基于整体主义理念及方法论的研究／冯辉著. -- 北京：法律出版社，2023
（贸大法学学术文库）
ISBN 978-7-5197-7815-6

Ⅰ.①网… Ⅱ.①冯… Ⅲ.①互联网络－应用－借贷－法律－研究－中国 Ⅳ.①D923.64

中国国家版本馆CIP数据核字（2023）第065056号

| 网络借贷法律治理 ——基于整体主义理念及方法论的研究 WANGLUO JIEDAI FALÜ ZHILI —JIYU ZHENGTI ZHUYI LINIAN JI FANGFALUN DE YANJIU | 冯　辉　著 | 策划编辑　陈　妮 责任编辑　陈　妮 装帧设计　臧晓飞 |

| | |
|---|---|
| 出版发行　法律出版社 | 开本　710毫米×1000毫米　1/16 |
| 编辑统筹　法治与经济出版分社 | 印张　14.75　　字数　223千 |
| 责任校对　王晓萍　王语童 | 版本　2023年9月第1版 |
| 责任印制　吕亚莉 | 印次　2023年9月第1次印刷 |
| 经　　销　新华书店 | 印刷　固安华明印业有限公司 |

地址：北京市丰台区莲花池西里7号（100073）
网址：www.lawpress.com.cn　　　　　　　销售电话：010-83938349
投稿邮箱：info@lawpress.com.cn　　　　　客服电话：010-83938350
举报盗版邮箱：jbwq@lawpress.com.cn　　　咨询电话：010-63939796
版权所有·侵权必究

书号：ISBN 978-7-5197-7815-6　　　　　　定价：88.00元

凡购买本社图书，如有印装错误，我社负责退换。电话：010-83938349

# 序

与宏观调控法、竞争法、财税法等一样,金融法也是经济法学科下重要的部门法之一。长期以来,经济法学科在发展中一直被批评的一个问题是相比于某些学科,经济法总论与分论之间的联系不够紧密甚至脱节。这也导致了分论研究在形式上越来越具体和繁荣,总论研究似乎却越来越抽象和凋零。时至今日,法学期刊发表的直接以经济法总论为选题的论文日趋减少,研究队伍似乎也不断缩小。这一现象对于学科发展很不利,但似乎很难有好的解决办法。

令人欣喜的是,近年来在经济法分论的研究中,逐步出现了深化基础理论研究的现象,似乎为解决上述问题打开了一条通道。其中的一个共性与核心,就是针对宏观调控法、竞争法、财税法、金融法等领域的具体问题,研究如何以法治的理念及方法提高政府治理、规制、监管等行为的合理性,促进经济发展、民生改善与社会进步。在针对具体问题的理论与制度研究中提炼基础理论,这种实践性的研究路径,不仅深化了经济法分论的问题与对策研究,也为经济法总论的研究提供了更为宽广的视野和"源头活水"。我们现在经常说,世界范围内许多国家的"经济法"都具有与生俱来的实践性,中国经济法尤其如此。确实,立法机关与行政机关制定规则、司法机关审判案件，并不会纠结或受限于规则或其他依据的部门法归属，而是以解决问题为核心。但是规则的合理性及实施效果，却深受理念和方法论的影响。法治建设与政府治理的目标都是实现社会整体利益，规则的合理性则是其中的核心与关键。经济法的核心是政府行为的法治化，其理念、规范和方法必然是经济学、政治学、管理学、社会学等多学科知识的交叉融合，从而为经济法总论的发展开辟了新天地。

金融法正是上述研究现象和进路的典型代表。与金融在经济与社会中的地位相似，金融法也一直是经济法学的研究热点，聚集了一批又一批年轻的学者投身于其理论和制度研究。金融交易服务、金融组织、金融监管等领域的问题较多，金融监管体制改革更是引人关注。这都在考验着金融法律治理的智慧。因技术性、复杂性和涉众性突出，金融市场的法律治理在政府经济与社会治理的谱系中处于高级阶段，也是风险大、问题发生概率高的重点领域。这就要求相应的法律治理不能"头痛医头，脚痛医脚"，无论治标还是治本，都应当坚持整体主义思想，以政府行为的实质合法性/合理性而非形式合法性为宗旨，最大限度地推进利益平衡和精准治理，促进公平、效率、安全、福利等价值的综合实现。这些理念及方法，恰与经济法总论中强调的公私融合、实质公平、社会利益本位、责权利效相统一、科学问责等思想相契合。金融法具体问题和规则的研究，丰富并拓展了经济法总论的内容，也检验并证明了经济法总论的生命力和竞争力。

冯辉是我指导的2007级博士生，2010年毕业后去了对外经济贸易大学法学院工作。他读博期间主要学习和研究经济法总论，博士学位论文写的是《论经济国家》，对部门法研究涉猎不多，因此在工作后也遇到了"落地"的问题和困惑。以金融法为突破口并非我和他特意设计，但看着他近十年来在金融法上刻苦钻研，研究积累越来越多，相关成果也日渐丰富，我感到十分欣慰。特别是他在金融监管理念、金融监管体制改革、金融产业法律治理等具体问题的研究中，体现出较好的经济法总论功底，而且对于传统的理论能够尽力使之有所拓展,殊为不易。这次他将近年来研究网络借贷的相关论文集结成《网络借贷法律治理——基于整体主义理念及方法论的研究》一书,对网络借贷的监管理念、监管体制、金融组织与交易监管、金融整治等问题进行了全面梳理,比单独的论文阅来更有系统性,也更有学术价值。我上次为他的博士学位论文出版作序还是近10年前,作为导师,看到自己的学生在学术研究上不懈努力并取得进步,无疑是一件令人开心的事情,因此欣然再度应邀为本书作序。当然,学无止境,经济法总论和金融法的研究任重道远,希望冯辉继续坐好"冷板凳"、继续努力,并取得更多的成绩。

史际春[*]

2023年5月于中国人民大学

---

[*] 中国人民大学法学院教授。

# 目 录

**第一章 代前言：金融法研究的整体主义理念及方法论 001**

一、引言 001

二、P2P网络借贷整顿与金融监管的理念及方法论反思 002

三、整体主义理念与方法论及其对金融法研究的意义 004

四、结语 006

**第二章 "嵌入式"监管：金融监管的理念创新及制度应用 008**

一、引言 008

二、"嵌入式"监管理念：依据、内涵及外延 010

（一）"嵌入式"监管的依据与基础 010

（二）"嵌入式"监管的内涵与外延 012

三、"嵌入式"监管理念的制度应用：以民间借贷的法律监管为例 016

（一）公开、公正执法与审判，给社会以明确的规则预期，重塑监管

　　　　　公信力　017

　　　（二）厉行改革，完善公共产品供给，构建民间借贷的综合治理
　　　　　机制　018

　　四、结语　022

第三章　公共产品供给型监管：再论金融监管的理念变革与法制
　　　　表达　023

　　一、引言　024

　　二、公共产品供给型监管的界定　024

　　　（一）管控型监管的形成及其变革动因　024

　　　（二）公共产品供给型监管的缘起与构成　027

　　三、中国金融市场环境下公共产品供给型监管的特殊性　030

　　　（一）中国金融市场监管的管控型特征及其影响　030

　　　（二）公共产品供给型监管对中国金融市场监管的契合
　　　　　与意义　032

　　四、公共产品供给型监管的制度应用：以"租金贷"的法律监管
　　　　为例　037

　　　（一）"租金贷"的商业构造与法律问题　037

　　　（二）"租金贷"的监管现状、不足及完善　039

　　五、结语　043

第四章　监管竞争：网贷治理的金融监管体制背景及其改革　045

　　一、引言　045

二、竞争、监管竞争与金融监管竞争 047

  (一)竞争与监管竞争 047

  (二)金融监管竞争的特殊性 049

三、中国金融监管竞争格局的形成与表现 051

  (一)中国金融监管竞争格局的形成 051

  (二)中国金融监管竞争的具体表现 054

四、金融监管竞争的复杂效应与制度问题 058

  (一)在细化监管分工、提高监管效率的同时增加了监管协同的难度 059

  (二)在增强监管能力、壮大金融产业发展的同时加强了市场对监管的依赖 060

  (三)在加快监管法制建设的同时加剧了"立法主义"的倾向 063

五、中国金融监管竞争的法律治理进路 064

  (一)改变以央行牵制和机构及人事调整为主的监管竞争治理传统 064

  (二)从监管权威导向的竞争转向公共产品供给导向的竞争 067

  (三)构建有效、实质性的监管协同机制以抑制监管竞争的负外部性 070

  (四)促进法律监管规则、行业性监管规则与金融企业内部监管规则之间的衔接 073

  (五)强化金融监管法律规范的私人实施 075

六、结语 076

## 第五章　地方金融监管的法治路径：以网络借贷为中心　078

一、引言　078

二、我国地方金融监管的形成及其实践演变　080

（一）我国地方金融监管的形成　080

（二）我国地方金融监管实践的演变　082

三、对我国地方金融监管现状的反思　085

（一）地方金融监管的立法权设置问题　085

（二）地方金融监管的权责分配问题　087

（三）问题地方金融组织的处置问题　089

（四）地方金融监管的公共产品供给问题　092

四、完善地方金融监管法治建设的具体路径　094

（一）以"金融治理"作为地方金融监管法治建设的基本理念　094

（二）在国务院金融稳定发展委员会下设专业委员会作为统筹协调地方金融治理的实体组织　095

（三）完善地方金融监管职能及具体监管权责的界定与分配　097

（四）以监管与产业利益、消费者权益的平衡为核心完善问题地方金融组织处置　101

（五）在信息和信用监管领域强化基础设施建设和公共产品供给　104

五、结语　107

## 第六章　混业金融、公共产品供给与网络借贷平台的法律监管　108

### 一、引言　109

### 二、公共产品供给与网络借贷平台监管理念之创新　110

(一) 管控型监管在网络借贷平台监管中的不足　110

(二) 网络借贷平台监管应定位于公共产品供给　111

### 三、混业金融实践与网络借贷平台业务范围的界定　114

(一) 网络借贷平台的混业经营模式及其功能　114

(二) 网络借贷平台业务范围的法律管控及其症结　118

(三) 公共产品供给理念下网络借贷平台业务范围的界定　121

### 四、网络借贷平台的监管权分配与监管规则协同　125

(一) 完善监管权的纵向分配与横向协调　125

(二) 促进法律规则与行业性监管规则、平台内监管规则的协同　132

### 五、网络借贷平台的风险控制、信息性监管与风险分担　135

(一) 以事前准入和事中监测为核心完善平台及其业务的风险控制　135

(二) 强化信用评级、信息披露等信息性监管和投资者教育等公共信息服务　143

(三) 加强投资者权益救济,完善风险基金、责任保险等风险分担机制　147

### 六、结语　150

## 第七章　网络借贷的私法调整：以大学生网络信贷消费合同效力为例　151

### 一、引言　152

### 二、互联网金融的新发展及其法律规制存在的不足　153

（一）互联网金融发展的新动态与新问题　153

（二）以公法规制为核心的互联网金融法律规制现状及不足　154

### 三、互联网金融私法调整的界定及其合法性与正当性　157

（一）公法规制与私法调整之比较　157

（二）互联网金融私法调整的合法性与正当性分析　158

### 四、互联网金融私法调整的路径：以大学生网络信贷消费合同的效力为例　160

（一）以民事行为能力与消费认知能力的落差作为私法调整的切入点　161

（二）与消费认知能力明显不相适应的合同应归结为效力待定合同　163

（三）对特定范围的商品应适当延长行使合同解除权的时限　165

### 五、结语　168

## 第八章　金融整治的法律治理：以"P2P 网络借贷风险专项整治"为例　169

### 一、引言　169

### 二、P2P 网络借贷风险专项整治述评　170

（一）第一阶段：2015 年 10 月至 2017 年 8 月　170

（二）第二阶段：2017 年 9 月至 2018 年 6 月　172

(三)第三阶段:2018年7月至今 173

三、金融整治效应的分析 175

(一)金融整治是具有多元功能和目标的综合性金融监管行为 175

(二)金融整治具有止损、威慑和发现规则等重要功能 176

(三)金融整治存在投资者保护缺失、安全与效率失衡、监管意志替代市场判断等问题 179

四、公共产品供给和利益平衡视野下金融整治的法律治理路径 183

(一)金融整治应定位于综合性金融治理机制并强化公共产品供给和利益平衡 183

(二)以调整央地关系为核心完善整治主体及其职权设置 186

(三)以类型化、分步骤为核心提升整治标准和规则的合理性 188

(四)促进P2P网络借贷平台向小额贷款公司、私募基金管理机构等组织的转型 192

(五)以类型化治理和利益平衡为核心推进投资者保护 195

五、结语 198

## 第九章 P2P网络借贷整顿、普惠金融重构与网络小额贷款行业法律治理的变革 200

一、引言 201

二、普惠金融、P2P网络借贷整顿与网络小额贷款产业法律治理的演变 202

(一)普惠金融的发展与P2P网络借贷整顿的教训 202

　　　　（二）我国网络小额贷款产业法律治理的主要内容及其演变　204

　三、网络小额贷款产业的利率管制　207

　　　　（一）网络小额贷款产业应适用民间借贷的利率管制规则　207

　　　　（二）通过促进充分竞争和实施成本收益调控降低网贷利率
　　　　　　水平　209

　四、网络小额贷款产业的广告治理　210

　　　　（一）网络小额贷款产业广告治理的背景与问题　210

　　　　（二）以限制诱导借贷和强化平台责任作为治理网络小额贷款
　　　　　　广告内容及发布的核心　213

　五、网络小额贷款产业的催收规范　215

　　　　（一）网络小额贷款产业催收规范的背景与问题　215

　　　　（二）以明确催收标准和完善配套制度作为催收规范的核心　217

　六、结语　220

后　记　221

# 第一章　代前言：金融法研究的整体主义理念及方法论

## 一、引言

相比经济法的其他子部门法而言,金融法似乎受到学界和实务界的更多关注。这可能主要与金融作为一种热门的产业有关,也受到经济与社会的法治建设日益具体化的大环境影响。经过多年发展和积累,目前从事金融法研究的学者已经比较多,金融法的研究对象很丰富,相关研究成果也很丰硕。这里常常有一个矛盾,就是制度和问题的研究需求越大,在形式上对理论研究的要求就似乎越不明显,理论研究容易止步于回应实践的即时性需要;但是在实质上,对系统性理论整合与提炼的要求却与日俱增。对此,只有在回应实践的过程中加强理论自觉,强化系统性的理论整合与提炼,才能真正实现理论研究与制度及问题研究、对策研究之间相辅相成的辩证法。这既是作为调整金融市场、金融组织和金融交易中法律关系的金融法所需要的,也是作为一个相对独立学科的金融法学所应当具有的。以上是本书以金融法理念及方法论作为主题的逻辑起点。

与经济法一样,金融法的调整对象也是包罗万象、纷繁复杂,选择哪一个领域、板块作为具体研究对象,都有不小的难度。金融市场中有一些比较复杂、专业性很强的内容,比如,近年来成为热点问题的场外配资、表决权信托、股指期货、可变利益实体、资产证券化等,不仅本身具有相当的市场体量,在交易和监管层面对规则治理确实也具有较强的诉求,而且对其中的监管理念及方法论予以研究具有重要的意义和挑战性。相比之下,以个人网络借贷(peer to peer lending,P2P 网络借贷)、网络小额贷款为核心的网络借贷,在学术研究层面受到的重视往往比前者弱,甚至有一种被认为已经老旧因而没有必要再重视的感觉。但实际上,网络借贷的涉众性、外部性比前一类更突出,对复杂环境下权力、权利与义务分配的合理性要求比前一类更高,对监管规则的要求更高,其中蕴含的提升监管能力、积累监管经验的空间也比前一类更为广阔。网络借贷法律治理中涉及的很多问题,与民法、商法、行政法、刑法等部门法时有交叉,在相关研究中能够体会到不同部门法的比较优势以及彼此协同的必要及空间,也更加能够体现金融法理念及方法论研究的价值与意义。见微知著,借贷是金融市场交易的基础,对网络借贷市场的监管及治理能力,也是整个金融监管体制及金融治理体制的基础。以上是笔者近年来关注网络借贷监管的原因,也是本书以网络借贷的法律治理作为金融法理念及方法论研究具体切入点的原因。

## 二、P2P 网络借贷整顿与金融监管的理念及方法论反思

网络借贷源于民间借贷,一直受到以利率管制为核心的金融监管法律及公共政策的影响。其作为一个独立的问题而出现并引发关注,主要是因为 2015 年 7 月中国人民银行(以下简称央行)等十部门联合颁布的《关于促进互联网金融健康发展的指导意见》(以下简称《互联网金融意见》),其中将网络借贷划分为个体网络借贷(又称 P2P 网络借贷,限定为信息中介)和网络小额贷款(只贷不存)。之后监管机构按照上述标准启动对 P2P 网络借贷市场的整顿,由于信息中介的限定与市场彼时混业化经营的实际情况相差太大,在整顿过程中伴随大量的 P2P 网络借贷平台"暴雷"、控制人"跑路"等乱象,冲击市场秩序和社会稳定,引发政府和社会的热切关注。

从法律治理的层面而言,值得关注并反思的是 P2P 网络借贷整顿中体现的监管理念和方法。金融监管机构基于维稳的考虑选择"市场出清"以应急,却对行业的整体发展和经济、社会意义等缺乏考量。这种做法不仅在投资者救济上效果有限,还给网贷行业、投融资市场乃至整个普惠金融体制的发展带来了不确定性。P2P 网络借贷产业的核心价值,在于通过信息和信用管理技术的创新填补传统金融机构无法满足的公众借贷需求。但因缺乏明确监管规则,整个产业在巨大的需求和巨额利益的推动下缺乏风险控制而野蛮生长,引发大量非法吸存、集资诈骗等违法犯罪行为及平台过度融资、过度放贷等高风险行为,最终导致众多平台"暴雷"、控制人"跑路",出借人受到损失,迫使规制主体启动行业整顿。整顿的方法是先以《互联网金融意见》强制规定 P2P 网络借贷平台只能作为借贷信息中介,随后再以《互联网金融风险专项整治工作实施方案》(国务院办公厅,2016 年)(以下简称《互金整治方案》)、《P2P 网络借贷风险专项整治工作实施方案》(原银监会,2016 年)(以下简称《P2P 整治方案》)要求所有与信息中介定位不符、有未完结债权债务关系的平台在法定期限内清理债权债务,否则就强制清退。许多原本可以偿还或重组的债务被搁置,大量借贷和投资纠纷被定性为涉众型经济案件而等待刑事程序处理,投资者救济遥遥无期。从社会整体利益的视角来看,即使是维护金融市场安全和稳定,整顿也应当识别产业的正当利益并予以救济,毕竟监管无法替代产业满足社会需求。即使有应急处置之需要,整顿也应当秉承精准治理的理念及方法论,识别不同的平台风险类型,给予平台清理债权债务的合理时间,帮助产业引入机构或业务托管、不良资产处置等市场机制,抑制系统性风险的发生和蔓延。在应急性整顿之外,规制主体还应当筹措风险基金,协助产业增强紧急状态下的兑付能力,通过公共产品供给帮助整个产业度过危机、完成转型,实现最大限度地保护每一类群体的正当利益。P2P 网络借贷整顿虽然已经阶段性完成,但是未来对网络小额贷款、众筹等领域的规制应及时吸取前者的教训。

### 三、整体主义理念与方法论及其对金融法研究的意义

从上述个案出发延伸至金融法律治理的全局,也面临理念和方法论的变迁。市场外部性是政府干预、法律介入的正当性依据,金融监管、金融法律治理尤其如此。但是目的不能自动证明手段的正当,应该以社会整体利益为核心,确立整体主义的法律治理理念和方法论。

从理念的层面而言,在严格的哲学及法哲学层面上,整体主义是与个体主义相对的理论和方法。二者的并峙不仅源远流长,而且影响深远,虽然断言"所有有关社会的观念和思维方式都可归为两大类,即整体主义和个体主义"[1]有些夸张,但在社群主义与自由主义、公共利益与个人利益等思想史上诸多绵延千百年的争执背后,确实皆能洞察到二者之间的分殊与暗合。大体而言,与个体主义倾向于"社会是可以还原为个人的,社会只是原子式个人的复合,是一个机械体"从而主张"个人主义的自由主义"不同,整体主义更强调"社会是一个独立的真正的实在,而且是一个有机体"并据此力倡"社会正义""社会公平"。[2] 客观而言,在当代社会,个体主义在心理和情感上更具优势;但就实践而言,政府主导的公共治理又不得不需要整体主义以实现统筹、矫正与平衡。所以在理论上不断有学者强调"只有借助整体,一切个别东西的意义才能得以完全理解;反之,也只有通过个别东西,整体才能得到完全理解"。[3]二者在经济、社会与法治实践中的"公私融合"亦屡见不鲜。在实践需求对理论选择的影响下,经济学(尤其是制度经济学)、管理学(尤其是公共管理学)、法学(尤其是经济法学、

---

[1] 刘水林:《从个人权利到社会责任——对我国〈食品安全法〉的整体主义解释》,载《现代法学》2010年第3期。

[2] 刘水林:《法学方法论研究》,载《法学研究》2001年第3期。

[3] [德]汉斯-格奥尔格·加达默尔:《真理与方法——哲学诠释学的基本特征》(上卷),洪汉鼎译,上海译文出版社1999年版,第230页。

社会法学)[1]等人文社会科学研究中逐渐兴起"整体主义"的研究视角,即对经济、社会及法治(法制)改革中出现的实践难题,追求"系统论""大局观"的立场与方法,特别是在风险、责任和利益的分配上,强调超出事件本身而深入其背后的制度约束,旨在考量多重因素和背景的基础上权衡出综合效果最佳的方案。这种"整体主义"褪去了哲学层面上与个体主义的对峙和争论,更多属于应实践所需而生的视角和立场,本书的"整体主义"理念正是基于此语境。[2]

从方法论的层面而言,整体主义法律治理的核心方法主要包括利益平衡、精准治理和公共产品(服务)供给。其一,利益平衡不仅仅针对个体利益之间,更重要的是平衡监管利益、产业利益、公众利益之间的紧张和冲突以实现社会整体利益,而不能以维护公众利益之名、基于监管机构利益而否定和替代产业利益。其二,在风险社会背景下,社会利益结构高度复杂化、多元化且变动不居,优势和弱势群体并没有绝对界限。所有群体的正当利益均应得到保护,社会整体利益是各类利益平衡协调后的状态,无论是常规还是紧急状态,政府治理都应在最大限度地增加社会整体利益的同时,尽可能保护每一类利益,而不能武断地认为牺牲某一类利益为理所当然。对受损害群体的补偿,应当合理、及时、公开且赋予利害关系人以参与权。其三,公共产品(服务)供给是政府治理实现社会整体利益的基础,既包括基础设施建设等传统公共产品,也包括信息与信用管理、政策性金融

---

[1] 尤其是对于经济法这样以解释并规制涉及政府意志、角色和行动的法律关系为重要调整(研究)对象的部门法而言,基于转型与改革、政府和市场、效率与公平等多重因素并存、并重的现实,理解和应用整体主义思想,秉承公私融合、平衡协调等理念和方法实施经济与社会治理,具有更强烈的重要性和必要性。参见史际春、赵忠龙:《中国社会主义经济法治的历史维度》,载《法学家》2011年第5期。而跳出理论的疆域和樊篱,针对金融市场法律治理等经济与社会中的实践难题,综合运用多个部门法、多学科知识,以综合性、交叉性研究解决问题、发展理论,这种实践性的理论研究进路也是经济法理论研究得以继续保持解释力和竞争力的要诀。参见冯辉:《论经济法学语境中的"经济国家"》,载《法学家》2011年第5期。
[2] 显然,在经济与社会实践日益多元、专业而复杂的背景下,理论研究的整体主义视角乃势之所需。整体主义与个体主义的哲学争论产生的最大结果,是将二者之间的相辅相成缔造为社会共识,从而催生出学术研究中的"整体主义解释"。时下,在中外人文社会科学研究中,以实践为导向、融合整体主义与个体主义的哲学立场、践行大历史观和系统论均已成为基本共识和主流趋势。

与保险机制建设等制度性公共产品。加强公共产品供给能够改善治理效率、形成对产业和个体利益的激励、提高社会对治理的认同度和遵从度，从而促进社会整体利益的实现。

本书基于上述整体主义的理念和方法论，对网络借贷及其相关问题的法律治理进行了专题分析。从实践的角度而言，金融法凸显了法律的实用主义精神，以解决实践问题为导向，而不局限于特定的理念和方法论，更不拘泥于相关的理论和路径争议。金融法也凸显出现代社会法治建设的困难，在高度复杂和专业、风险及不确定性普遍存在的经济和社会实践面前，应在实践中通过试错和纠错形成规则，追求规则的合理性和良法善治，从而实现社会整体利益。从学术研究的角度而言，金融法也天然超越法教义学和法社会学的理论分歧，以规则的合理性为使命必然要求，以法律规范的"立改废"实践为核心研究对象，但其涉及的金融监管体制改革、金融市场调控、金融组织和交易规制、金融问题与危机处置等问题，又迫使金融法的研究必须融合经济学、政治学、社会学、管理学等交叉学科的理论及观点。综上所述，金融法内含着现代市场经济的混合经济特征，也蕴含着现代国家治理中的公私融合属性，同时因涉众性强、直接关乎经济增长中的增量利益生产和社会群体的利益分配，也涉及公共政策与市场选择的复杂平衡。金融法堪称现代市场经济法治建设和现代政府经济与社会治理的试验场。整体主义理念及方法论既是理论研究的自觉，也是对经济基础决定上层建筑这一客观规律的体现。

## 四、结语

在结语部分对本书结构作一简要介绍。本书的核心是从理念和方法论角度对网络借贷法律治理进行专题性的梳理和研究。本章暨代前言旨在概述本书秉承的整体主义理念及方法论。第二章"'嵌入式'监管：金融监管的理念创新及制度应用"和第三章"公共产品供给型监管：再论金融监管的理念变革与法制表达"旨在论述网络借贷法律治理的理念，提出了"嵌入式"监管和公共产品供给型监管两大基本理念,并就二者之间的关联及其在网络借贷等相关问题上的制度体现进行了阐述。第四章"监管竞争:网贷治理的金融监管体制背景及其改革"和第五章"地方金融监管的法治路径:以网络借贷为中心"旨在分析网络借贷法律治理的体制及机制问题,构建了"横向"监管关系并重点分析了中央监管机构之间的竞争问题,以及在"纵向"监管关系的语境下分析地方金融治理中的体制性、机制性问题。第六章"混业金融、公共产品供给与网络借贷平台的法律监管"和第七章"网络借贷的私法调整:以大学生网络信贷消费合同效力为例"分别从公法和私法角度对网络借贷的法律治理规则进行分析。前者以平台组织、交易及其监管为核心,阐述网络借贷法律治理公法规则的生成路径;后者则以大学生网络信贷消费合同的效力为核心,阐述依据既有的合同法等私法规则如何延伸和适用于网络借贷的法律治理。第八章"金融整治的法律治理:以'P2P 网络借贷风险专项整治'为例"对 P2P 网络借贷整顿这一金融法律治理事件进行了个案分析,重点是反思结果主义监管的客观性、不足及其改进路径。第九章"P2P 网络借贷整顿、普惠金融重构与网络小额贷款行业法律治理的变革"延续第八章的思路,对 P2P 网络借贷整顿之于普惠金融体系的影响进行反思,并针对网络小额贷款行业的法律治理提出针对性的完善策略及建议。

  以上各章的主要内容都曾以论文的形式公开发表,具体信息在各章脚注中均有注明。发表时的正文和脚注都有不同程度的删减,本次汇编出版则尽可能地使用了原文。拟定全书目录后发现,写作各篇论文时更多的是基于回应具体现实问题的需要,并未有体系化的明确意识,但各篇观点和结论的背后,确有一以贯之的理念和方法论在支撑整个逻辑和分析。遂以《网络借贷法律治理——基于整体主义理念及方法论的研究》为题成书,一方面,借此梳理自己近十年来的金融法研究思路及历程;另一方面,也期望通过这种专题式的总结推动网络借贷监管及相关金融法问题的合理解决,并对我国金融法律治理和金融法治建设水平的整体提升有所裨益。

# 第二章 "嵌入式"监管：金融监管的
## 理念创新及制度应用*

金融市场的创新和发展决定了以看守和惩罚为核心的监管理念及制度已不符实践所需，而应确立"嵌入式"的金融监管理念并促进相应的制度应用。"嵌入式"监管的核心在于秉承整体主义、权衡的法治观，高度契合监管对象的实践机理，成为内生性力量继而寻求科学、系统且专业的治理机制，特别是需改革时应敢于担当而绝不怠政懒政，需惩戒时应执法必严而绝不拖泥带水。对民间借贷的监管争议凸显出传统监管模式的疏漏和风险，应在"嵌入式"监管理念的指引下，堵疏并举、厉行改革与从严执法并重，从依法规制非法借贷、风险提示与信息供给、利率市场化、促进合作性金融等角度全面提升金融监管体制的绩效。

## 一、引言

一直以来，我国金融监管体制的绩效比较依赖事前审批和事后惩罚。例如，对于营业额动辄数亿元的信用卡非法套现，虽然每次均以非法经营

---

\* 本章主要内容曾以《论"嵌入式监管"：金融监管的理念创新及制度应用——以民间借贷的法律监管为例》为题发表于《政治与法律》2012年第8期。

罪和巨额罚款予以严惩,但似乎越惩罚案件却越多。[1] 再如,非法吸收公众存款,不仅数额越来越大、后果越来越严重、案情越来越复杂,而且定罪、量刑、罚没引起的争议也越来越大。[2]

所以在日趋复杂、专业且富含系统性风险的现代金融市场条件下,应当确立"嵌入式"的监管理念并促进其制度应用。监管应当是市场经济条件下政府实施金融经济治理的主要手段之一,应当尊重并遵守金融市场规则,秉承整体主义和权衡精神,在瞄准金融市场实践机理的基础上"嵌入"监管对象,从单向管制转化为综合治理,将监管从外生的干预性强制力转化为内生因素。如此方能在需改革时敢于担当而绝不怠政懒政,需惩戒时执法必严而绝不拖泥带水,从而使整个社会在是否需要监管、怎样监管以及评价监管绩效等核心问题上达成共识,进而真正实现法治,即"不以任何个人、个别机构的意志为转移,能够遵循主流社会的主流意识形态并受其评判和约束的一种善治状态"。[3]

目前,中国金融监管体制正在经历一场深刻变革。于宏观而言,证监会大刀阔斧、改革频频,退市、强制分红、并购重组与新股发行改革等均具有针对中国证券市场问题、重塑金融基础设施之意义。于微观而言,以"吴英案"为契机,国务院决议在温州设立"金融综合改革试验区",通过放宽小贷公司门槛、设立借贷中心等措施推进民间借贷的阳光化、合法化。可

---

[1] 从2011年以及更早开始,全国多地警方破获信用卡非法套现的大案要案。犯罪分子以非法持有的POS机为工具,通过向持卡人提供资金、帮助其套现而赚取大量手续费。许多犯罪分子持有POS机近百台,套现金额高达数十亿元,非法牟利近千万元。案件经过媒体报道后,犯罪分子"非法经营"的社会危害性固然触目惊心,但商业银行在发行POS机和信用卡上的混乱,以及信用卡直接提现成本畸高导致POS机套现存在巨大盈利空间也引起了广泛争议。参见陈周锡:《温州高利贷市场"刀尖上跳舞"》,载《经济观察报》2010年12月18日,第17版。

[2] 2003年河南大午集团董事长孙某某因"非法吸收公众存款罪"而被"判三缓四"(有期徒刑三年缓期四年执行)时,"非法集资"的罪与非罪、良法恶法等问题就引起了众多争议。参见万静波:《亿万富翁孙某某的梦和痛》,载《南方周末》2003年11月7日,A1版。2007年发生的"吴英案",则因一审、二审、死刑复核、发回重审等一系列处于舆论旋涡的焦点将上述争议持续地推向高潮。

[3] 史际春、张扬、冯辉:《论和谐社会语境下的地方经济法治》,载《法学家》2007年第5期。

见,从看守式规制转向综合性治理,已成为金融监管改革与创新的趋势。本章以"嵌入式"监管为主题,对金融监管改革的大势作一注解,以期为推进中国金融监管体制的科学、绩效和法治尽绵薄之力。

## 二、"嵌入式"监管理念:依据、内涵及外延

### (一)"嵌入式"监管的依据与基础

嵌入理论大致出现于 20 世纪中后期,继而在经济学、社会学等领域的研究中得到广泛应用,强调"行为和制度深深受到社会关系的制约",[1]所以"人的经济行动是理性的,但理性的经济行动是受社会关系制约的,经济行动是一种社会行动,经济行动嵌入于社会关系中并产生了经济秩序"。[2] 以此为原理,"嵌入式"监管的核心即在于秉承整体主义、权衡的法治观,高度契合监管对象的实践机理,在成为监管对象之"内生性力量"的基础上生成科学、系统且专业的治理机制。以金融监管为例,相比传统的以事前审批和事后惩戒为核心的看守式监管,"嵌入式"监管,一方面,是现代金融市场的实践发展对监管的客观需求使然,监管者与监管对象在各自层面上向相同方向的演变构成了"嵌入式"监管的实践基础;另一方面,以整体主义、权衡为核心的法治观的普及和应用则构成了"嵌入式"监管的思想基础与社会基础。

首先,金融监管主体与金融市场主体在各自的实践发展中开放出公私融合的客观需求。后发国家在市场经济发展与政府监管之间的关系上有一个共同点,即经济实践的发展往往超出监管者的既有理念和能力,监管被动、缺位和错位等现象并不鲜见,在形式上往往形成实践创新促使监管改革的局面。所以在监管初期,以事前审批和事后惩戒为代表的看守式监

---

[1] [美]马克·格兰诺维特:《镶嵌:社会网与经济行动》,罗家德译,社会科学文献出版社 2007 年版,第 1 页。
[2] 苏春艳:《经济行动的社会建构——新经济社会学对经济行动的嵌入性分析》,载《上海大学学报(社会科学版)》2004 年第 6 期。

管既是无奈之举,也具有客观性,金融市场发展及其监管尤其如此。但随着市场经济的发展、政府经济治理理念及能力的成熟,上述局面发生了根本改观。尽管在理念、绩效和方法等维度上仍然存在争议或问题,但国家的经济职能得到了空前强化,受经济属性的嵌入与公私融合的驱动,国家在性质、组织、行为方式上开始出现众多不同于传统意义上作为一个政治主权组织而具有的观念特征和行为方式,国家开始深度融入市场机制,成为经济与社会发展中的"内生因素",在促进经济和社会飞速发展的同时也引发自身的组织和行为变革,[1]这应当是对我国政府主导型经济治理模式的一个比较客观的评价。相比实体经济领域而言,我国金融市场的发展一直受管制比较多,在监管的理念、能力、信息及各种基础设施均不健全,而金融市场的高速发展及外部性远远超出监管者预期的客观情况下,看守式的监管体制得以产生和维系也就不难理解。而正是通过在实践中不断地试错、"干中学",监管者才逐步认识到监管不应当局限于简单的规制,而应成为内生于经济实践的治理机制,这是现代公私融合的市场经济对"政府之手"的客观需求。在硬币的另一面,金融市场的发展也逐步孕育出对政府治理的强大需求。市场经济并不排斥政府,并且在规则的制定与执行、信息的生产和鉴别、体制性改革的启动与协调等诸多场合需要政府介入,这些因素在中国金融市场的发展中也表现得越来越突出。政府天然是公共利益的代表者之一,而且在公共利益的生产和维护上具有天然的比较优势。相比实体经济,金融经济的系统性风险更强、不可控因素更多、事故的负外部性更大,因此对于公共治理的需求也更为强烈,但这种公共治理必须契合金融市场的实践机理,能够内生于金融市场,在控制风险的同时促进增量利益。监管者和监管对象在各自层面上表现出公私融合的治理需求,为"嵌入式"监管理念的生成和应用提供了实践基础。

其次,整体主义与权衡精神成为金融监管的主流思想和社会共识。整

---

[1] 参见冯辉:《论经济法学语境中的"经济国家"》,载《法学家》2011年第5期。

体主义思想与权衡精神一脉相承。实践对理论的选择成就了整体主义、权衡思想及方法论的兴盛,对于经济与社会改革中出现的实践难题,追求"系统论""大局观"的立场与方法,强调在考量多重因素和背景的基础上权衡出综合效果最佳的方案。金融市场本身错综复杂、专业性强、系统性风险突出,一个问题往往牵一发而动全身,相应的监管就必须着眼于全局而不能只求片面效果,必须就金融市场的整体情势予以综合平衡而不能一意孤行,为达一时、个别之目的而强行介入既有的风险及利益分配机制。金融监管的实质大多指向风险及利益分配机制的重塑,故其核心目标应当是寻求有效率的平衡,平衡即保护弱势群体、即实现公平,否则不但对弱势群体保护无济于事,过多的空头许诺反而会滋生市场的失望、不信任乃至厌恶,于整个法治建设危害甚大。[1]

(二)"嵌入式"监管的内涵与外延

首先,"嵌入式"监管体制涵盖理念、规范、信息、知识和共识等五大要素。无论实体经济抑或金融经济,任何一种监管或治理机制在实践中要想取得应然的绩效,必须构建由上述五大要素组成的结构。监管理念指引具体行为,理念并不抽象,也不复杂,而且可以学习和引入;监管规范体现具体的治理规则,对监管对象具有明确的预期导向功能。难点在于信息、知识和共识,与理念要素和规范要素有所不同,但其完备、科学及强大与否对于监管绩效又具有同等甚至更加突出和根本的作用。信息对监管绩效具有重要而直接的影响,"执法机构的执法与消费者的消费都是决策活动,而决策必然涉及信息。信息的不足或错误会直接影响到执法机构和消费者的决策质量"。[2] 信息的准确收集和有效萃取不仅需要监管者深入监管对象内部,而且要求信息的获取过程、结果和使用应当公开、公平和公正,

---

[1] 平衡往往是对任何一方最好的保护,否则形式上的倾斜保护往往变成现实差距的反衬。大多以"保护××"为宗旨的法律法规,都不同程度地存在这个问题,如《中小企业促进法》《消费者权益保护法》《劳动合同法》《证券法》等。

[2] 应飞虎:《完善我国食品质量信息传导机制应对食品安全问题》,载《政治与法律》2007年第5期。

体现法治精神。知识要素对应的是智慧、理性以及经验,它往往与信息直接相关,但又涉及更多维度。智慧、理性和经验的获得离不开人才的选拔和培训,这就要求构建并完善监管者的能力培养系统,除了我们一直比较重视的政治能力和道德能力,更要加强专业能力的培养,如资源运用和动员能力、高强度的专业化处理能力、舆论影响能力和危机应对能力等。值得一提的是经验,有效监管经验除了来自选拔和培训,实践中其实更多源于监管过程中的个案经历,特别是监管失败得出的教训。只有失败、风险甚至事故,对于制度变迁的影响才会更大、对重大的体制性改革的推动力才会更强、对路径依赖的破除力才会更突出——毫无疑问,其间个别或部分市场主体付出的代价会很惨重,引发的负外部性也会更大、更不可控。所以科学、有效的监管体制,应当具备以更小代价获取更多经验的能力。而这样一种制度变迁的发生机制要想切实可行,最根本的因素却在纯粹的制度建设之外:监管者能否在信息收集和处理过程中形成公信力,能否在智慧、理性和经验的习得上具备试错与成长的空间和可能,在根本上则取决于社会共识。只有在科学、理性、法治的社会共识的影响下,政府与市场的公私融合、金融监管与金融市场的双向互动、监管者的有限理性、改革风险与成本的社会分担才能得以产生且有序推进。否则监管与市场就处于对峙之中,监管的失误成为市场拒绝监管的理由,市场的风险或事故则成为责备监管缺位的导火索,监管结构的双方都缺乏理性、耐心和互信,最终伤及整个金融市场的创新与成长。社会共识、社会主流价值观"是埋藏在社会成员心中的意识形态,它对具体的社会事件产生影响除通过事件中的当事人直接作出反应外,主要靠不同民众之间,以及官民之间的协商、交流和博弈,通过民主的商谈和沟通来逐渐'发现'这种主流民意并实现它强大的约束力"。[1]"嵌入式"监管的生成和推行需要社会共识,同时因其尊重并遵守金融市场规则、注重与金融实践的公私融合与互信互动,故亦能够

---

[1] 史际春、冯辉:《论错法如何纠正》,载《新视野》2010年第1期。

推动社会共识的形成,从而形成良性循环。

其次,"嵌入式"监管体制由理念、规范和技术三个维度组成。五大要素对监管绩效的影响侧重于宏观和整体,就特定领域的监管行动而言,其监管绩效则直接取决于监管是否在理念、规范和技术三大维度之间实现了有效衔接。金融监管在具体实践中必然涉及理念、规范和技术三个层面,监管的方向和内容取决于监管者的立场与理念,同时离不开科学合理的规范与具体的技术性方案。相比监管者坚持或奉行的原则、准则等理念性范畴,以及作为监管执法依据的法律规范而言,技术性方案更侧重于数字、程序等明确化、细节化的标准。任何领域的监管要想实现应然之效果,务必在以上三个维度取得统一。在我国的金融监管实践中,监管者当然有促进监管绩效、维护市场稳定、保护弱势群体、惩戒投机或违法行为的追求,但为此所作的制度供给在众多领域纷纷出现理念、规范和技术之间的脱节,则是持续而密集的制度供给在实践中难以奏效的症结。例如,监管者历来重视解决中小企业融资难问题,为此就鼓励商业银行向中小企业放贷、降低担保公司和小额贷款公司进入门槛等制定了一系列规范性文件,但是在小额贷款公司经营管理、利率市场化等问题上缺乏关键的技术性方案,[1] 导致中小金融机构难以形成竞争力,金融服务在垄断格局下难以形成面向中小企业的细分市场,商业金融领域无法形成竞争性供给,政策性金融不断退却、合作性金融遭受打压。重视中小企业融资在理念、规范和技术之

---

[1] 《村镇银行管理暂行规定》(2007 年)规定"村镇银行最大股东或惟一股东必须是银行业金融机构。最大银行业金融机构股东持股比例不得低于村镇银行股本总额的 20%"。《关于小额贷款公司试点的指导意见》(2008 年)(以下简称《小额贷款公司意见》)规定,不允许小额贷款公司吸收公众存款,贷款利率不得超过司法部门规定的上限(不得超过银行同类贷款利率 4 倍)、资金来源只能依靠"股东缴纳的资本金""捐赠资金""不超过两个银行业金融机构的融入资金"且融入资金余额不超过资金净额的 50%。《小额贷款公司改制设立村镇银行暂行规定》(2009 年)规定,小额贷款公司改制为村镇银行必须以"符合条件的银行业金融机构拟作为主发起人"以及"涉农贷款余额占全部贷款余额的比例均不低于 60%"。以目前小额贷款公司平均 18% 的贷款年利率,提取贷款损失准备,税赋缴纳不按金融机构利差来征收而像工商企业一样支付 25% 所得税、5.56% 营业税及附加,再加上各种营业费用和员工成本,获利远远不及高利贷。参见叶檀:《温州小额贷款:从游击队到正规军》,载《新民周刊》2011 年第 45 期。

间出现断裂,中小企业融资越促进越受限、越帮忙越困难的局面就是如此产生的。再如,为了解决新股上市估值偏高、二级市场投资者每每被套牢、新股发行异化为"绞肉机"的状况,证监会曾采取多种监管举措,如确立并大力宣传保护中小投资者的理念,并就新股发行环节的信息披露制定了众多严格而具体的规定。2012年4月28日,证监会发布的《关于进一步深化新股发行体制改革的指导意见》则通过明确的技术性方案对上述监管缺漏进行弥补。对于"招股说明书正式披露后,根据询价结果确定的发行价格市盈率高于同行业上市公司平均市盈率25%的(采用其他方法定价的比照执行)",发行公司应补充信息披露,证监会可以视情况要求重新询价甚至重新发审。对于"发行价格高于同行业上市公司平均市盈率25%的发行人,除因不可抗力外,上市后实际盈利低于盈利预测的,中国证监会将视情节轻重,对发行人董事及高级管理人员采取列为重点关注、监管谈话、认定为非适当人选等措施,记入诚信档案"[1]。这些技术性方案将惩戒新股发行投机的理念、规范和技术有效衔接,相比以往显著提升了监管的科学性。

最后,"嵌入式"监管体制的最突出的实践性特征是疏堵并举、厉行改革与从严执法并重,特别是需改革时应敢于担当而绝不怠政懒政,需惩戒时应执法必严而绝不拖泥带水。就像贝卡里亚对刑罚绩效的警告——"对于犯罪最强有力的约束力量不是刑罚的严酷性,而是刑罚的必定性"[2]一样,传统的以事前审批和事后惩戒为核心的看守式监管存在的最大问题也是如此。如果监管者无法保证其字面的监管措施得到百分之百的严格执行,那么监管在形式上越严格,其实际效果必然越糟糕。监管者因明知自

---

[1] 新股发行监管改革的最大特点是契合监管对象的实践机理和要害,以具体的技术性手段迫使中介机构与上市公司讲诚信。除了针对发行公司从严规制,证监会还规定在相同情况下,对承销机构法定代表人、项目负责人等采取监管谈话、重点关注、出具警示函、认定为不适当人选等监管措施,记入诚信档案;对会计师事务所采取监管谈话、出具警示函等监管措施,记入诚信档案。参见叶檀:《五一新政连续出台,分辨股市的真改革与假改革》,载《每日经济新闻》2012年5月2日,第6版。

[2] [意]贝卡里亚:《论犯罪与刑罚》,黄风译,中国大百科全书出版社1993年版,第46页。

己的监管措施无法被严格执行,所以就不断增加或变相增加监管的严厉性——以期"取法其上得乎其中";而当被监管者发现或预见监管者实际上无力确保过于严厉的监管措施得到严格执行时,必然增加冒险、投机以及违法的概率。金融市场实践的创新性突出、专业性强、错综复杂,相比之下,监管者在知识和信息等维度上均处于劣势,因此看守式的监管模式必然滞后于市场实践。不过一旦缺乏有效监管的金融市场实践出现不可控的风险或事故,强烈的负外部性损害到经济安全或社会稳定,监管者与被监管者的"共谋"则迅速破灭。金融市场的发展具有很强的不确定因素,很多金融产品或行为都具有两面性,金融危机或事故的发生往往超出个别市场主体的预期。如果监管者在漫长的风险滋生和潜伏阶段,坐视其利益生产机制日益膨胀、利益分配机制的影响范围急速扩大,那么风险爆发、危及安全和稳定之际的全部责任则加之于特定的市场主体。比如,长期的存款利率管制导致大型商业银行吸存成本几乎为零,中小金融机构在吸存上难以形成竞争力;居民、企业和投资者在负利率的情况下出于增加收益更有动力参与高利贷;贷款利率管制表面上是为了防止高利贷,但在资金稀缺的条件下,名义利率被人为扭曲,高利贷反而成为市场对资金的真实定价;在监管者无法落实对商业银行贷款行为的字面监管规则时,商业银行通过提高贷款门槛、收取咨询费等名义变相增加贷款收益也就顺理成章。[1]而"嵌入式"监管体制最突出的实践性特征就是疏堵并举、厉度改革与从严执法并重,特别是需改革时应敢于担当而绝不怠政、懒政,需惩戒时应执法必严而绝不拖泥带水。

### 三、"嵌入式"监管理念的制度应用:以民间借贷的法律监管为例

民间借贷的法律监管之所以成为金融监管棘手的问题之一,主要原因

---

[1] 参见史建平、杨如冰:《放松银根还是放松管制——大背景下看中小企业融资问题》,载《中国金融》2011年第18期。

并不是具体案件的定罪与量刑有多大难度,[1]而是即便事实清楚、证据充分,依据相关法律条文执法处罚和司法审判进而形成了"法律正确"的结果,仍然会引起较大争议。在实践中,监管者对于高利贷的警示和惩戒可能反而会强化"法不责众"的社会心理;在资金稀缺因而高利贷成为利率水平的真实反映、商业银行凭借存款负利率和垄断存款资源变相实施"高利贷"的背景下,对民间借贷事故的事后惩罚往往会激发社会对金融体制不公的感受;监管者通过宏观层面的让步释放出改革信息从而赢得解决问题的民意空间;市场主体则继续在缺乏规则预期和监管信任的条件下前行。放贷者只能通过增加担保、以各种方式加强对借贷者的监督等手段提升自身防御能力,借贷者则被迫通过更为隐蔽、代价更高的方式继续通过民间借贷融资。

以上论述反映出传统的看守式监管在民间借贷监管上积重难返的顽疾。金融市场对于利益和风险的放大效应令人瞠目,利益的放大诱使无数逐利者无视或忽视风险投身其中,而一旦风险爆发、负外部性危及经济安全与社会稳定,又迫使监管者不得不出手,金融监管的复杂和困难正源于此。以"嵌入式"监管为理念指引,其在治理民间借贷问题上的制度应用要点如下:

(一)公开、公正执法与审判,给社会以明确的规则预期,重塑监管公信力

监管的公信力来自严格、公开、公正的法律实施。只要既有的规则确

---

[1] 当然,"吴英案"在这两个问题上均有所例外。吴英的行为究竟是非法吸收公众存款(2011年《刑法》第176条,最高刑为10年有期徒刑,2021年《刑法修正案(十一)》修改为10年以上有期徒刑)还是构成集资诈骗(2011年《刑法》第192条、第199条,最高刑为死刑,2015年《刑法修正案(九)》修改为无期徒刑),控辩双方以及法院的理解存在根本不同。而且就算是认定为"集资诈骗罪",社会各界对于是否判处死刑立即执行也出现重大争议。2012年1月18日,浙江省高级人民法院二审裁定维持死刑判决并报请最高人民法院复核。最高人民法院2012年4月20日公布复核结果,复核认为综合全案考虑,对吴英判处死刑,可不立即执行,案件发回浙江省高级人民法院重审。在"吴英案"的审判过程中,诸如巨额集资款的使用细节与去向、相关民事纠纷、资产处置、贪腐、举报立功等对于案件事实认定至关重要的问题,各方往往各执一词、南辕北辙。

定,执法和审判都应该严格依法而行,做到公开公正、信息透明,而不应该畏首畏尾、模糊不清,否则不但于事无补,还会伤及自身公信力。民间借贷固然需要综合治理,罪与非罪、合法与非法不能一概而论,但高利贷(超出法定标准的民间借贷)绝不等于民间借贷,这一点为许多国家的反高利贷立法所承认。[1] 只要既有规则不变(是否需要变化留待改革环节细述),就应当持续、明确地提示高利贷的风险,从严打击、该堵则堵。既然最高人民法院《关于人民法院审理借贷案件的若干意见》(1991年,已失效)已经明确规定了民间借贷利率"最高不得超过银行同类贷款利率的四倍""超出部分的利息不予保护",那么只要这一条规则不改,对高利贷的认定和纠纷处理就应当清楚明白,给市场以明确的风险提示和规则预期。[2] 既然在众多司法解释和通知、公告等规范性文件中,已经明确了对民间借贷应"分情况具体处理",那就应当在具体案件中公开、公正地进行执法和审判,就罪与非罪、合法与非法等问题进行准确清楚的说明。特别是司法审判机关,在案情复杂、影响重大、具有争议的案件中担负着公共政策供给的角色和功能,这既是审判机关独立性、权威性的应有之义,也是其展现和维护自身公信力的根本。所谓在其位当谋其政,只要规则清楚、确定,就应当根据既有规则作出明确裁判。

(二)厉行改革,完善公共产品供给,构建民间借贷的综合治理机制

疏、堵宜并举,严格执法、公正司法与厉行改革应当并行不悖。首先,值得强调的是,在民间借贷的法律监管问题上,监管者作为公共治理组织负有法定的公共产品供给义务,不仅是制定和修改规则,还包括信息、中介、评估、平台等基础设施建设,而这些往往为传统的监管体制所忽略。高利贷泛滥的重要原因是借贷者和放贷者之间的信息不对称,大量的资金捐

---

[1] 参见岳彩申:《民间借贷规制的重点及立法建议》,载《中国法学》2011年第5期。
[2] 2015年,最高人民法院颁布《关于审理民间借贷案件适用法律若干问题的规定》(以下简称《民间借贷司法解释》)将上述意见废止,确定了"两线三区"的利率管制新规,即年利率不超过24%完全合法、24%~36%为自然债务、超过36%则不予保护。2020年8月,最高人民法院再度修改前述"规定",将合法最高利率限定为合同成立时一年期贷款市场报价利率的4倍。

客不仅抬高了融资成本,而且恶化了融资纠纷的解决环境,增加了民间借贷的风险和隐患。监管者对此应当有所作为,解决的办法是主导或推动市场主体建立专业化的借贷服务平台,为民间借贷中介机构和相关配套服务机构提供交易场所、信息汇总与发布、借贷登记备案等综合服务,并通过相应的进驻机构,为个人、机构、企业提供资金供需撮合以及融资信息、第三方鉴定、资信评估、信用管理、金融产品经纪代理、融资担保等专项服务。尽管到借贷平台登记并非强制性规定,但市场主体通过借贷平台进行交易可以得到安全、便捷的服务和清楚、准确的预期。监管者则可以借此控制民间借贷的风险、提高惩戒欺诈等违法行为的能力,以及尽可能地防范与规制高利贷。特别是当民间借贷的供给和需求信息均集中于借贷平台时,便可形成资金的市场定价机制,"借贷中心可以控制风险,在利率范围以内实行风险定价。通过借贷中心活跃民间借贷、控制借贷风险,是借贷中心最大的价值"。[1]

其次,应当根据金融市场多年来发展的实际需要以及民间借贷争议暴露的问题,对相关领域的制度变革做一番切实而彻底的推进。以化解市场主体的融资困境为中心,目前在制度变革上凝聚的共识主要包括:对小额贷款公司、村镇银行、担保公司等中小金融机构实行特殊的税收优惠政策、扶持性的融资政策、差别化的监管政策;从实质上鼓励民间资本进入金融市场;利用外资银行增加金融市场的竞争性;以退市制度为核心,真正实现中小板和创业板在中小企业融资中的功能。以上制度的绝大部分内容均已由监管者出台了详细的规范性文件,并在不同程度上得到了切实的推进。故本章最后选择利率市场化与合作性金融这两个在改革路径上尚存争议的问题,就"嵌入式"监管对于监管者厉行改革的具体要求进行阐述。

---

[1] 叶檀:《请问,我非到这里借贷吗?》,载《新民周刊》2012年第7期。2012年4月26日,"温州民间借贷登记服务中心"正式挂牌,这是温州开启"金融综合改革试验区"的标志性举措之一,该借贷服务平台的功能和流程主要包括:建立资金供求信息库,提供中小企业融资需求和民间资金供给信息;通过信息服务系统进行信息配对与对接;安排资金供给方和需求方见面;协助资金供给方、需求方办理借款手续并登记备案;为借贷双方整理资料、归档,向主管部门备案。

1. 利率市场化

尽管央行在管制状态下推进利率市场化的改革一直存在且确有成效，但长期管制形成"利率双轨制"导致的负面影响越来越突出也是不争的事实。利率在整个金融市场体系中具有基础地位。鉴于中国金融体制以及整个宏观经济改革面临的实际情况，特别是考虑到人民币升值、外汇储备管理等国际因素的影响，一步到位实现利率市场化既无可能也并不合理。但这绝不能成为坐视利率双轨制、信贷配给制导致低效的借口，利率市场化不排除按照规划扎扎实实推进，更不排斥公开、合理的监管，但面对实践中的问题和瓶颈，决策者更应利用良机作出实质突破。可以选择的进路是在下调存款准备金率、释放流动性的同时，大幅提升存款基准利率并扩大存款利率的浮动上限。[1] 一方面，扭转存款负利率，压缩民间借贷的资金供给；另一方面，使中小银行能够与国有银行展开负债竞争，实现利率的资源配置功能。另外，提高存款利率可以增加国有银行的负债成本进而刺激大型国企的融资成本敏感度，促使其转向直接融资，中小企业长期在民间借贷的高利率下生存，对存款利率上升带来的融资成本增加不会太敏感，商业银行为了盈利必然增加对中小企业的信贷，如此可以从源头上破解商业性金融竞争性供给不足之难题。与存款利率不同，在融资市场供远小于求的实际背景下，贷款利率应当由市场决定，没有必要设立强制性的基准利率和浮动上下限。限制贷款利率本意是打击高利贷，但违背市场对利率的真实反映，而强行限制贷款利率的结果却导致体制内的资金极度稀缺从而形成信贷配给制，将需求进一步挤向民间借贷。所以更不能从理想上基于公平融资权而强推中小企业贷款的差别利率，"在失衡的供求关系中，人为限定中小企业贷款利率水平，表面上是为了降低中小企业融资成本，实际

---

[1] 受利率市场化改革的渐进推动，到 2016 年 10 月，央行已经全部取消了存贷款利率浮动的区间限制。

上反而会导致中小企业根本得不到贷款"。[1]

2. 合作性金融

合作性金融的优点是通过信息优势减少识别和监督的融资成本;最大的风险则是风险管理水平较低,一旦出现问题牵涉太广。比如,《农村合作银行管理暂行规定》(2003年,已失效,以下简称《农村合作银行规定》)虽然理念上强调农村合作银行是由辖内农民、农村工商户、企业法人和其他经济组织入股组成的股份合作制社区性地方金融机构,主要任务是为农民、农业和农村经济发展提供金融服务,但发起人不少于1000人、注册资本金不低于2000万元人民币、董事会成员为7～19人并应设立独立董事、存贷比不超过80%(商业银行是75%)、对同一借款人贷款余额不超过银行资本余额的20%(商业银行是10%)等基本套用《公司法》和《商业银行法》的规定其实是将大部分基层企业和个人的融资需求变相地拒之门外。与此相对应的则是民间金融的顽强存在,各种各样的金融互助组织实际上在以较高的利率支撑着特定群体之间基于资金互助和民主管理相结合的合作性金融。[2] 这些组织及行动蕴含着风险,而且收益被特定的参与者瓜分,一旦出现风险则往往要动用政府资金以安抚受害人、维持稳定,这是有意忽视或故意排斥合作性金融的代价。从制度上完成合作性金融的合理回归是促进民间借贷综合治理的必然要求,要实现综合性的调整而不是简单的管控和看守。实践中应当放开各种金融互助组织的设立,鼓励有合作融资实力及需求的企业、个体户、自然人登记成为合作性组织,通过制定并发布经营标准、格式合同,完善信息披露等措施引导参与者降低风险,为参与者提供专业经营管理知识培训,在合作性金融管理框架内以财政资金入股(不表决、不分红)或引入商业银行资金(不表决、可分红)来培育合作性

---

[1] 史建平、杨如冰:《放松银根还是放松管制——大背景下看中小企业融资问题》,载《中国金融》2011年第18期。

[2] 合作性金融组织并非数额小、形式松散,功能局限于上学和治病,在上海、温州、福建等地,依托各种商会组织起来的金融互助组织,金额巨大、组织严密,是满足企业紧急性融资需求的重要保障。参见万晓晓:《上海钢贸圈信贷秘链》,载《经济观察报》2011年7月30日,第1版。

金融组织,政府要发挥公共服务者的功能。监管的关键除了一般性的事后惩罚,关键是从制度上真正实现民主管理,这也是包括农村合作银行在内的合作性金融组织的最大难题。对此《农村合作银行规定》对股权、表决的设置太复杂且强制性太多,有悖股份合作制的宗旨;倒是2006年颁布的《农民专业合作社法》(已修改)对合作组织民主治理的架构有更为实用的指引,尽管该法出于各种考虑刻意规定其不适用于金融合作组织,但这并不妨碍将它作为加强合作性金融民主治理机制的借鉴。如果坚持暂不放开《农民专业合作社法》的适用范围,则应尽早出台专门的规范性文件调整合作性金融,或者直接以类似的"民间金融管理办法"统摄前文所述的各种相关问题,当是标本兼治之策。

### 四、结语

金融监管的理念是金融监管法治建设的前提性问题。理念决定规则的取向及内容,并在根本上影响规则实施的效果。监管实施主体的公法属性,并不意味着在监管理念及方法的选择上也应当全盘实行行政管控,而应遵循市场规律,注意利益平衡,矫正市场秩序,尽可能促进市场恢复自净和纠错能力。这是"嵌入式"监管的要义所在,也是以市场机制决定资源配置原则的内在要求。

# 第三章　公共产品供给型监管:再论金融监管的理念变革与法制表达[*]

与以准入、许可和惩戒为主要特征的管控型监管不同,公共产品供给型监管将监管视为公共产品供给,注重监管与产业利益的平衡,从整体治理角度为市场创新提供正外部性,促进监管规则与行业规则、企业规则之间的衔接,强化产业的风险控制能力和对投资者的损害补偿能力。公共产品供给型监管在优化金融市场基础设施、提高金融监管规则合理性、强化金融监管的市场和社会认同等方面具有比较优势和重要意义。"租金贷"是信用消费领域重要的市场创新,却因长租中介的资金错配和衍生投资而被否定,再次暴露出管控型监管固有的弊端。以公共产品供给型监管为理念,应顺应市场规律、赋予长租中介以资金错配和衍生投资的权利能力,并通过构建类型化准入制度和黑名单制度、强化长租中介的信息披露义务、加强信用评级和信息共享、增加贷款机构的竞争性供给、引入风险准备基金和违约责任险等方法完善配套制度建设。

---

[*] 本章主要内容曾以《公共产品供给型监管:再论金融监管的理念变革与法制表达》为题发表于《政治与法律》2018年第12期。

## 一、引言

经济基础决定上层建筑,市场需要构成监管的重要约束,这个规律为中国金融监管改革及其法治建设的现实发展所不断印证。大量实践证明,以准入、许可和惩戒等为主要特征的管控型监管,尽管在个案中不乏客观必要性,但监管功能的边际递减效应日益突出。无论金融监管体制改革还是金融市场的实际需要,均要求金融监管转向更合理的理念和法制变革。2012 年,笔者提出了"嵌入式"监管理论在金融监管理念及制度变革中的价值,[1] 以此为基础,本部分提出公共产品供给型监管理论,并对其在金融监管中的内涵及应用予以阐述,以期进一步完善金融监管法的理论基础,并对提高金融监管法律规范的个案效果有所裨益。

## 二、公共产品供给型监管的界定

### (一)管控型监管的形成及其变革动因

从金融法(包括食品与药品安全法、广告法、互联网法等)领域的文献来看,监管在大多数语境下都具有约束、控制的意味。比如,加强对市场准入条件的规定、加强对业务范围和业务规则等经营管理事项的审批、加强对违法行为的监测和责任追究等。常见的研究逻辑均是从市场现象或个案中反思现行监管的不足或缺位,进而提出加强监管(约束、控制)的对策与建议。[2]

---

[1] 参见冯辉:《论"嵌入式监管":金融监管的理念创新及制度应用——以民间借贷的法律监管为例》,载《政治与法律》2012 年第 8 期。

[2] 从多数文献来看,"监管"的内涵一般与"管制"相近,但由于"管制"一词在形式上似乎过于强调约束和控制,从而与"市场决定资源配置""简政放权"等已成共识且为官方主导的话语有所不符,所以常用"监管"予以替代。但"管理"一词,似乎因为过于一般化而无法体现出"监管"对市场的影响力特别是强制力,往往也被选择性地放弃。"规制"一词与"监管"相似,主要强调约束和控制,但前者在使用时可以被赋予激励、鼓励等意味,比如"激励性规制"显然比"激励性监管"在语法和内涵上更为自洽,故也成为使用频率较高的主题词。最后,前述诸多词语均是基于政府及其部门的立场强调对市场主体的管理,但如果问题涉及宏观体制因素特别是政府机构改革,以及在管理的内容上需要综合囊括惩罚、约束、控制、许可、激励、奖励等因素,则"治理"一词往往成为研究者的优先选择。参见史际春、冯辉:《"规制"辨析》,载史际春主编:《经济法学评论》第 17 卷,中国法制出版社 2017 年版,第 3 页。

但是从词源的意思来看,监管本身是中性的,主要指政府及其部门对市场主体及其行为实施的公共管理。[1] 除系政府及其部门负有的法定职责外,监管的出发点暨必要性主要在于,市场主体及其行为会产生市场难以克服（或成本较高、效率较低）的负外部性。比如,企业为融资而向公众借款会导致其违约或诈骗等行为危及社会稳定;网络借贷平台为营利而提供担保服务、介入借贷关系、设立资金池并从事衍生投资等行为,会导致平台亏损殃及借贷双方利益从而引发系统性风险。这些市场自身难以解决、对社会整体利益有重大隐患的负外部性需要监管介入。

在理论上,监管的宽松或严格、监管机构的设置与监管工具的选择等,均应根据市场对监管绩效的评价灵活调整。可见,市场选择机制形成的监管本身源于实践需要。[2] 监管起初是因为市场发生或可能发生危机而介入,但之后就会有天然的倾向将这种紧急或必要状态形成的权力正当性加以固化,并寻求一切可能的工具实现这一目标,带有强制、约束和控制功能的工具自然成为首选。此外,只要有重复发生的概率或必要,已经形成的权力就会产生路径依赖,而对市场产生的约束力和控制力越大,权力产生路径依赖的可能性及影响力无疑也会越大。这就是监管在政府选择机制作用下演变为管控型监管的逻辑。在实践中,在市场环境尚不成熟、行业自律能力尚不成熟、监管体制建设尚不成熟的领域,以准入、许可和惩戒等为主要特征的管控型监管就会更快形成,也更难扭转。[3]

管控型监管的主要弊端在于用约束和控制简化、替代了政府及其部门

---

[1] 参见马英娟:《监管的语义辨析》,载《法学杂志》2005年第5期。

[2] 参见胡税根、翁列恩:《构建政府权力规制的公共治理模式》,载《中国社会科学》2017年第11期。

[3] 在公共管理的不同领域,管控型监管的利弊也会有不同呈现。大体而言,在技术性和专业性不强,监管对产业的介入不深,市场对监管的需要主要是打击不正当竞争、垄断、寻租等行为时,管控型监管的适用性或优势会明显一些。如对于"三聚氰胺事件""疫苗事件"等食品与药品安全领域的问题。不过,这些领域的监管也并非仅仅依靠管控就能解决——否则类似事件就不会一再发生,依然需要政府（不限于具体的监管职能机构）从产业链的整体安全投入、信息监测与共享、安全责任保险、受害人赔偿基金等角度加强"公共产品"的投入。

应承担的公共治理职能,其本质在于以政府选择替代市场对政府治理的真实需求。从实践来看,相比瞬息万变、多层次、结构化的市场尤其是金融市场而言,政府的判断和回应具有不可避免的滞后性,政府的倾向和行动具有不可避免的选择性或者说片面性,管控型监管放大了政府在回应市场上天然具有的弱点,由此也不断强化了监管变革的必要。从理论依据来看,许多新理论的出现也为这种变革提供了支持。首先是新制度经济学理论的兴起和发展,政府(国家)被视作经济与社会发展的"内生因素",而不是外在于市场的"守夜人"或"救火者"。政府与企业、劳动者、价格、资源禀赋等其他市场要素一样,能够对经济与社会的发展产生直接影响。[1] 因此,监管内生于市场,应遵循市场规律而不是以政府选择替代市场选择,否则监管本身就会成为市场负外部性的来源。其次是新公共管理理论提出的变革政府公共管理的思想,包括决策应民主和透明、公共行为应实行绩效评估并可问责等观点,[2]打破了"监管黑箱"的传统,监管决策、监管工具、监管绩效均应接受市场选择和评价并及时纠错。最后是法律社会学理论中关于"法律与立法"的区分理论。从功能主义的视角来看,法律是符合实践需要即具有实质合法性的规则,而立法仅仅是有权立法机构颁布具有形式合法性的规范。"法律本身却从来不是像立法那样被'发明'出来的。"[3]如果以是否符合社会发展的客观规律、是否满足社会对规则治理的需要为标准,法律(侧重于功能)与立法(侧重于程序)存在不同:"在社会进一步发展的进程中,法律便发展成或多或少广泛的立法。这种立法越复杂,它的表现方式也就越不同于社会日常经济生活条件所借以表现的方式。立法就好像是一个独立的因素,这个因素并不是从经济关系中,而是

---

〔1〕 参见[美]道格拉斯·C.诺思:《经济史中的结构与变迁》,陈郁、罗华平等译,上海三联书店、上海人民出版社1994年版,第21页。

〔2〕 参见[美]马克·艾伦·艾斯纳:《规制政治的转轨》(第2版),尹灿译,中国人民大学出版社2015年版,第2页。

〔3〕 [英]弗里德利希·冯·哈耶克:《法律、立法与自由》(第1卷),邓正来等译,中国大百科全书出版社2000年版,第113页。

从自己的内在基础中,例如从'意志概念'中,获得存在的理由和继续发展的根据。"[1]以政府选择替代市场选择,放大了法律与立法之间的罅隙,导致监管规则与市场的实际需要相冲突,除了引发市场博弈、规避而导致"治乱循环",监管本身的正当性和权威性也在这些博弈和规避中被侵蚀。[2]实践和理论层面的双重发展,日益推动管控型监管向符合现代市场经济和公共治理需要的监管模式转型。

(二)公共产品供给型监管的缘起与构成

经济学中的公共产品理论,一开始主要强调"路桥基建"等"硬基础设施"对于扩大市场规模、提高交易效率、增加消费者福利的重要性。[3] 但随着新制度经济学理论、新公共管理理论及其实践的发展,政府(国家)及其行动被作为经济增长的一种要素纳入分析框架。"软基础设施"即包括法律、政策及具体监管行为等在内的政府(国家)行动,开始被视为更重要也更复杂的公共产品加以研究。[4]

现代市场经济的一个突出特点,是政府以包括监管在内的各种形式深度介入市场运行,这在关系宏观经济稳定、具有系统重要性的经济领域尤其突出。这种介入的常规性、规模性形成示范效应,导致市场对以监管为代表的政府介入形成预期和信赖。以金融为代表的现代市场经济对监管的诉求具有多元性,不仅有规范市场准入秩序、处罚违法行为等一般性监管需求,还需要监管机构运用在资源、政策等多方面的便利与优势,提高行业整体效率、减少交易费用,解决整个产业在发展中存在的瓶颈、提高产业的风险控制能力并且在出现系统性风险时能够及时化解,从而促进产业发展、增强产业竞争力。产业的技术性和专业性越强、对经济增长的影响越

---

[1] 《马克思恩格斯选集》(第2卷·下册),人民出版社1972年版,第539页。
[2] 参见史际春:《地方法治与地方宏观调控》,载《广东社会科学》2016年第5期。
[3] 参见[美]保罗·萨缪尔森、威廉·诺德豪斯:《宏观经济学》(第16版),萧琛等译,华夏出版社1999年版,第5页。
[4] 参见[美]道格拉斯·C.诺斯:《制度、制度变迁与经济绩效》,刘守英译,上海三联书店2006年版,第187页。

突出,这种综合性的需求就越明显。监管职能和产业发展职能的融合,要求监管成为市场的内生因素而非外在于市场的干预性力量,发挥监管在统筹协调、利益平衡、资源组织与动员、信息披露、风险控制、损害救济等多个方面的比较优势,而非使监管者局限于行政许可和行政处罚的"守夜人"和"救火者"的角色。在终极意义上,监管追求的目标与市场运行的理想状态是一致的,特别是在安全与效益之间形成平衡。监管的目的不是打压市场,即使是处罚,终极目的也不是限制或消灭市场主体资格及其行为能力,而是恢复市场秩序、救济受害者权益。就此而言,市场的安全、稳定、高效以及对经济增长的贡献,都具有公共产品的功能,市场和监管机构都是受益者,所以也都有投入的义务。而且监管机构在公共产品投入上具有规模效应和针对性,更容易提高供给的质量和效果。所以将监管目标局限于管控,将监管工具局限于准入、许可和惩戒,实际上是将监管机构应承担的公共产品供给义务转嫁给市场。易言之,监管应成为一种公共产品供给行为,从管控型监管转向公共产品供给型监管。就语义而言,将这种导向下的监管称为具有全面、综合功能的"治理"更为贴切。当然,公共产品供给理论从"硬"向"软"的转变,即以公共产品供给的思想来理解监管,虽然因政府负有法定的公共管理职责从而解决了"硬公共产品"往往因"搭便车""公地悲剧"而导致的投入不足、效率低下等困境,但也因政府在监管上的特点而引发了新问题。比如,以政府选择替代市场选择,在管控型监管模式上产生路径依赖,监管与产业利益对立,监管规则缺乏公正的绩效评估机制以及因此缺失有效的纠错机制等。解决这些问题除了需要监管机构转变理念,还需要在制度建设层面予以针对性完善,特别是在监管个案中予以针对性弥补,从而积累公共产品供给型监管的经验。

综上所述,公共产品供给型监管是一种将监管定位于公共产品供给的监管模式,强调政府及其部门作为监管机构应以市场规律为基础,提供市场稳定和发展所需要的包括准入、许可、激励、惩罚等在内的环境、平台、标准和规则,从而实现监管与产业利益的平衡。从功能和作用机制来看,公共产品供给型监管作为内生因素促进经济增长的核心是提供产业发展所需要的公共产品,在尊重市场规律的前提下,发挥政府之手的比较优势以提供正外部性,克服管控型监管在实践中的不足,为监管模式、规则的绩效评估及纠错提供机会和平台。[1] 从基本取向来看,这种监管模式是开放、动态、灵活的,监管高度面向产业发展,追求监管对产业的嵌入。管控被作为监管的一部分而非全部,既强调监管对违法行为的惩戒功能,更强调其对产业的促进功能、对市场主体预期的引导功能,追求安全、秩序、效率和增长等多重目标的兼容。从监管权的分配和监管规则体系来看,强调监管集权与分权的功能组合,提倡多元化监管、社会化监管,鼓励行业协会和企业自身参与整个监管体系,以及法定监管机构与行业协会、企业本身在监管规则上的协同。从方法和手段来看,弱化审批作为监管工具的功能,惩戒也不再作为最重要、最常用的监管手段,而大量引入信息披露、信用评级等专业性、信息性监管工具以及风险监测、危机预警等动态化、常规化的监管工具。同时,高度重视引入风险基金、责任保险等市场化工具实现风险分担,提升产业整体的风险控制能力和损失承担能力。从实践来看,在产业经济的大多数领域,受市场经济和政府公共管理改革的不断推动,特别是市场自律能力的加强,管控型监管向公共产品供给型监管的转型已经比较普遍。但是在能源、资源以及金融等特殊领域,这一转型则遇到了困难甚至产生了一定争议。尤其是在处于后发、追赶状态的转型经济体的金融市场,管控型监管仍然具有很强的历史传统、很深的共识(尤其是在政府层面)。这就需要对公共产品供给型监管的"地方性"即具体适用环境进行分析。

---

[1] 参见沈伟:《风险回应型的金融法和金融规制——一个面向金融市场的维度》,载《东方法学》2016 年第 2 期。

## 三、中国金融市场环境下公共产品供给型监管的特殊性

### (一)中国金融市场监管的管控型特征及其影响

改革开放以来,中国金融市场的发展也呈现比较明显的转型特征:一方面,金融市场在"后发优势"的带动下迅猛发展,成为推动国民经济增长的最重要力量之一;另一方面,受制于整体市场环境和监管能力的不成熟,原本属于不同阶段、不同形态的金融风险集中累积,违法违规事件频发甚至引发系统性风险。[1]

整体来看,长期以来中国金融市场监管具有突出的管控型特征。比如,以准入、许可和惩戒等作为主要监管工具,监管具有突出的管控型特征,防控系统性风险成为首要监管目标并对产业利益构成排斥,处置市场风险、应对突发事件以处罚、关闭、禁令等强制性手段为主等。管控型监管模式的形成,主要源于政府主导经济发展的传统以及大国经济对系统性风险天然的警惕。此外,随着虚拟经济的迅速发展,金融市场的增长和扩张超出政府预设,而监管体制尚不健全、监管能力尚不成熟。但金融市场对规则治理的需求日益强烈,管控型监管规则过于侧重安全、稳定等目标,与市场规律及市场需要不符。从中国金融监管与金融市场的现实来看,一般是市场主体的交易行为出现了负外部性比如风险或危机,促使监管开始介入。但风险或危机的发生通常需要经过一段时间的累积,而监管规则的制定和实施客观上也需要一定的周期,发挥出应然效果更是取决于众多因素,很难立竿见影。实践中,风险或危机的爆发往往引发社会对监管缺位的指责,迫使监管倾向于矫枉过正、以监管者的意志和判断代替产业发展的实际情况和诉求,在市场准入、业务规则和风险处置等各个环节贯彻严加管控的思维,进而导致市场交易充满不确定的风险,产业发展受到合法

---

[1] 参见周仲飞、李敬伟:《金融科技背景下金融监管范式的转变》,载《法学研究》2018年第5期。

性判断的干扰。[1] 最后的结果则是,一方面,市场对于规则治理的真实诉求无法获得满足;另一方面,受制于监管成本与监管能力,与市场内在要求脱节的法律监管也无法得到有效执行,监管机构为了增强威慑力进一步强化管控思维,导致监管与市场进一步脱节,监管者的投机心理激发市场主体的冒险心理。[2] 这是金融监管盛行严格管控理念而市场却屡屡出现大规模违法行为甚至是系统性风险事件的症结所在。比如,近年来兴起的"校园贷"本是一种信贷消费产品创新,电商、P2P网络借贷等提供的"校园贷"与信用卡并无本质差别,而且更便捷、与消费关联更直接,对产生新的消费群体、扩大消费金融市场起到了重要作用。但由于发生了一些针对违约大学生的暴力催收事件,2016年9月教育部办公厅发布《关于开展校园网贷风险防范集中专项教育工作的通知》,就提高学生贷款的发放门槛、不得直接向学生提供现金贷款、不得变相发放高利贷等限制性、禁止性规定作出了明确说明。2017年5月,原银监会、教育部、人力资源和社会保障部联合发布《关于进一步加强校园贷规范管理工作的通知》,要求未经银行业监管部门批准设立的机构禁止提供校园贷服务,一律暂停网贷机构开展校园贷业务,并责令其对于存量业务制订整改计划、明确退出时间表。违约本身属于合同纠纷,因债务人违约而禁止债权人的权利能力,在法律上实难找出正当理由。实际上,除高利贷、违法催收等可以诉诸民法、行政法和刑法等法律规范加以解决的特殊情形,"校园贷"在金融监管层面的问题主要是大学生作为消费群体在民事行为能力和消费认知能力上存在落差,而这一落差在网络消费环境、信用消费营销手段的催化下被放大,进而成为大学生违约的诱因。显然,禁止网贷机构开展"校园贷"业务并没有解决问题的根本,对于有自营网贷服务的电商而言(如京东白条、蚂蚁花呗等),这一禁令更未充分发挥效用,同时还干扰了针对特定人群和细分市场的金融产品创新。

---

〔1〕 参见龙著华:《民间借贷风险的法律规制》,载《南京社会科学》2014年第11期。
〔2〕 See Kathryn Judge, *The Future of Direct Finance: The Diverging Paths of Peer-to-Peer Lending and Kickstarter*, Wake Forest Law Review, Vol.50:3, p.609(2015).

总体而言，管控型监管强化了监管机构对金融市场的控制，监管规则成为市场创新的约束和负外部性的来源，增加了金融市场的不确定性。当然，这种金融监管理念及方法也对市场形成了重要的威慑力，在监管客观上具有滞后性的前提下强化了市场对监管的预期。

(二)公共产品供给型监管对中国金融市场监管的契合与意义

政府的监管职能事实上与产业发展职能无法分割，系统性风险防范固然是核心监管目标，但产业利益同样构成监管的重要约束。对于政府而言，系统性风险累积、金融违法案件频发固然无法容忍，但金融市场不景气、丧失创新能力和意愿、无法为实体经济提供融资以及无法为政府公共管理(保障房、公用事业等)提供杠杆支持，同样不可容忍。实践证明，以安全为导向的狭义监管职能和以产业利益为导向的广义治理职能，均为中国金融监管所不可或缺。就此而言，不管是侧重宏观审慎监管的央行，还是侧重微观审慎监管以及行为监管的原证监会、原银保监会，[1]都着力强调"监管姓监""监管独立"，主要出于对长期以来监管体制、机制和规范滞后于金融市场创新的担忧，以及在混业金融、互联网金融背景下优化监管能力的期望，而非忽视产业利益或将产业利益与监管对立，更不意味着强化管控型监管。[2] 即使是出于维护金融安全、防范系统性风险等狭义监管目标，管控型监管的效果也是弊远大于利。公共产品供给型监管则能够综合覆盖不同层面的监管职能，更加契合中国金融市场对监管的实际需要，在监管与产业利益之间形成平衡。

---

[1] 2023年3月7日，十四届全国人大一次会议举行第二次全体会议，审议国务院机构改革方案。根据《党和国家机构改革方案》，在中国银行保险监督管理委员会基础上组建国家金融监督管理总局。后文不再赘述。

[2] 对"监管姓监""监管独立"的另一种理解，是主张监管机构专司监管，而将产业发展职能赋予其他产业主管机构如发改委、财政部以及金融国资委等。这种主张的理论预设是监管职能与产业发展职能可以切分，并且监管机构与产业主管机构之间可以协同。但第一个预设在实践中很难成立，在中国这样的后发型、追赶型金融市场环境中尤其如此；第二个预设，实践也证明难度极大。金融市场的运行原理决定了其经营性规则与风险控制措施密不可分，只有在监管规则中处理好监管与产业利益的平衡，才能改变管控型监管对金融市场和金融监管体制建设的双重障碍。

首先,通过公共产品供给型监管优化金融市场基础设施。基础设施的重要性在实体经济发展中已经得到证明。对于金融市场而言,基础设施主要包括两大部分:一是直接限定市场主体权利能力(如合法的业务范围)的监管规则[如《网络借贷信息中介机构业务活动管理暂行办法》(以下简称《信息中介机构办法》)、《关于规范金融机构同业业务的通知》],也包括相关的机构和业务准入规则(如《公司法》《商业银行法》《证券法》关于金融机构设立及开展不同业务所需要的法定最低注册资本、股权结构等准入条件)。二是具有宏观和整体功能的间接性基础设施,包括信息共享、投资者教育、风险基金、责任保险以及纠纷解决、受害人民事权益救济等机制或措施(如证券欺诈民事赔偿诉讼中的代表人诉讼、举证责任、因果关系等)。在成熟的金融市场环境下,受益于市场信用水平和法治建设水平,各个层面的基础设施能够相辅相成并发挥整体效应,推动金融市场自身的合规机制与监管机制相融合,实现监管与产业利益的平衡。一方面,上述各个层面的基础设施均处于缺失状态;另一方面,金融市场的迅猛发展又导致各类金融风险或违法事件层出不穷,使管控型监管得以强化。但实践证明,纯粹的管控无法解决"本"的问题,而且随着管控的边际效应递减,在解决"标"的问题上也日益出现成本过高、引发其他负外部性等现象。对于上述第一类基础设施,也就是狭义监管职能项下的监管规则,在公共产品供给意义上主要是完善合理性的问题,下文将具体论述。对于后一类基础设施,目前则供给严重不足或质量低下。金融市场越复杂、体量越大,其安全保障和系统性风险防控对于信息披露、投资者教育、风险基金、责任保险以及金融产业整体的风险控制水平、资本市场的信用管理水平、法治建设整体水平的要求就越高。[1] 这些基础设施建设的受益者事实上包括整个金融市场的利益相关者以及监管机构本身,所以监管机构应加大投入,而不是将这些基础设施投入强行划归为经营者义务。此外,随着普惠金融的发展,公众投资者的民事权益救济对法

---

〔1〕 参见黎四奇:《二维码扫码支付法律问题解构》,载《中国法学》2018年第3期。

律治理的需求日益迫切。而管控型监管长期以来将重心放在打击金融违法犯罪上,以追究行政责任和刑事责任为核心。[1] 监管不能取代供求,金融市场的运行说到底仍然需要依赖经营者与投资者或消费者的交易。纠纷解决和民事权益救济是非常重要的公共产品,需要监管机构(包括立法、执法和司法机关)着力投入,才能从根本上改善监管环境、降低监管成本。

其次,通过公共产品供给型监管提高金融监管规则合理性。以金融市场为代表,现代经济与社会治理的复杂性、专业性日益增强,市场对政府治理的及时性和准确性又有很高要求,因此对监管机构只能是"概括授权",赋予其较大的自由裁量权。[2] 同时,金融监管对制定和实施监管规则的针对性、实时性要求较高,客观上要求监管机构作为执法部门同时也具备立法权。而除行政相对人因执法程序违法、对具体处罚措施不服而提起行政复议或行政诉讼外,司法机关一般也不受理针对监管规则合理性提起的民事或行政诉讼。金融监管机构"全能监管者"地位的出现,导致金融监管规则的合理性缺乏有效评估,客观上造成监管得以强力推行并持续。比如,因维护金融安全而导致市场不公。作为"只贷不存"的非银行业金融机构,创设小额贷款公司本身是基于不触碰吸收公众存款这一"红线"而解决中小企业融资难的新尝试,但"只贷不存"导致小额贷款公司本身受困于资金来源而无法发挥应然功能。为了解决这一问题,同时增加商业性金融的竞争性供给,原银监会2007年颁布《村镇银行管理暂行规定》(已失效),为小额贷款公司转化为可以吸收公众存款的银行业金融机构打开了一条通道,但同时规定"发起人或出资人中应至少有1家银行业金融机构"。这就迫使小额贷款公司的原始股东为了将公司转制为村镇银行而不得不让出控股权,从而为商业银行廉价并购小额贷款公司提供了便利,如此不仅恶化

---

〔1〕 比如,一直以来因虚假陈述、内幕交易和市场操纵行为引发的民事赔偿案件,立案受理时均以监管部门的行政处罚和生效刑事判决认定作为前置条件。直到2015年最高人民法院颁布《关于当前商事审判工作中的若干具体问题》才明确规定不得再设置这一前置性条件,减轻了投资者或消费者提起证券民事赔偿诉讼的负担。这也显示出对监管具有的公共产品供给功能的重视。

〔2〕 参见杨东:《监管科技:金融科技的监管挑战与维度建构》,载《中国社会科学》2018年第5期。

了小额贷款公司及中小企业的融资环境,也使增加商业性金融的竞争性供给这一改革目标落空。尤为严重的是,在管控型监管的大环境下,纠正这些规则只能等待监管机构主动纠错,或以颁布新规的方式默认旧规废止。公共产品供给型监管要求监管机构从公共产品供给的角度评估监管规则对市场的影响,采取措施避免负外部性的产生。即使出于特定监管目的,也应充分履行解释说明义务,并对可能引发的损害作出针对性安排。比如,对于前述村镇银行发起人必须包括 1 家银行业金融机构的规定,监管机构应向市场和公众充分说明吸收公众存款对金融安全的重要性,并对拟作为发起人的该银行业金融机构所占股权作出上限规定,避免其利用"法律租"廉价并购小额贷款公司而引发市场不公。当然,提高监管规则合理性不能坐等监管机构自己改变理念,还需要设置特定的纠错机制。应借鉴《公平竞争审查制度实施细则(暂行)》(已失效)创设的对监管规则予以合理性审查的机制,凡对市场竞争秩序、市场公平能够产生影响的金融监管规则(如前述关于村镇银行发起人资格的限制),可以直接适用公平竞争审查制度。以此为基础,应积极创设金融监管规则合理性审查制度,由 2017 年成立的国务院金融稳定发展委员会(2023 年被撤销)对各监管机构单独或联合制定的监管规则进行合理性审查。未进行或未通过合理性审查的,不予颁布;发现监管规则不合理的,要求监管机构纠正并通过审查后方可颁布。审查范围和具体审查标准,由该委员会制定并灵活调整。在监管规则的司法审查尚不具备可操作性的约束下,监管规则合理性审查制度与征求公众意见制度相结合,有助于从根本上提高监管规则的合理性。

最后,通过公共产品供给型监管强化金融监管的市场和社会认同。金融市场自身的风险控制能力较弱,容易发生波动,投资者的整体偏好倾向于保守,因此市场对于监管的需求较强,这一特征客观上有利于加强市场和社会公众对金融监管的认可度,提高监管规则的实际效果。但是当市场逐渐成熟、投资者的诉求和偏好不断出现分化和结构性、市场对监管的需求出现多元化,监管就应转向综合治理,从以打击违法犯罪、解决突发事件为核心的管控型监管转向平衡监管与产业利益的金融治理。监管机构应着力提供各类公共产品，而不能再以准入、许可、审批、惩罚等简单的方式处理问题。[1] 随着金融产品日益介入公众的日常生活，社会对金融市场创新的需求越来越强烈，这一诉求与金融市场天然具有的扩大受众范围的诉求相融合，在电子商务、互联网支付、互联网信用消费等领域缔造出一个又一个增长奇迹。[2] 这既是中国金融市场繁荣的体现，也是中国金融监管的重要基础。在实践中，对于尚处于成长中、尚未出现明显的负外部性且对于满足市场投融资及消费需求具有积极作用的金融创新，监管机构会相机抉择，拉长监管滞后曲线以培育市场力量，如"校园贷"。但倘若突破上述底线，特别是发生了暴力催收、大规模欺诈或诈骗等事件，监管机构则立马作出大力整顿，以便对市场形成监管威慑。这种行为模式体现出管控式监管的鲜明印记，不仅无法解决监管面临的问题（如"校园贷"出现的高违约率导致暴力催收），而且对信用消费产业（如"白领贷""公务员贷""老年贷"）的发展带来了极大的不确定性。故这种监管模式无疑难以为市场和公众所认同。以公共产品供给的理念解决"校园贷"问题，重点应是加强网贷机构（含电商和专业网贷机构）的信用审查义务、消费警示义务、信用消费风险宣传义务，根据大学生的民事行为能力和消费认知能力存在落差的现实适当延长无条件退货的时限，[3] 要求网贷机构购买违约责任险，并对最长还款期限、最高信用贷款额度、违约金最高额度等内容予以限定。监管嵌入市场交易结构，针对交易双方的特定情势调整权利与义务安排，通过提供各类公共产品并在满足交易双方共同诉求的基础上分担风险控制的成本，才能达到监管与产业利益的平衡。法律"不是把最完满的产权形

---

[1] 参见郭雳：《中国式影子银行的风险溯源与监管创新》，载《中国法学》2018年第3期。
[2] 参见仇晓光、刘闻博：《互联网金融风险防控论纲》，载《江西社会科学》2015年第9期。
[3] 《消费者权益保护法》第24条规定，消费者通过网络等方式购物的，7日内可以无条件退货。鉴于大学生在"校园贷"的购物环境和营销模式下容易出现冲动消费，可以适当延长退货时限，以此缓解大学生消费群体与"校园贷"经营者之间的信息不对称。参见冯辉：《论互联网金融的私法规制——以大学生网络信贷消费合同的效力问题为例》，载《南京社会科学》2017年第12期。

式写成法律文书了事,而是通过法律形式记录已经通过交易形成的权利,同时增加保护有效产权的手段和侵犯产权的成本,并在此基础上形成利益当事人之间修订产权合约的程序"。[1] 如此才能提高监管的市场和社会认同,以公共产品供给理念提升监管水平。

**四、公共产品供给型监管的制度应用:以"租金贷"的法律监管为例**

(一)"租金贷"的商业构造与法律问题

所谓"租金贷",是指以房屋租赁关系中承租人向出租人支付的租金为贷款标的的一种信用消费贷款产品。具体而言,承租人向商业银行等金融机构申请信用贷款并一次性获得长期租金后(如1年),一次性支付给出租人从而获得长期租赁保障(以及租金打折等优惠),承租人向商业银行等金融机构按月还款,从而减轻还款压力。"租金贷"主要出现于北上广深等一线城市或省会城市,这些城市的购房需求被高房价所抑制从而导致房屋租赁需求持续高涨,房租价格相对较高从而导致一次性收取长期租金对于出租人有较大吸引力,商业银行等金融机构因具备盈利空间从而也有了投入的动力。"租金贷"产品遂具备了市场基础,这是一种典型的由市场需求带动的金融创新。

"租金贷"的迅速扩张成为需要监管介入的问题,源于其实际操作模式。"租金贷"的操作模式有两种:一是商业银行等金融机构与开展房屋租赁业务的房地产开发商[如万科、碧桂园、龙湖(出租人)等]合作。但由于开发周期、地域分布等原因,这种模式的市场份额很小。二是贷款机构与房屋中介合作。中介是租房市场的核心,特别是近年来以长租公寓为主打产品的自如、蛋壳、青客、相寓等长租中介。长租中介改变了一般租房中介的居间人身份,以受托人(管理人)身份承租(托管)房源(实践中称为"收房"),进行装修后以自己名义出租给承租人,并设置专门的物业机构或外包给其他物业机构进行专门管理。贷款机构将长期资金(如1年)一次性

---

[1] 周其仁:《改革的逻辑》,中信出版社2013年版,第131页。

放款给长租中介,承租人按月向贷款机构还款,长租中介按较长周期(如半年一次)付款给出租人。在这种商业构造下,出租人能够一次性收取较长周期的租金,免费修缮租赁房屋从而提高了长期租赁价值,并免除了普通租赁模式下的管理、维修等义务。由于贷款资金的总额度并不大(1～2年租金最为常见),房租原本就属于承租人(借款人)获取月工资收入后的固定支出,承租人可以承担按月还款付息的压力,所以贷款机构能够获得比较稳定的利息回报。对于承租人而言,虽然要多付出一些利息(支付给贷款机构)和手续费(支付给中介)等成本,但一般可以获得减少首期租金支付压力、整体房租打折等优惠,[1]更重要的是能够租到质量更好的房源,并以月付贷款的方式一次性锁定长期租赁合同,这对于承租人而言有很大的吸引力。这种多方共赢的商业模式也得以迅速扩张。

到此为止,与"校园贷""白领贷"等众多细分市场的信用消费产品一样,"租金贷"并未产生市场不能解决的负外部性。即便是承租人存在违约风险,那也是信用消费贷款的常规风险,可以通过信用审核、风险计提等方法予以控制。问题出自长租中介,仔细分析"租金贷"的商业构造不难发现,其核心在于长租中介以专业化管理的规模效应降低了传统租赁关系中的交易费用,并且借助金融机构的力量开发出房屋租赁中的增量利益。无论是比较优势还是现实可能性,贷款机构均不可能直接介入房屋租赁关系。所以"租金贷"的产生和持续,均在于保证长租中介具有足够大的利益激励。实践中,为了争夺优质房源、支付维修费用等,长租中介面临很大的融资压力,而除了依靠资本市场,其最重要、最直接的资金来源就是贷款机构一次性支付的资金。长租中介向出租人支付租金的周期可以约定,只要支付周期(如半年一次)短于贷款机构的放款周期(如一年一次),那么资金错配就会

---

[1] 在传统租赁模式下,承租人一般是"押一付三",而"租金贷"模式下承租人一般可以享受"押一付一";长租中介为了吸引更多客户,一般会规定承租人采用"租金贷"模式的,可以获得一定的房租折扣。参见温宝臣:《警惕"房租贷"背后的金融乱象》,载人民网,http://house.people.com.cn/n1/2018/0827/c164220-30252463.html。

产生大量的资金沉淀从而形成资金池。沉淀资金为长租中介争抢房源创造了条件,房源增多后带动更多的"租金贷"业务进而增加更多沉淀资金,从而形成杠杆效应及其循环。危机的爆发源自长租中介在使用沉淀资金上的"越界"。众多长租中介使用沉淀资金用于转贷和投资,出现亏损后无法向出租人及时支付,出租人解除合同后导致承租人无法居住,进而殃及其与贷款机构之间的债务关系,[1]由此产生系统性风险,迫使监管介入。就金融监管而言,"租金贷"中的关键法律问题是长租中介利用资金错配形成资金池从事衍生投资,风险控制失败后的负外部性破坏整个商业构造。

(二)"租金贷"的监管现状、不足及完善

各地爆发多起因长租中介投资亏损导致的"暴雷"事件后,各地政府纷纷出手监管。最具代表性的规范性文件是上海市住房和城乡建设管理委员会、上海市房屋管理局、上海市金融服务办公室、央行上海分行、上海银监局五部门于2018年9月29日颁布的《关于进一步规范本市代理经租企业及个人"租金贷"相关业务的通知》(以下简称《租金贷通知》)。[2] 除贷款合同和租赁合同应分别签署、未经网签的房屋租赁合同不得办理"租金贷"业务、银行业金融机构不得将授信审查和风险控制等核心业务外包、银行业金融机构应建立并严格执行与借款人的面谈制度、贷款期限最长不得超过住房租赁期限等一般性的合规内容外,针对长租中介的核心监管规则是:个人"租金贷"的放款周期,应与代理经租企业向房东支付租金的周期相匹配。此外,考虑正式的银行业金融机构对风险控制比较敏感,而此前参与"租金贷"的贷款机构有不少是小额贷款公司和融资担保公司,上海市金融服务办公室于《租金贷

---

[1] 参见《房租贷惹争议:及时雨 or 隐藏坑?》,载人民网,http://house.people.com.cn/n1/2017/1113/c164220-29642604.html。

[2] "租金贷"的发展规模,不同城市之间差异较大,其主要的负外部性集中在一线城市。由上海首先颁布系统性的监管规则,显示出中国金融监管的纵向分权事实上存在并且能够有效地发挥作用。地方职能部门、金融事务管理部门与中央金融监管机构的派出机构联合颁布监管规则,也证明了中央和地方金融监管之间协同的可能性与现实路径。《租金贷通知》最后规定"国家有关管理部门出台新的规定,依照新规定执行",为外部性进一步扩大后中央金融监管的介入预留了空间。从惯例来看,《租金贷通知》中设定的监管思路和主要方法,将为其他地方以及未来可能的中央监管规则所沿袭。

通知》颁布当日还颁布了《关于暂停本市小额贷款公司融资担保公司与代理经租企业合作开展个人"租金贷"业务的通知》,从源头上大大压缩了"租金贷"的资金来源。外部严管资金、内部禁止资金错配,长租中介错配资金的权利能力被否决。沉淀资金只剩下承租人所交押金,且使用也受到很多限制。

《租金贷通知》再次呈现管控式监管传统的路径依赖和制度惯性。以限制和禁止作为监管工具,看起来找准了问题的关键,实际上只是"头痛医头,脚痛医脚";看起来履行了监管责任,实际上忽略了监管成本、市场反应及其对监管规则实际效果的影响;看起来保护了利害关系人(如出租人特别是承租人这样的所谓"弱势群体"),实际上却忽略了相比监管而言,"租金贷"带给租赁双方当事人的利益要大得多。换言之,在消灭"租金贷"的情况下,双方当事人的福利损失反而更大。长租中介的存在表面上增加了交易成本,且成为金融风险的导火索,但对于银行业金融机构而言,在没有专业管理能力(托管、维修、管理房源)和市场资源组织能力(收集和处理房源信息、出租人信用和承租人信用等各类数据)的支撑下,在债务人高度分散、单笔交易总额微小的现实约束下,有多少动力开展个人租房信用贷款业务?对于出租方而言,如果没有长租中介提供的托管、维修、管理、整租整付等服务,有多少动力在原本简单的"收租"问题上接受承租人的贷款支付方式?[1]市场交易出现了负外部性,监管的介入无疑具有正当性,这也符合市场和社会对监管的预期。但目的不能自动证明手段的正当,反言之,不能因个案而否决体制和机制的合理性。综上,除去赶工期装修房源导致甲醛超标、以欺诈或隐瞒相关事实的方法促使消费者签订贷款合同、以不正当竞争手段争抢房源等一般性的合同法、消费者权益保护法、竞争法方面的问题(这些问题均可以依据相应的法律法规得以解决),以及"租

---

[1] 银行放款需要时间,但承租人确定房源后期望立刻入住,出租人也期望立刻收到租金,长租中介的存在使各方当事人的诉求得以协调(尤其重要的是选择小额贷款公司和投融资担保公司合作,与商业银行展开竞争)。否则,与能够立刻提供现金的承租人相比,向商业银行申请贷款的承租人无疑将被出租人淘汰。

金贷"推动房租上涨等尚无法确证或无法在法律框架内予以解决的问题外,在金融监管法的意义上,"租金贷"监管面临的核心问题在于,是否允许"租金贷"产生资金错配,以及是否允许长租中介自主使用沉淀资金?这也是完善"租金贷"法律监管的关键所在。

长租中介的资金错配及以此为基础的衍生投资是"租金贷"得以存续的根本,禁止这两项权利能力,无异于扼杀"租金贷"本身。以公共产品供给为监管理念,应承认长期中介资金错配及衍生投资的合法性,并从风险控制的角度加强相关的公共产品供给。第一,允许长租中介资金错配但予以合理限制。像《租金贷通知》这样,以长租中介向出租人的付款周期限定贷款机构向承租人的放款周期,实际上就是扼杀了资金错配的可能,这是不可取的。在贷款期限不得长于租赁合同期限(这一点势必为贷款机构和承租人所认同)的限定下,长租中介的资金错配空间其实已经受到抑制(除非是期限较长的租赁合同)。建议规定采取"租金贷"的租赁合同,不足一年的,不得办理"租金贷";达到一年的,长租中介向房东支付租金的周期最短为半年一次;两年以上的,支付周期最短为一年一次。由于出租人享有缔约主动权,因此,对错配周期的最低限定可以保障长租中介拥有较长的风险准备和对冲期间。第二,允许长租中介利用沉淀资金衍生投资但予以合理限制。在普惠性金融工具日益普遍、杠杆效应俯拾皆是的当下,只要能够产生流动性,就必然会激励专门的机构寻找变现和衍生投资的机会。这是不以监管机构意志而转移的规律,事实上也无法禁止,只能因势利导。[1] 长租中

---

[1] 与此质同形异的例证是对 P2P 网络借贷的监管。中国的 P2P 网络借贷市场近年来依靠资金错配和衍生投资形成的混业经营迅猛扩张,并形成了独特的制度竞争力。但部分 P2P 网络借贷跑路、诈骗、大规模违约等恶性事件引发管控型监管强势介入。《互联网金融意见》《信息中介机构办法》(2016 年)将 P2P 网络借贷限定为"为投资方和融资方提供信息交互、撮合、资信评估等中介服务","不得提供增信服务"的信息中介平台,并要求不符合这一限定的 P2P 网络借贷在 2017 年 8 月之前整改,各地在 2018 年 6 月 30 日之前完成符合要求的 P2P 网络借贷备案工作。监管目标与产业现状的巨大差距,以及监管的步步紧逼导致了一波波 P2P 网络借贷"暴雷潮"愈演愈烈,最终备案大限也被延期。这是管控型监管引发监管与产业双输的又一例证。参见《备案大限已过,P2P 路标在哪?》,载新浪财经网,http://finance.sina.com.cn/money/lczx/2018-07-02/doc-ihespqry7579604.shtml。

介的沉淀资金来自两部分：大部分是贷款机构的放款，小部分是承租人的押金。允许长租中介利用贷款资金形成的沉淀资金进行衍生投资，首先要获得贷款机构的许可。贷款机构放贷都会与借款人约定专款专用，《商业银行法》也规定借款人有按约定用途使用借贷资金的义务，这也导致长租中介的衍生投资事实上大多是违约和违法行为。应允许贷款机构与长租中介约定可以利用沉淀资金投资，但应要求长租中介提供合规方案。其次是对投资行为进行类型化监管。建议借鉴《证券法》将证券公司的业务范围与法定最低注册资本相捆绑的方式，[1]列举长租中介的投资范围（如固定收益类、权益类、权证类等），并将投资范围与法定最低注册资本、资产负债结构、利润率、业务规模、风险准备金、投资盈亏记录等因素捆绑；同时，借鉴《保险资金投资股权暂行办法》（部分失效）和《保险资金投资不动产暂行办法》的规定，对资金在不同投资标的中的占比作出上下限规定（如接近零风险的固定收益类投资不得低于一定比例；高风险的权益类、权证类投资不得超过一定比例等）。最后需要讨论的是押金使用问题。尽管押金的规模要远远小于贷款形成的沉淀资金，但对于一些长租中介巨头而言，总量也很可观。而且在没有例外约定的情况下，押金只有在房屋租赁到期时才需要退还承租人，因此其沉淀期限超过贷款类沉淀资金，投资空间也更大。《租金贷通知》仅规定长租中介"不得利用个人'租金贷'业务沉淀资金恶性竞争抢占房源"，并未作出其他限制。所以总体而言，对押金使用的监管可以参照对贷款类沉淀资金的监管，但也应获得承租人授权。值得补充的是，所有沉淀资金及资金往来，均应由贷款机构托管，贷款资金账户和押金账户应分开，以保证所有投资和支付等资金往来均有据可查，防止长租中介挪用或侵占。

以上述两点为核心，相应的配套性公共产品包括：第一，对开展"租金

---

〔1〕 根据2019年《证券法》的规定，证券公司仅从事经纪、咨询和财务顾问业务，注册资本最低限额为5000万元；从事承销和保荐、融资融券、证券做市交易、证券自营、其他业务中的任何一项，注册资本最低限额为1亿元，两项以上为5亿元。

贷"的长租中介实行准入制度和"黑名单"制度。综合注册资本、资产负债结构、利润率、业务规模、房源及质量、出租人和承租人信用状况,尤其是资金错配和衍生投资的风险控制措施等因素实行准入管理。对于违反"租金贷"监管规则(如欺诈承租人和贷款机构、不正当争抢房源,对此要建立奖励举报制度),特别是在资金错配和衍生投资上有违规记录的长租中介,应列入"黑名单",禁止机构及个人一定时期甚至终身从事房屋中介及衍生的金融业务。第二,加强对长租中介信息披露义务的监管,将信息披露义务履行情况作为是否列入"黑名单"的重要指标。委托第三方机构对长租中介进行信用评估和评级,建设信息公开和信息共享平台,方便各方当事人举报和监管机构实施监管。第三,允许小额贷款公司、融资担保公司等非正式金融机构进入"租金贷"市场,以此增加贷款机构供给侧的竞争性,但对贷款机构也应采取相似的准入制度和"黑名单"制度。第四,要求长租中介设立风险准备基金,减少衍生投资出现损失后对出租人的损害;要求其购买违约责任险,包括自己无法向出租人支付租金而引发的违约,以及承租人不能向贷款机构还款而引发的违约,从而减少违约对承租人和贷款机构的损害。鼓励"租金贷"的地方政府,可以通过补贴保费投入这种公共产品供给型监管。

### 五、结语

无论内容还是意义,金融监管都代表政府治理的高级阶段。在监管已成为政府介入经济发展之主要方式的当下,将监管纳入法律治理框架具有重要意义。[1] 金融法是典型的"增量利益生产型法",金融市场对法律治理的诉求,绝不局限于明晰权利义务关系等简单的合同法律治理,也不局限于许可、处罚、定罪量刑等简单的行政和刑事法律治理,而对政府作为公共权力机构依据其在组织、动员、资源调配等方面的优势提供公共产品,以

---

〔1〕 参见宋晓燕:《国际金融危机后十年监管变革考》,载《东方法学》2018 年第 1 期。

减少交易费用、促进市场创新、提升风险控制能力和损失救济能力等具有更高要求。从"嵌入式"监管到公共产品供给型监管,均是这一导向和规律的要求及体现。"租金贷"案例看起来似乎微不足道,但类似的市场创新几乎每天都在发生,在终极意义上,实践需要决定了这些创新的产生和存续。所谓"一叶知秋",只有在这些并不起眼的个案上累积点滴进步,才能令市场对监管和治理产生合理预期,实现监管与产业利益的平衡。

# 第四章　监管竞争：网贷治理的金融监管体制背景及其改革[*]

监管竞争对金融市场形成了复杂的制度效应,其在细化监管分工、提高监管效率的同时增加了监管协同的难度,在增强监管能力的同时加深了金融市场对监管的依赖。以央行牵制和机构及人事调整为主的治理策略,难以解决金融监管竞争带来的负外部性,反而会削弱其内含的制度竞争力。在混业经营与分业监管的大背景下,合理的法律治理进路应是激励监管机构从监管权威导向的竞争转向公共产品供给导向的竞争,构建有效、实质性的监管协同机制以抑制监管竞争的负外部性,促进法律监管规则与行业性监管规则、金融企业内部监管规则之间的衔接,强化金融监管法律规范的私人实施。

## 一、引言

金融监管体制改革一直是我国经济体制改革中的重点和难点,也为历

---

[*] 本章主要内容曾以《论金融监管竞争及其法律治理》为题发表于《法学家》2019年第3期。

年来国家的众多规范性文件所强调和关注。[1] 以 2003 年银监会（其与证监会、原保监会、央行称为"一行三会",2018 年设立银保监会）的成立为标志,我国实行了多年"一行三会"的"分业监管"体制。这一体制虽为学界及实务界的不少观点所诟病,也不同于国际金融监管从机构监管转向功能监管、目标监管的做法,[2] 却为我国金融监管体制改革所坚持,并与金融市场的整体壮大互相强化。[3] 改革应注重国情,审慎对待金融监管体制的"地方性",应是以我国金融市场对监管的实际需要为依据,对目前监管体制的内在机理进行研究,从中发掘改革与完善的方向。本章的基本观点是,经过多年的发展,证监会、原银监会和原保监会之间已经形成了监管竞争格局。监管竞争对金融市场具有复杂的多重效应,应予以高度重视并分析其制度成因。应促使金融监管竞争在法治的激励和约束下得以发展和

---

[1] 近年来,除《中共中央关于全面深化改革若干重大问题的决定》（2013 年）、《中共中央关于制定国民经济和社会发展第十三个五年规划的建议》（2015 年）等对推进金融监管体制改革作出了原则性规定外,2015 年和 2016 年中共中央政治局组织召开的中央经济工作会议分别提出"抓紧研究提出金融监管体制改革方案"和"深入研究并积极稳妥推进金融监管体制改革"。国务院总理 2015～2017 年所作的《政府工作报告》分别提出"创新金融监管,防范和化解金融风险""加快改革完善现代金融监管体制,提高金融服务实体经济效率,实现金融风险监管全覆盖""稳妥推进金融监管体制改革,有序化解处置突出风险点,整顿规范金融秩序,筑牢金融风险'防火墙'"。2017 年国务院批转国家发改委《关于 2017 年深化经济体制改革重点工作的意见》提出"深化金融机构和金融监管体制改革""发展多层次资本市场"。2017 年 7 月召开第五次全国金融工作会议（5 年 1 次）,会后新华社发布的会议通稿也再次强调"要加强金融监管协调、补齐监管短板"。参见《全国金融工作会议在京召开》,载新华网 2017 年 7 月 15 日,http://www.xinhuanet.com/fortune/qgjrgzhy2017/xhtq.htm.

[2] 次贷危机迫使实施分业监管的国家开始变革金融监管体制,以不同形式和程度从机构监管（与分业经营相对应,证券、银行、保险等各类金融机构由相应的监管机构分业监管）向功能监管（在分业监管的基础上,对金融业务予以功能识别,允许金融监管机构实施交叉性、穿透性监管）、目标监管（以目标为标准,将监管分为审慎监管和行为监管,又称"双峰监管"）转变。参见吴云、张涛:《危机后的金融监管改革:二元结构的"双峰监管"模式》,载《华东政法大学学报》2016 年第 3 期。

[3] 总结前注中众多规范性文件对金融监管体制改革表述的共性:一是加强风险处置、维护金融安全等监管能力;二是强调妥善处理完善金融监管与发展金融市场之间的关系。对监管机构的数量及监管结构之争则未涉及,特别是在被社会各界视为金融监管体制改革新风向标的 2017 年第五次全国金融工作会议上,对于监管机构问题只是提出要设立一个新的议事协调机构——"国务院金融稳定发展委员会"。这也导致社会普遍预期"一行三会"的监管结构将会延续。但 2018 年 3 月,党的十九届三中全会通过《深化党和国家机构改革方案》决定将银监会和保监会合并为"中国银行保险监督管理委员会",形成了"一行两会"的新格局。对此笔者认为,这一变化仅改变了监管竞争的形式,并未改变其实质和动因。

规范,从而在理论上解决金融监管走向之争产生的问题,并在实践中最大限度地实现金融监管与金融产业发展之间的平衡。

## 二、竞争、监管竞争与金融监管竞争

### (一)竞争与监管竞争

竞争是市场经济的要素。构建监管竞争的分析框架,需要借助古典经济学的自由市场竞争理论,并对由其过渡到监管竞争理论过程中发生的变化进行辨析。自由市场竞争理论并不复杂,以利益最大化为动机的"经济人"为争夺更多市场份额、谋取更多利润,从产品的价格、数量、质量和宣传等各方面与对手展开充分竞争。竞争之所以可欲,在于其可以实现个体意义上的优胜劣汰,并在整体意义上提高资源配置效率。"竞争使经济体系达致了统一性和一贯性",[1]而且实践证明这是比计划和指令更有效率的方法。

监管是政府及其部门的职能。从自由市场竞争过渡到监管竞争,在竞争理论基础上发生的最大变化,就是竞争主体从以利益最大化为目标的市场主体,变成了负有监管等公共管理职能的政府及其部门。问题在于,其一,政府及其部门并不以经济利益最大化为目的,也不受经济利益最大化的约束,所以自由市场竞争中的那种竞争动力不复存在。其二,政府及其部门的地位与其职能一样,都是由法律确立和保障的。[2]其三,如果监管职能仅体现为对法律规范的执行,则监管的统一性更为重要,差异化的竞争不仅没有必要,而且还可能出现寻租、监管套利等负外部性。换言之,监管竞争的成立前提应包括:不同的政府及其部门之间,有彼此独立、具有竞争关系的监管利益;不同的政府及其部门在竞争中的表现虽然不会产生

---

[1] [英]F. A. 冯·哈耶克:《个人主义与经济秩序》,邓正来译,生活·读书·新知三联书店2003年版,第155页。
[2] 当然,事实上行政机关也受到"劣汰"的约束,比如被认为是低效的部门或者不具备比较优势的部门,往往会被裁撤。

"劣汰"的效果，但"优胜"形成的激励足够大；监管不是被动执行法律规范，而是蕴含系统的公共管理/治理职能，与发展、增长等产业利益以及消费者福利等密切相关。"重要的是政府活动的质，而不是量"，[1]通过制定和实施法律、调控、补贴或投资等各种方式介入市场经济的运行，分享经济增长获得的利税等有形收益，以及社会稳定、民众向心力、政府权威等无形收益，"国家在其中起着使社会福利最大化的作用"。[2]在此背景下，监管也不再局限于传统的管控、管制，而向蕴含发展、增长、风险控制等综合职能的"公共治理"转变。[3]与市场分工一样，经济与社会治理的复杂性、多元性和专业性也要求监管分工，其监管效果同样会获得监管对象的反馈和评价。监管规则的被遵从度和实施效率、媒体和公众对监管效果的评价、作为监管对象的产业发展状况、投资者的经济利益，也都会成为评价监管绩效的指标。这些理论和观点解释了监管竞争的发生条件，也形成了监管竞争基本的分析框架。

从实践层面来看，监管竞争或者广义而言公共部门之间的竞争也很常见。[4]许多国家为了吸引外国投资，也纷纷在外汇、股权架构、融资安排，特别是税收等方面的监管标准上展开竞争。改革开放以来，我国地方政府之间围绕"经济争胜"展开的竞争也是典型例证。央地权力分配使地方政府具有了独立的利益归属权和利益诉求，"地方政府本身构成参与市场的一个重要主体，同时其行为通过影响要素流动及相关的市场主体的行为来介入市场活动"。[5]加上市场经济的普及和全国性统一市场的形成，为各

---

[1] [英]弗里德利希·冯·哈耶克：《自由秩序原理》（上），邓正来译，生活·读书·新知三联书店1997年版，第281页。

[2] [美]道格拉斯·C.诺思：《经济史中的结构与变迁》，陈郁、罗华平等译，上海三联书店、上海人民出版社1994年版，第21页。

[3] 参见[美]马克·艾伦·艾斯纳：《规制政治的转轨》（第2版），尹灿译，中国人民大学出版社2015年版，第2页。

[4] 参见杨成良：《州际竞争与美国公司法的发展》，载《比较法研究》2017年第1期。

[5] 周业安、冯兴元、赵坚毅：《地方政府竞争与市场秩序的重构》，载《中国社会科学》2004年第1期。

地政府之间采用土地和税费优惠、融资优惠、产业政策、补贴、差异化监管等方式在"招商引资"中开展竞争奠定了基础。地方政府竞争提升了资源配置效率,改善了基础设施水平,"成了中国经济发展、社会进步和制度创新的一种最重要的力量"。[1]

(二)金融监管竞争的特殊性

用监管竞争的分析框架阐述金融监管竞争问题,还需对金融监管竞争的特殊性进行讨论。一般而言,无论市场竞争还是公共部门竞争,竞争得以发生的前提都是竞争主体处于相同或相似领域。比如,同一(类)产品的经营者之间的价格竞争,以及地方政府围绕投资环境或税费优惠的竞争。换言之,处于不同领域的主体之间不会发生竞争。而且对于监管而言,出于统一监管标准、提高监管效率、明确监管责任等考虑,同一领域通常只设一个监管部门,这使"监管标准更加一致,也可以合并相应的机构和精简相应的人员",[2]监管竞争的发生基础似乎并不存在。但随着实践的发展,无论市场竞争还是公共部门竞争,"不同领域之间无法竞争"这一理论预设也发生了松动。市场竞争领域的松动主要源自市场分工的深化和技术的发展,比如,在以争夺"流量"为核心的互联网行业竞争中,视频网站与游戏网站尽管属于不同领域,也会发生激烈的"入口"竞争。公共部门竞争领域的松动主要源自政府在经济与社会治理中的变革。比如,在反垄断执法方面,在2018年国务院机构改革方案决定成立国家市场监督管理总局之前,反垄断执法权由原国家工商总局(负责价格以外的垄断协议和滥用市场支配地位)、商务部(负责经营者集中)和国家发改委(负责价格垄断)分掌,但因监管对象同属垄断行为,三者在执法权威(如监管规则的被遵从度)、

---

[1] 史际春、肖竹:《论分权、法治的宏观调控》,载《中国法学》2006年第4期。
[2] 吴云、史岩:《监管割据与审慎不足:中国金融监管体制的问题与改革》,载《经济问题》2016年第5期。

执法绩效(如立案与结案数量、处罚金额等)等领域也存在竞争关系。[1]

具体到金融监管而言,虽然证券、银行、保险等金融产品具有不同的形式和内容因而属于不同领域,但均具有资金回报的功能属性,在给定市场流动性的约束下,不同金融产品及金融组织在吸引投资者上就形成了竞争。监管客体层面的竞争延伸到监管主体层面,监管绩效的差异也会影响投资者的选择,反映在市场层面就是不同金融产业的GDP产值、资产与利润规模、税收贡献等。就此而言,无论怎样强调监管"独立"于产业,产业利益也会构成监管的一种边界,毕竟监管的存在需要以产业的存在和持续为前提。这就在壮大产业规模、吸引更多投资者等经济性利益层面构成了监管竞争。此外,在扩大监管范围、提高监管规则的影响力和被遵从度、强化监管的权威性与市场认同度、增加自身在金融监管体制中的话语权等非经济性利益层面,各个金融监管机构之间也会发生不同程度和形式的竞争。

除了竞争发生于不同领域,金融监管竞争更重要的特殊性在于,监管机构与监管对象即金融产业出现融合。相对而言,金融市场发达国家/地区的金融监管实践,是更加强调监管独立于产业,侧重于系统性风险控制、投资者权益保护和救济等比较"纯粹"的监管职能,以此"提高市场透明度、防止银行过度承担风险、保护金融消费者权益和防止金融欺诈"。[2] 当然,与政府和市场"公私融合"的其他领域一样,混合了监管职能和发展职能的金融监管在实践中也存在负外部性。比如,系统性风险隐患不断累积、在壮大产业和企业利益的同时导致投资者特别是公众投资者利益受损

---

[1] 参见李剑:《中国反垄断执法机构间的竞争——行为模式、执法效果与刚性权威的克服》,载《法学家》2018年第1期。但该文依然以"同一领域才能竞争"为理论预设,将讨论限定在国家发改委与原国家工商总局之间的反垄断执法竞争,因为"虽然依据价格因素进行了职责划分,但不管是从反垄断理论还是实务来看,二者事实上完全重叠"。值得一提的是,与本章类似,该文的基本立场也是在理论界和实务界倡议统一执法/监管机构的大背景下进行反思,分析执法/监管竞争的现实利弊,为法律治理路径提出更务实的方案。而且巧合的是,也都遇到了2018年国务院机构改革呈现出的"统一趋势"。学术研究不应对法律和公共政策亦步亦趋,更不能因后者的变化而否认研究的必要。当然,金融监管竞争与反垄断执法竞争在许多方面特别是监管与产业的关系上存在显著差异。

[2] 宋晓燕:《国际金融危机后十年监管变革考》,载《东方法学》2018年第1期。

等,"国家立法十分注重对金融机构利益的保护,对金融消费者的保护经常被忽视"[1]。解决这些问题除了法治水平逐步提高、金融市场日趋成熟等宏观因素,监管竞争带动监管体制、机制、制度和技术等各方面的进步,才是更为关键和直接的原因。正是壮大金融产业、吸引投资者等经济性利益竞争的约束,促使监管机构选择更符合实践需要、更具有"地方性"的监管模式,并妥善处理产业发展与监管之间的关系;正是提高监管权威性等非经济性利益竞争的约束,促使监管机构不断试错、纠错,积极主动地创新监管规则和工具,提高监管规则的合理性和监管的实际效果。也正因如此,金融监管竞争在优化监管资源配置、提高监管效率的同时,也减少了发生"逐底竞争"等理论上常见之弊端的可能性。[2] 实际上,金融监管竞争的负外部性主要在于,监管"嵌入"产业发展并演化为一种综合性的治理机制后,产业容易对监管形成依赖。监管职能和发展职能出现混同、过度追求监管影响力的显性指标(立法数量、处罚规模、监管资源分配等),会导致监管的纠错能力和创新能力下降,并忽视监管基础设施建设(如监管协同、监管信息交换等),这也为相应的法律规制增加了难度。

### 三、中国金融监管竞争格局的形成与表现

(一) 中国金融监管竞争格局的形成

竞争的前提是存在多个竞争主体,金融监管竞争需以分业监管为基础。以监管机构的成立、重要的法律法规和其他规范性文件的颁布等为标志,从制度演进的过程来看,中国金融监管竞争肇始于1992年10月国务院证券委员会和证监会的成立,从而改变了1986年《银行管理暂行条例》(已失效)确立的由央行统一监管所有金融机构即"混业监管"的格局。原国

---

[1] 刘迎霜:《我国金融消费者权益保护路径探析——兼论对美国金融监管改革中金融消费者保护的借鉴》,载《现代法学》2011年第3期。

[2] 参见唐应茂:《"向中国标准看齐"?——后金融危机时代的国际证券监管竞争》,载《交大法学》2014年第2期。

务院证券委员会和证监会的成立使证券交易特别是股票发行和上市有了独立的监管机构,但对证券公司的审批和监管权,以及债券和基金的监管权仍然保留在央行。1993年12月,国务院发布《关于金融体制改革的决定》(以下简称《金改决定》),提出要确立和强化央行独立的宏观调控职能,并明确提出"保险业、证券业、信托业和银行业实行分业经营"。1995年《中国人民银行法》《商业银行法》和《保险法》的颁布,进一步剥离了央行的金融监管职能。1998年,国务院证券委员会并入证监会,央行也将证券监管权全部移交给证监会,进一步做实了证监会的监管权。1998年11月,保监会成立并依托《保险法》明确了监管职能。2003年,银监会成立并依托同年颁布的《银行业监督管理法》(已修改,以下简称《银行业监管法》)明确了监管职能。自此,"一行三会"的分业监管格局正式形成,监管竞争具备了机构与组织基础。

但有了分业监管不等于就会自然发生监管竞争。从制度的发生逻辑来看,我国证券、银行、保险等金融监管机构之间分业监管和监管竞争的形成,源于金融监管的传统,并为提高金融监管效率的现实需要所逐步推动。"政府自始就不外于市场",[1]从计划经济向市场经济转型,政府的经济与社会治理职责不可避免地会延续管控的历史传统。加上金融市场对于彼时的监管者而言属于新生事物,一方面,需要壮大金融市场以促进经济增长;另一方面,其相伴而来的负外部性对能力远未成熟的监管而言则是巨大的挑战。在此背景下,由央行实行集中统一监管乃必然结果。但市场的发展会形成并强化分工,从而加大集中统一监管的成本,损害管控型监管的效果。市场分工的客观规律要求监管分工,此时是在统一的监管部门下设立不同的监管分支机构,还是设立多个职能独立的监管机构,主要取决于金融市场(包括当下和未来)的体量,以及编制、人力、物力等监管资源的供给。从发展的眼光来看,设立多个独立监管机构显然更有助于提高监管

---

[1] 史际春:《政府与市场关系的法治思考》,载《中共中央党校学报》2014年第6期。

效率,并保证管控型监管对市场的覆盖面和精准度,"推动监管者不断地创新监管服务,满足最终消费者的需要"。[1] 尽管分业监管导致监管机构处于不同金融市场,但"三分法"的相对模糊、交叉领域的客观存在以及逐渐兴起的各种程度和形式的混业经营,促使各个监管机构为了加强对金融市场的管控积极主动地扩大监管对象、扩大自身监管规则的适用范围、在交叉领域抢占监管权,从而形成监管竞争。

推动监管竞争不断强化的因素,则是高速增长的金融产业利益。金融监管与金融产业密切相关,监管职能与产业发展职能高度融合,这种相关性、融合性越突出,监管竞争就会越激烈。除了金融监管的管控传统,转型与发展中的金融市场对监管的实际需要,也是分业监管以及监管竞争的重要动因。剥离央行的微观监管职能,源于市场对塑造央行宏观调控职能日益强烈的需求。1992年证监会的成立正是源于央行统管所有金融产业所导致的弊端,[2] 以及保险业特别是银行业受到严格管控、市场只能在证券业找到突破口等现实约束。随后保险对于经济和社会发展的价值日益突出、保险业的迅速发展等因素推动了原保监会的成立。央行最后剥离的商业银行监管职能,也是彼时金融市场体量最大、风险隐患最多、负外部性最为突出的领域,央行对银行业监管职能和产业发展职能的权衡最为慎重,故而原银监会的成立也最晚。[3] 可见分业监管并不是人为设计的结果,更多是金融市场分工不断细化的客观规律以及对监管分工的客观要求使然。中国金融监管体制不断完善的进程,同时也是金融市场不断壮大的进程。监管职能与产业发展职能的融合,使监管逐渐演变为综合性的治理,这客

---

[1] 陈启清:《监管竞争和监管合作:争论及启示》,载《经济理论与经济管理》2008年第9期。
[2] 1992年8月10日,在深圳有关部门发放新股认购申请表的过程中,由于申请表供不应求,加上组织不严密和一些舞弊行为,申购人群出现了抗议等过激行为。这一事件被称为"8·10"事件,直接催生了国务院证券委员会和中国证监会。参见《证监会的成立:改革任重道远》,载新浪财经网,https://finance.sina.com.cn/china/gncj/2018-12-03/doc-ihprknvs7752798.shtml。
[3] 参见刘迎霜:《中国金融体制改革历程——基于金融机构、金融市场、金融监管视角的叙述》,载《南京社会科学》2011年第4期。

观上导致产业发展的指标成为衡量监管/治理绩效的重要标准,促使各个监管机构在加强管控、争取管控型监管权之外,还在监管规则的体系性、合理性、实际执行程度、投资者权益保护力度等领域展开竞争。综上,监管竞争既是分业监管形成的结果,也是后者得以持续的重要原因。中国金融监管内生于金融市场,监管竞争契合了金融市场对监管和发展的双重需要,成为金融市场的内在组成部分。这是金融监管竞争的实质,也是其得以形成和维系的动因。就此而言,2018年的国务院机构改革将原银监会和原保监会合并为"银保监会"(2023年也已撤销),这一变化仅改变了监管竞争的形式,并未改变其实质和动因。

(二)中国金融监管竞争的具体表现

1. 产业发展职能层面的金融监管竞争

为促进自身分工监管领域的壮大、吸引更多投资者进入自身监管的金融市场、提高自身监管规则的被遵从度和市场认同度等指标,三大监管机构之间的竞争主要体现为:

首先,回应金融市场创新需求,降低市场准入门槛,开放金融机构的业务范围。市场准入监管和业务范围监管,是金融监管的两大核心工具,对细分金融市场的投资和交易具有直接影响,具体监管规则上的宽严尺度及变化体现出监管机构对金融市场创新的态度,由此引发三大机构的竞争。在市场准入监管上,为了在金融市场改革的背景下提高市场活力,《证券法》在1998年颁布时规定证券公司最低注册资本是综合类5亿元,经纪类5000万元。2005年修订时开始实行细分业务范围与最低注册资本挂钩制度,从事证券经纪、证券投资咨询、与证券交易和证券投资活动有关的财务顾问业务的,最低注册资本为5000万元;从事证券承销与保荐、证券自营、证券资产管理和其他证券业务中某1项的为1亿元,2项以上的为5亿元。《保险法》在1995年颁布时限定设立保险公司只能采取股份有限公司和国有独资公司两种形式,2009年修订时取消了对公司形式的准入限制,只维持了2亿元最低注册资本的准入条件。《商业银行法》1995年颁布时对最低注册资本划分了10亿元(全国性商业银行)、1亿元(城市合作商业银行)和5000万元(农村合作商业银行)三个档次。原银监会在2007年颁布的《村镇银行管理暂行规定》(已失效)里增设了300万元[县(市)设立的村镇银行]和100万元[乡(镇)设立的村镇银行]两个档次,并明确允许"境内外金融机构、境内非金融机构企业法人、境内自然人"作为村镇银行的出资人。在业务范围监管上,为了适应金融市场创新特别是金融衍生品交易的发展,《证券法》在1998年颁布时曾明确禁止证券公司开展融资融券业务,但在2005年修订时开始放行,2015年证监会颁布《证券公司融资融券业务管理办法》推进了该业务的实际开展。原保监会于2010年颁布《保险资金投资股权暂行办法》(部分失效)和《保险资金投资不动产暂行办法》,开放了保险资金市场化投资的渠道。原银监会在2005年颁布《商业银行个人理财业务管理暂行办法》(已失效)开放商业银行个人理财业务后,根据市场需要陆续放开商业银行理财业务的类型,并在2018年9月颁布了《商业银行理财业务监督管理办法》(以原银保监会名义颁布),开放了更多商业银行可以从事的理财业务。

其次,积极拓展交易所和行业协会的监管职能。在证券市场监管方面,证监会2001年颁布《证券交易所管理办法》(已失效)明确了交易所的监管权限,随后不断向上海和深圳两大证券交易所下放"一线监管权"。2017年11月颁布的《证券交易所管理办法》(已失效)进一步强化了交易所的监管职能,包括制定业务规则,对异常交易行为、违规减持行为等采取自律管理措施,对上市公司信息披露、停复牌实施监管,以及有权采取实时监控、限制交易、现场检查、收取惩罚性违约金等监管措施。原银监会和原保监会打破监管权垄断主要体现为强化行业协会的监管职能,具体形式是授权行业协会以颁布"业务规范""业务指引"的方式实现自律监管。比如,中国银行业协会颁布的《中国银行业保理业务规范》(2010年,已失效)、《商业银行托管业务指引》(2013年)、《跨行国内信用证产品指引(试行)》(2017年,已失效)等,以及中国保险业协会颁布的《保险从业人员行为准则实施细则》(2009 年)、《保险公司董事履职评价操作指南》(2014年)、《财产再保险合约分保业务操作指引》(2018 年)等。

最后,提高监管措施特别是处罚的透明度,强化金融投资者/消费者的民事权益救济。在提高行政处罚的透明度方面,证监会、原银监会和原保监会都在官网上设置了行政处罚的信息公开窗口。相比之下,原银监会只公布行政处罚信息公开表,对违法违规事实、处罚依据和处罚决定进行概述;证监会和原保监会则公布完整的行政处罚决定书,对上述内容进行详细披露,此外,原保监会还公布了大量的监管函(对尚未达到处罚标准的行为提出的监管要求)。在强化投资者/消费者的民事权益保护方面,原保监会于 2011 年 10 月成立了保险消费者权益保护局,原银监会于 2012 年 9 月成立了金融消费者保护局。证监会不仅于 2011 年 12 月成立了投资者保护局,并且积极推动国务院和最高人民法院落实对投资者/消费者的民事权益救济。国务院办公厅《关于进一步加强资本市场中小投资者合法权益保护工作的意见》(2013 年)提出"研究实行证券发行保荐质保金制度和上市公司违规风险准备金制度","研究扩大证券投资者保护基金和期货投资者保障基金使用范围和来源",以此在大规模侵权中提高对投资者/消费者的损害赔偿能力。最高人民法院《关于当前商事审判工作中的若干具体问题》(2015 年)规定"因虚假陈述、内幕交易和市场操纵行为引发的民事赔偿案件,立案受理时不再以监管部门的行政处罚和生效的刑事判决认定为前置条件",显著减轻了投资者/消费者提起证券民事赔偿诉讼的负担。[1]

2. 侧重于管控的监管职能层面的金融监管竞争

在侧重于管控的监管职能层面,为了扩大自身监管规则的适用范围和对市场的影响力,强化自身的权威性和威慑力,三大监管机构之间的竞争

---

〔1〕 尽管上述列举的法律、法规和其他规范性文件以及司法解释中有许多并非三大监管机构所制定,但它们在全国人大及其常委会和国务院立法、最高人民法院制定司法解释的过程中起到了主要的推动作用。此外,尽管上述三个层面的表现可以理解为中国金融监管在金融产业的市场化改革导向下形成的结果,但金融产业改革本身内含着监管改革的因素,并且二者均受到监管竞争的推动和强化。

主要体现为:

首先,扩大监管识别标志。《金改决定》《证券法》《商业银行法》《保险法》等确定分业监管的法律法规及其他规范性文件都比较原则性,监管权的实际分配和扩张,主要靠后续立法以及监管机构自己颁布的规章重新界定和扩大监管的识别标志。比如,依靠对"证券"的扩大解释,证监会逐步将证券投资基金、股指期货及相应的金融组织纳入监管范围。[1] 通过《银行业监管法》对"非银行业金融机构"的解释,原银监会很早就将金融资产管理公司、信托投资公司、财务公司、金融租赁公司等纳入了监管版图。依靠保险资产管理公司由原保监会负责设立审批这一"机构监管"的基本理由,原保监会在2004年颁布《保险资产管理公司管理暂行规定》(已失效),在资产管理市场尚处于起步时就将保险资产管理公司划入自己的监管领地。

其次,在交叉金融领域抢占监管权。分业监管对应的主要是机构监管,但金融产品和交易往往会打破这种原则性的划分而出现交叉领域,从而引起监管竞争。比如,近年来兴起的交叉金融产品的典型代表——同业投资行为,即金融机构购买同业金融资产(如金融债、次级债等在银行间市场或证券交易所市场交易的同业金融资产)或特定目的载体(如商业银行理财产品、信托投资计划、证券投资基金、证券公司资产管理计划、基金管理公司及子公司资产管理计划、保险业资产管理机构资产管理产品等)的投资行为,因同时涉及多类金融机构,在机构监管原则下就会出现监管权重叠。原银监会2013年3月即颁布《关于规范商业银行理财业务投资运作有关问题的通知》(已失效)对商业银行的同业投资进行监管,这也导致其在2014年4月由央行、原银监会、证监会、原保监会、外汇局联合颁布的《关于规范金融机构同业业务的通知》中占据了更重要的监管地位。

---

[1] 参见姚海放:《论证券概念的扩大及对金融监管的意义》,载《政治与法律》2012年第8期。

最后,加强对新型金融产品和交易的监管敏锐度和威慑力。新型金融产品和交易与交叉金融产品和交易有一定的重合,但其主要来自新技术引发的金融市场创新,有的涉及交叉领域,有的则未必。比如,互联网金融中的网络借贷特别是 P2P 网络借贷,并不涉及交叉金融领域。在央行、三大监管机构等十部委 2015 年 7 月联合颁布《互联网金融意见》之前,原银监会办公厅在 2011 年就颁布了《关于人人贷有关风险提示的通知》,强化互联网借贷市场对监管的预期;在 2015 年《互联网金融意见》颁布后,原银监会又联合工业和信息化部、公安部和国家网信办等部门于 2016 年颁布了《信息中介机构办法》,进一步夯实了对网络借贷平台的监管职能。与此相似,原保监会在 2015 年 7 月颁布了《互联网保险业务监管暂行办法》(已失效),中国证券业协会 2014 年 12 月公布了《私募股权众筹融资管理办法(试行)(征求意见稿)》向社会公开征求意见,[1]各部门竞相在互联网金融加强监管的敏锐度和威慑力。[2]

**四、金融监管竞争的复杂效应与制度问题**

与市场竞争不同,监管机构之间的竞争并不以营利为目的。这导致无论市场抑或监管机构自身,对监管竞争的效果均缺乏与市场竞争同样明确的评价标准。此外,金融监管内生于金融产业发展、监管职能和产业发展职能的相融合,也导致了对监管规则合理性的判断会出现分歧。在这种背景下,监管竞争对金融市场的效应呈现复杂性、多元性,反映出中国金融市

---

[1] 该管理办法至今尚未正式颁布。2018 年 4 月,证监会发布 2018 年立法计划,其中提到将制定股权众筹试点管理办法。参见《证监会拟年内制定〈股权众筹试点管理办法〉》,载证券时报网,http://if.cri.cn/chinanews/20180416/1efcff8c—10ca—5d88—833d—ff7cc421bb95.html。

[2] 针对交叉金融、新型金融的监管竞争带来的监管敏锐度及其对市场形成的覆盖面和威慑力,不仅抑制了监管竞次的出现,也弱化了监管套利的影响。比如 2017 年 3 月,原银监会办公厅颁布了《关于开展银行业"监管套利、空转套利、关联套利"专项治理工作的通知》,对当前银行业的监管套利行为进行了详细界定并明确了监管机构和银行业金融机构的主体责任。监管竞次和监管套利都是分业监管形成的副产品,中国金融市场及金融监管改革的实践证明,监管竞争(以及在此基础上的监管协同)能够抑制这些负外部性的产生。

场和金融监管存在的一些制度问题。

（一）在细化监管分工、提高监管效率的同时增加了监管协同的难度

与市场竞争对分工和效率的功能相似，监管竞争也促进了监管分工并提高了监管效率。分工和效率的强化首先可以避免监管懈怠，降低监管者的监管成本。比如，与教育、财政、环境保护等其他行政机关多因不作为而被行政相对人复议或起诉不同，金融监管机构被复议或起诉的原因往往是其作出的行政处罚。监管分工的细化和深化形成了相对独立的责任区域，但责任边界的相对模糊，又激励监管机构在交叉领域和新领域抢占监管权。监管效率的提高保证了监管的敏锐度，强化了监管的覆盖面、精准度和威慑力。相对于瞬息万变的金融市场创新而言，监管的滞后性是一种正常现象。滞后性在客观上给了市场创新必要的空间，但也增加了风险失控的危险。在风险控制成为金融监管的核心目标和方法、及时发现风险并作出预警成为决定风险控制效果之关键的客观情况下，监管竞争形成的监管敏锐度、覆盖面、精准度和威慑力强化了市场主体（大多数，特别是证券公司、商业银行和保险公司等正式金融机构）的合规意识，提高了市场对于监管机构将基于风险控制而及时填补监管空白的预期，从而弱化了监管滞后性、监管空档期可能导致的负面影响，特别是弱化了市场主体的道德风险，从整体上提高了风险控制的水平，降低了金融监管规则的执行成本。这在互联网金融等新金融领域表现得尤为明显。

但监管竞争的发生和强化，客观上形成了在各自领域均十分强势的监管机构。尤其是监管机构同时拥有立法权和执法权，加上法院一般不对金融监管规则的合理性进行司法审查，这种"全能监管者"的地位带来了一系列的负外部性，特别是增加了监管协同的难度。与其他市场领域相似，金融市场的分工与合作是相辅相成、相互强化的，分业监管也离不开监管协同。在交叉性金融产品和具有系统性影响的新金融产品日益普遍的当下，监管协同更是解决分业监管所导致的系统性风险控制不够、监管割据、局部监管不足或监管滞后等问题的关键。但是在监管竞争机制的作用下，抢

占监管权成为各个监管机构的第一选择,这就给有效的监管协同制造了障碍。由央行牵头的"金融监管协调部际联席会议制度"(始于2013年),多停留于形式上的联合立法,而缺乏监管职能等实质层面的协同;主要目的在于划分监管责任(如《互联网金融意见》),而不是寻求解决交叉性金融产品和新金融产品系统性风险控制的办法;发生机制具有比较明显的被动性和"灭火性",一般都是在突发性事件引发系统性金融风险或引发大规模市场损害后基于应急而实施。这种形式性、分责性、被动性的"部际协调"并不能真正起到监管协同的作用。实践中,在具有系统重要性的领域,如涉及不同金融市场的第三方支付,央行往往直接颁布监管规则(如2010年的《非金融机构支付服务管理办法》和2015年的《非银行支付机构网络支付业务管理办法》)而不是诉诸"部际协调"。

(二)在增强监管能力、壮大金融产业发展的同时加强了市场对监管的依赖

中国金融监管内生于金融市场的特点、监管职能与产业发展职能的相融合的属性,形成了监管与产业利益密切相关的特殊性。处于后发、追赶状态的金融市场对于风险控制和产业成长具有同等重要的诉求,而监管机构也面临在金融市场发展过程中不断通过"试错"和"纠错"以提高监管能力的需要。从中国金融市场的发展进程来看,二者相辅相成的一面确实存在。随着金融市场的不断壮大,金融业创造的生产总值在整个GDP中的比重越来越高,金融经济对实体经济的影响越来越深,金融市场对投资者的回报在民众财产性收入中的比重越来越大。与此相应,金融监管机构在行政机关体系中的话语权也越来越大,在经济和社会治理中的重要性也越来越突出,市场对监管必要性的认同度越来越高,国家对监管机构的编制、人力、物力等监管资源的供给也越来越充沛,监管体制、机制和措施等各个层面的监管能力也得以不断加强和完善。这种良性互动效应,与监管机构之间围绕产业发展职能和监管职能的竞争无疑密不可分。昔日在国有企业、地方政府等公共机构中引入竞争机制取

得的成就,在金融监管领域得到了再现。如保险市场和原保监会,相对于国有金融资产占据重大比重的银行业市场(特别是银行间同业市场)以及以上市公司(特别是国有上市公司、银行和地产类上市公司)的股票发行和交易作为核心的证券市场而言,无论是整体规模、单一产品回报,还是对金融市场和实体经济的影响力、对投资者的吸引力,传统的以财产损失险和意外死亡险、健康险、疾病险等人身保险为核心产品的保险业都处于明显的弱势地位。但在原保监会有意识地降低市场准入门槛、放松事前监管、利用监管滞后刺激市场创新的策略下,以万能险、保险资产管理业务为代表的保险市场创新近年来呈现井喷状态,在各项经济指标上迅速向银行和证券市场靠拢,也连带着显著强化了原保监会的监管权威和影响力。[1]

但与此同时,监管深度嵌入产业发展也产生了比较突出的负外部性,监管与金融产业利益高度捆绑,这种捆绑导致产业对监管形成依赖。以风险控制为名,金融市场的机构和产品准入、金融机构的业务范围及业务规则等,特别是具有系统重要性的金融产品(如融资融券、存托凭证、房地产信托投资基金、银行间同业产品等),均取决于监管机构(或其授权的行业协会)的明确认可和规则设计,市场创新依附于监管规则成为普遍现象。当然,受制于产业发展职能的约束,监管机构也会基于平衡两大职能的要求给金融市场创新留出一定空间。对于尚处于成长中、尚未出现明显的负外部性、对于满足市场投融资及消费需求具有积极作用的新金融产品,如对于"校园贷""余额宝""股权众筹"等互联网金融产品,监管机构会相机抉择,拉长监管滞后曲线以培育市场力量。但倘若突破上述底线,特别是发生了暴力催收、欺诈或诈骗等大规模侵权等事件,监管机构则立马严肃

---

[1] 参见袁成:《中国保险市场结构与政府监管的动态均衡研究》,载《经济问题》2010年第1期。

查处,以便对市场形成监管威慑。[1] 此外,在监管竞争的影响下,由于不同监管机构面临的特定产业环境、肩负的具体监管职能等不同,对两大职能之间主次关系的判断标准也会有因时因地形成的差异,从而形成局部放松监管的情形。比如,对于保险资产管理业务,原保监会对市场的回应最早也最为正面,有效刺激了市场创新,促进了保险资产管理市场的繁荣。但是这种由监管机构主导、在监管竞争下形成的局部放松监管缺乏稳定性,无法令市场形成规则预期,所以往往会刺激市场的投机行为,从而产生"洼地效应",即监管套利,迫使监管规则向管控的取向收缩。金融资产管理业务最终走向统一监管就是例证。[2] 长此以往,除个别例外,主流的市场创新都会以监管的立场和倾向为导向,加剧了产业对监管的依赖。这种依赖的负外部性则是产业波动殃及监管公信力。就市场规律而言,监管与市场的经济表现、投资者的盈亏之间不存在因果关系。毕竟监管不能取代市场供求,不能用市场的经济指标直接评价监管绩效。但是由于监管过度嵌入产业发展,监管规则对市场规则形成替代,导致投资者和公众在习惯于认可和遵守监管权威的同时,也形成了将监管绩效与市场表现、投资盈亏等经济指标相捆绑的倾向。如果说强化监管权威、强化市场对监管的心理认同是监管机构所追求的结果,那么监管权威、监管绩效与市场表现、投资盈亏相捆绑,则为监管机构始料未及。市场波动、投资利益得失极大地影响

---

[1] 比如,"校园贷"本是一种普通的消费金融信贷产品。但由于出现了一些针对大学生的暴力催收等事件,2016年9月教育部办公厅发布《关于开展校园网贷风险防范集中专项教育工作的通知》,就提高学生贷款的发放门槛、不得直接向学生提供现金贷款、不得变相发放高利贷等限制性、禁止性规定作出了明确说明。2017年5月,原银监会、教育部、人力资源和社会保障部联合发布《关于进一步加强校园贷规范管理工作的通知》,要求未经银行业监管部门批准设立的机构禁止提供校园贷服务,一律暂停网贷机构开展校园贷业务,并责令其对于存量业务制定整改计划、明确退出时间表。

[2] 2018年4月,央行、原银保监会、证监会、国家外汇管理局联合颁布《关于规范金融机构资产管理业务的指导意见》,即"资管新规"。值得注意的是,原银保监会在2018年7月迅速发布了《商业银行理财业务监督管理办法(征求意见稿)》作为"资管新规"的细则(《商业银行理财业务监督管理办法》2018年9月正式颁布)。这反映出监管竞争环境下的监管协作只具有原则意义,对市场具有实质意义的监管规则取决于具体监管机构的落实,即"抢占"。

了监管权威性和社会认同感的稳定性,也导致部门监管规则的实际效果大打折扣。在监管竞争中越强势、对产业嵌入程度越深的机构,在这种波动和得失中受到的影响也越大。比如,就证监会而言,股指涨跌、有系统性影响的个股表现,往往成为判断其证券监管规则合理性和监管绩效的"民意标准"。[1]

(三)在加快监管法制建设的同时加剧了"立法主义"的倾向

在监管规则制定权方面的竞争客观上减少了监管滞后带来的监管空白,在交叉领域的抢占性竞争减少了监管死角,在金融新领域的监管竞争强化了市场对监管的预期,从而在较短的时期内形成了基本能够覆盖市场监管需求的监管法制体系,而且通过竞争赋予监管法制体系以弹性和成长性。监管竞争塑造的这种正面效应不仅在形式上使金融市场基本处于"有法可依"的状态从而没有出现大规模、长时间的"脱法",而且市场监管的敏锐度、覆盖面、精准度和威慑力导致市场对监管的预期,也是中国金融市场在不断向发达金融市场转型、复杂性和系统性风险不断加深的过程中未爆发重大金融危机,以及对系统性金融风险和突发性金融违法事件能够有效控制和迅速解决的重要原因。

但与此同时,监管竞争也加剧了"立法主义"的倾向。有效的监管协同难以发生,导致监管割据的现象日益严重,刺激各个监管机构倾向于通过立法竞争抢占和扩大"地盘"、维持监管对金融市场的影响力。监管与产业利益的高度捆绑,导致监管机构的这种倾向加剧了监管对市场的管控。交叉金融领域、新金融领域的不断出现,引发监管抢占现象,而由于缺乏监管协同和监管规则整合,导致在这些领域出现监管重叠和监管过剩。这里的关键

---

[1] 比如,证监会2016年1月4日针对股市交易异常波动推行"熔断机制"后引发股市恐慌和暴跌,并于实施仅4日后暂停,引起巨大争议。参见任育超、邓敏:《熔断危情》,载《经济观察报》2016年1月9日,第9版。"熔断风波"加剧了证监会及其领导者的信任危机,不久后的2016年2月21日,中共中央和国务院任命了新的证监会主席。管控型监管客观上使社会各界习惯于将金融市场的波动与监管机构及监管人员的行为绩效相捆绑,这种高度功利化的"民意"已成为金融监管改革的重要障碍。

问题在于,市场化改革的整体取向、壮大各自分工监管市场的发展、吸引更多投资者进入各自分工监管市场等因素,可以构成监管机构对于金融市场强化管控的约束。但监管竞争产生的上述负面效应,则极大削弱了这种约束机制的功能。中国金融监管的管控传统放大了"法律与立法"之间的罅隙。尽管在产业发展职能上的监管竞争会在管控型立法中"撕开"一些市场导向的"口子"(如前述原保监会关于保险资管业务的立法),但是一俟产业发展初具规模,管控传统及其连带的"风险控制高于一切"的倾向便会继续主导监管立法,监管竞争加剧了这一逻辑和结果,导致监管反而屡屡成为市场负外部性的重要来源。

**五、中国金融监管竞争的法律治理进路**

(一)改变以央行牵制和机构及人事调整为主的监管竞争治理传统

综上所述,监管竞争是中国金融市场和金融监管经由多年改革与发展形成的内在特点,在壮大金融市场和提高监管效率等方面均发挥了不可替代的作用。尤其值得一提的是,在监管能力整体不足的情况下,监管竞争实现了监管的敏锐度、覆盖面、精准度和威慑力,在风险控制意义上最大限度地保证了监管规则的实际效果。同时,在市场化改革的整体取向下,监管竞争能够打破管控型监管对金融市场创新的束缚,通过监管创新、监管"争胜"纠正监管对市场化改革的背离,弱化管控型监管的负外部性,尽可能在产业发展职能与监管职能之间形成平衡。与改革中的其他领域一样,监管竞争的正面效应具有浓郁的"地方性"色彩,也构成了独特的制度竞争力。长期来看,中国金融市场的转型仍将持续,金融监管体制改革面临的基本约束也仍然存在,监管竞争依然是解决监管与产业利益高度相关、监管职能与产业发展职能高度融合所带来的两难困境的"次优选择"。所以应在制度上承认金融监管竞争并予以有效激励。此外,中国金融市场及监管竞争多年来的实践也证明,监管竞次、监管套利等监管竞争在理论上或域外实践中常见的负外部性在中国金融监管环境中并不常见(至少不突出)。中国金融监管竞争最大的负外部性,是管控传统塑造的强势监管机构在竞争机制作用下与金融产业高度融合,妨碍有效、实质性的监管协同,加剧市场对监管的依赖,立法主义形成的监管规则过剩增加规则执行成本和市场的运行成本,监管成为市场负外部性的来源。

就此而言,传统的以央行牵制和机构及人事调整为核心的监管竞争治理策略应调整。长期以来,由央行牵制三大监管机构是在功能层面治理监管竞争的主要方法。具体形式包括:央行主导"金融监管协调部际联席会议制度"、央行牵头金融监管立法、对于具有系统重要性的金融领域或产品由央行直接或先行颁布监管规则等。由于缺乏监管权分配的顶层设计,从《金改决定》开始启动分业监管,到"一行三会"的监管格局形成,再到之后的监管实践,央行一直处于事实上的强势地位。[1] 尽管金融监管体制改革的原则是不断剥离央行的监管职能、强化宏观审慎管理职能,但三大监管机构的监管职能是从央行监管职能中不断剥离出来的,导致它们的监管权受到央行分权和放权意愿及制度安排的约束。这一方面,为央行在金融监管中的强势地位奠定了基础;另一方面,也加剧了监管机构的竞争以及对市场的管控,以超越央行约束强化各自的监管权威和对市场的影响力。所以央行牵制策略实际上只会加剧监管竞争并强化监管对市场的管控。此外,央行的宏观审慎管理职能是新近强调的改革取向,实践中央行在具有系统重要性的领域一贯有实施行为监管的传统。而三大监管机构实际上也具有一定的审慎管理特别是微观审慎管理职能。[2] 在管控传统深厚、问题导向明显、以风险控制为核心的金融监管大环境下,宏观审慎、微观审慎等目标监管更多地停留在改革取向层面,与金融监管的实际情势并不严格

---

[1] 特别是人事安排。从1992年首先成立证监会开始至2019年,三大监管机构共历任12任主席,9任有过央行副行长的任职经历。根据证监会、原银保监会官网资料整理。

[2] 大致而言,宏观审慎监管的主要内容是金融稳定、防范系统性风险;微观审慎监管的主要内容是防止金融机构的个别风险对金融系统稳定造成影响;行为监管的主要内容是投资者/消费者保护与市场秩序维护。参见吴云、张涛:《危机后的金融监管改革:二元结构的"双峰监管"模式》,载《华东政法大学学报》2016年第3期。

相符。[1] 强化央行对监管机构的牵制无疑会放大央行的行为监管职能,从而与推进央行的宏观审慎管理的目标背道而驰。总之,监管竞争需要以有效、实质性的监管协同作为治理策略,而不是央行牵制。

除了央行牵制,在行政组织层面,一直以来对监管竞争的治理策略主要是相机调整监管机构及相关的人事安排。三大监管机构在编制上属于国务院直属事业单位,但它们在公共治理中的角色、肩负的监管职能以及对市场的影响等方面,却与许多重要的国务院组成部门更为接近(或更为突出)。当然这也导致其机构设置和人事安排除了在行政组织层面受到"换届""轮岗"等规则约束外,也会因市场波动、突发事件等而发生变动。[2] 此外,随着行政机关知识结构的改变,其对金融监管的专业性认知不断加强,学者、专家以及实务界人士的观点和建议也在不断影响金融监管在组织机构及人事安排上的决策。就此而言,2018年国务院机构改革决定将原银监会和原保监会合并为银保监会(2023年已撤销),也可以视作通过机构及人事调整治理监管竞争的一种策略,但不应过度解读这种调整蕴含的治理导向。金融市场的分工与合作并存,在混业经营已经成为普遍现象的当下,分业监管无法做到与细分市场一一对应,也无此必要。相比证券,银行与保险在产品属性上相对更加接近,在机构精减的客观要求下,设立原银保监会是成本更低、负外部性更小的方案。从行政组织层面来看,原银保监会的设立可能更多是在"简政放权、放管结合、优化服务"等要

---

[1] 比如第五次全国金融工作会议的提法依然是:"强化人民银行宏观审慎管理和系统性风险防范职责,落实金融监管部门监管职责,并强化监管问责。坚持问题导向,针对突出问题加强协调,强化综合监管,突出功能监管和行为监管。"

[2] 比如,证监会从1992年至2019年共经历了8任主席,多次人事变动与证券市场的突发事件密切相关。证监会主席和原银监会主席有过多次"换岗"。2018年原保监会的机构及人事变动,与原主席因受贿被查处、保险资管市场频频发生异常交易等因素也有密切关联。

求下落实减少正部级和副部级机构的要求,[1]并不意味着统一监管机构的趋势。对此更不宜以反垄断执法机构的统一作为例证,在监管传统、机构产生历史以及监管与市场的关系上,二者均有较大差别。从金融监管层面来看,成立原银保监会导致在同一行政层级序列上由"三会"变成"两会",但无论未来银行业监管部分和保险监管部分如何定名,二者之间的竞争不会消失。[2] 而且从原银保监会成立以后发布的监管规则来看,由原银监会和原保监会发布的监管规则现在均以原银保监会的名义发布,在规则层面与证监会维持同等的法律位阶序列,这也为延续金融监管竞争创造了条件。总之,原银保监会的成立为监管竞争基础之上的监管协同开辟了新的试验场,但不宜作为监管竞争的治理策略。基于推进行政体制改革、保持公共部门组织弹性等考虑固然可以相机调整政制安排,但应高度审慎、因时因地制宜并予以充分的解释说明,而不应闭门决策、顾此失彼从而为顶层设计、统筹协调制造障碍。"把金融监管规则真正还原为市场和技术规则,而不是人际和政治之术,才是对金融市场实施有效监管之正道。"[3]

(二) 从监管权威导向的竞争转向公共产品供给导向的竞争

基于中国金融市场对监管的实际需要,对监管竞争的治理应侧重于对

---

[1] 可参见时任国务委员王勇2018年3月13日在第十三届全国人民代表大会第一次会议上所作的《关于国务院机构改革方案的说明》:"按照优化协同高效的原则,既立足当前也着眼长远,优化了国务院机构设置和职能配置,理顺了职责关系。改革后,国务院正部级机构减少8个,副部级机构减少7个。通过改革,国务院机构设置更加符合实际、科学合理、更有效率",载新华网,http://www.xinhuanet.com/politics/2018lh/2018-03/14/c_1122533011.htm。基于同样理由的还包括新闻、出版、广播、电影和电视领域(各领域的形式与内容均有不同,但又存在很多交叉,与金融监管确有相似之处)的监管机构改革。2013年国务院机构改革曾将"国家新闻出版总署"和"国家广播电影电视总局"合并为"国家新闻出版广电总局",但2018年机构改革又将其调整为"国家广播电视总局",新闻出版监管职能被剥离。

[2] 原银保监会刚刚成立时,其官网设置了原银监会和原保监会两个通道,查询信息公开、行政许可、行政处罚等重要的监管信息依然要连接到原银监会和原保监会网站。目前,从原银保监会官网的"内设机构"来看,原银监会和原保监会下设的监管机构按照市场业务的不同被分设为不同的机构(如银行检查局、股份制银行部、财险部、人身险部等),也有部分监管机构被整合成一个机构(如公司治理部、消保局)。

[3] 罗培新:《美国金融监管的法律与政策困局之反思——兼及对我国金融监管之启示》,载《中国法学》2009年第3期。

竞争导向的引导,促进监管竞争从监管权威导向的竞争转向公共产品供给导向的竞争,尤其是强化金融监管基础设施建设层面的竞争。

监管竞争是中国金融市场和金融监管体制改革形成的客观结果,对二者的日趋完善发挥了重要作用。整体而言,金融监管竞争存在的问题并非不正当竞争或垄断,法律治理的核心亦不应是抑制或消除监管竞争(事实上也无法抑制或消除)。公共部门竞争治理的关键在于引入激励机制。无论是提高监管质量还是塑造可欲的竞争秩序,法律治理的进路均应转向激励,以此促使监管机构从监管权威导向的竞争转向公共产品供给导向的竞争,进而解决监管与产业利益高度相关、融合而导致的监管难以协同、产业对监管形成依赖、监管规则过剩等监管竞争引起的负外部性。

为强化监管敏锐度、覆盖面、精准度和威慑力而在扩大识别标志、抢占交叉领域监管、强化新领域监管等方面的竞争,都可以归类为监管权威的竞争。在管控传统和监管与产业利益高度相关、融合的作用下,围绕监管权威的竞争强化监管对市场的管控,容易引发监管对市场规律的背离。即使是顺应市场化改革导向、侧重产业发展职能的局部突破,也多因管控的宏观约束而形成并加深产业对监管的依赖。要从根本上改变这一局面,就必须引导和激励监管机构转变竞争导向。如前所述,监管应成为一种公共产品供给行为,从管控型监管转向公共产品供给型监管。[1] 从中国金融监管改革的实践来看,三大监管机构在回应市场创新需求、降低市场准入门槛、开放金融业务范围、积极拓展交易所和行业协会的监管职能、提高行政处罚的透明度和强化市场主体民事权益救济等方面的竞争,已经体现出监管的公共产品供给属性。"竞争就像科学实验一样,首先是一种发现过

---

[1] 经济学中的公共产品理论,起初重在强调路桥基建等"硬公共产品"对于扩大市场规模、提高交易效率、增加消费者福利的重要性,随着新公共管理理论及其实践的发展,特别是制度主义经济学的兴起,国家(政府)及其行动被作为经济增长的一种要素纳入分析框架。"软公共产品"即包括法律、政策及具体监管行为等在内的国家(政府)行动,开始被视为更重要也更复杂的公共产品加以研究。参见[美]道格拉斯·C.诺斯:《制度、制度变迁与经济绩效》,刘守英译,上海三联书店2006年版,第187页。

程","竞争所提供的乃是这样一种激励,即它会促使人们做得比次优者更好"。[1] 当务之急是通过合理的激励机制强化这一层面的监管竞争,通过竞争提高各个分工监管领域公共产品供给的质量,从而在整体上提升整个金融监管体制与市场规律的契合程度,弱化监管嵌入市场带来的负外部性。

  从具体建议的角度而言,将监管竞争及其公共产品供给的竞争导向写入法律、变成纸面规则是没有必要也没有实际意义的。由于金融市场改革的大势所趋,弱化管控、强化公共产品供给已不可逆转,无须多此一举、浪费立法资源。[2] 参照以往在治理地方政府竞争中取得的经验,必要且可行的办法主要有以下两种:一是在公共政策上激励监管创新,允许监管机构试错、纠错,遵循现代公共管理对行政机关"概括授权、相机抉择"的基本规律,并契合监管竞争的内在机理,激励监管机构在监管类公共产品供给上展开竞争。[3] 二是构建对监管绩效的多元化评估机制。加强监管的公共产品供给属性,需要让市场主体和社会的意见充分表达并且能够对监管机构产生有效的影响。目前监管规则实施前的征求意见程序已经比较普遍,规则实施后的效果评估也应受到监管机构的重视。应鼓励并支持新闻媒

---

  [1] [英]弗里德利希·冯·哈耶克:《法律、立法与自由》(第2、3卷),邓正来等译,中国大百科全书出版社2000年版,第369页。

  [2] 比如近年来以信用评级、信息披露等为核心的信息性监管规则越来越多,开始扮演和管控型监管模式下的行政许可和行政处罚同等甚至更加重要的监管功能。此外,监管机构颁布的"指引""准则"等旨在减少交易费用、提高交易效率,具有公共产品供给功能的"软法"性规则也日益增多,相比管控型监管规则而言,这些新规则的形式和内容均力求避免对市场的冲击、加强与市场规则的融合。比如,随着资产管理业务迅速增长、对监管的需求显著增加,证监会2014年同时颁布《证券公司及基金管理公司子公司资产证券化业务管理规定(修订稿)》及配套的《证券公司及基金管理公司子公司资产证券化业务信息披露指引(征求意见稿)》和《证券公司及基金管理公司子公司资产证券化业务尽职调查工作指引(征求意见稿)》;原保监会从2014年至2016年陆续发布《保险公司资金运用信息披露准则第1号:关联交易》《保险公司资金运用信息披露准则第2号:风险责任人》《保险公司资金运用信息披露准则第3号:举牌上市公司股票》《保险公司资金运用信息披露准则第4号:大额未上市股权和大额不动产投资》。

  [3] 可资借鉴的例子是2013年上海市人大常委会通过的《关于促进改革创新的决定》。其中提出:"本市保障改革创新,宽容失败。改革创新未能实现预期目标,但有关单位和个人依照国家和本市有关规定决策、实施,且勤勉尽责、未牟取私利的,不作负面评价,依法免除相关责任。"

体、行业协会、研究机构以及国际组织等第三方机构对监管规则的实施效果进行专业评价并通过媒体和互联网等渠道公开发布。[1] 通过声誉约束机制激励监管竞争从强化监管权威转向完善公共产品供给,提升监管规则的科学性与合理性。

(三)构建有效、实质性的监管协同机制以抑制监管竞争的负外部性

在市场经济环境中,分工与合作的并存有效抑制了在竞争机制作用下个体追求利益最大化带来的负外部性。与此相似,在监管竞争中抑制监管套利、监管过剩等竞争负外部性的方法,关键也是在监管竞争的基础上构建有效、实质性的监管协同。

有效、实质性的协同并不等于简单的协作、联合。从实践来看,央行牵头的形式性、分责性、被动性的"金融监管协调部际联席会议制度"并不能真正起到监管协同的功能。与市场经济不同,由于环境和约束机制的差异,金融监管不具备自发形成监管协同机制的条件,因此需要特定的组织基础和职能设置。从金融市场的客观需要来看,有效、实质性的监管协同应满足以下两个条件:一是确保协同组织实体化,要有独立于各个监管机构、在制度安排上具备统筹协调能力的专门性组织。二是要强化协同职能的约束力和公共产品供给属性,特别是能够基于监管协同对监管规则进行合法性与合理性审查,并在信息交换、争议解决、绩效评价、公共宣传等监管基础设施层面加强投入和完善。

循此思路,构建有效、实质性的金融监管协同机制的具体建议如下:在组织构建层面,应以第五次全国金融工作会议提出并设立的"国务院金融

---

[1] 特别是以国际货币基金组织(International Monetary Fund, IMF)和世界银行(World Bank, WB)为代表的国际组织对包括金融监管在内的中国金融市场环境的评价,无论我们是否愿意,其公信力和影响力客观上均在走强,要求中国金融监管机构认真对待。IMF 和 WB 实施的"金融部门评估规划"(FSAP)定期对成员经济体的金融体系稳健性、监管框架质量以及金融体系对经济增长和发展的促进作用等进行评估并公开发布评估报告。针对中国金融市场的2009~2011年、2015~2017年两次评估报告已经完成并发布。参见刘铮、刘玉龙:《如何看待国际组织对中国金融的最新评估?》,载人民网,http://money.people.com.cn/n1/2017/1208/c42877-29693493.html。

稳定发展委员会"(以下简称金融委员会)作为金融监管协同的实体组织。金融委员会在该会议举行后即成立。从其成立说明、人员构成以及职能设置来看,组建该委员会显示出决策层认识到以往的"部际联席会议制度"在监管协同上并未起到实质效果,并开始按照"国务院反垄断委员会"(以下简称反垄断委员会)的模式塑造实体化的金融监管协同机构。这里的问题在于,金融委员会的办公机构虽设在央行,但不宜理解为由央行主导,否则不但央行的宏观审慎管理职能与监管职能会纠缠不清,还会重回央行牵制监管机构竞争的旧路。应明确金融委员会独立的组织地位,并明确其内含的监管协同职能。在人员组成上,虽然两届金融委员会主任均由时任副总理担任,但第二届委员会的副主任只有一位央行副行长和一位国务院副秘书长,证监会和原银保监会负责人只作为成员。[1] 从监管协同的角度出发,建议还是参照反垄断委员会的设置,由副总理担任主任、央行和监管机构负责人等均担任副主任,[2] 从而夯实监管协同的组织与人员基础。

在职能设置上,金融委员会除应在已经确定的职责中落实相关的协同职能外,[3] 关键是确立并推进以下两个职能:一是监管规则审查职能。金融委员会具有宏观、整体性的金融监管政策制定权,那么保证监管机构监

---

[1] 参见《新一届国务院金融稳定发展委员会召开第一次会议》,载中国政府网,http://money.people.com.cn/n1/2018/0703/c42877-30117487.html。第一届金融委员会组成人员情况未见公开报道。

[2] 反垄断委员会于2008年7月成立,人员初始构成为副总理担任主任,商务部、国家发改委和原工商总局三个部委的负责人以及国务院副秘书长担任副主任。2018年国务院机构改革将三个反垄断执法机构整合为市场监管总局,调整后的国务院反垄断委员会人员构成为国务委员担任主任,市场监管总局局长和国务院副秘书长担任副主任。

[3] 根据金融委员会的成立说明,其职能包括:落实党中央、国务院关于金融工作的决策部署;审议金融业改革发展重大规划;统筹金融改革发展与监管,协调货币政策与金融监管相关事项,统筹协调金融监管重大事项,协调金融政策与相关财政政策、产业政策等;分析研判国际国内金融形势,做好国际金融风险应对,研究系统性金融风险防范处置和维护金融稳定重大政策;指导地方金融改革发展与监管,对金融管理部门和地方政府进行业务监督和履职问责等。参见《国务院金融稳定发展委员会成立并召开第一次会议》,载人民网,http://politics.people.com.cn/n1/2017/1109/c1001-29635103.html。

管规则的形式合法性和实质合理性就成为重要的监管协同目标。除了解决监管过剩、监管空白、监管规则之间的重叠或冲突等问题，还需要纠正各监管机构制定的与金融监管政策不相符的具体监管规则，这就涉及对监管规则的合法性（形式）审查与合理性（实质内容）审查。合法性审查要求金融委员会强化对监管规则的审查和整合，及时发现问题并纠正。合理性审查则需要借鉴国家发改委、财政部、商务部、原工商总局、原国务院法制办联合颁布的《公平竞争审查制度实施细则（暂行）》（2017年，已失效）的规定，构建金融监管规则合理性审查制度，由金融委员会对各监管机构单独或联合制定的监管规则进行合理性审查。[1] 未进行或未通过合理性审查的，不予颁布；发现监管和规则不合理的，要求监管机构纠正并通过审查后方可颁布。具体审查标准和应由金融委员会审查的监管规则的范围，由金融委员会制定并灵活调整。[2] 监管规则合理性审查制度与征求公众意见制度相结合，有助于从根本上提高监管规则的合理性。二是监管基础设施建设职能，包括金融监管的信息交换、争议解决、绩效评价、公共宣传等。"竞争是可以在其间获取知识和交流知识的一种过程"，[3] 只有实现监管机构之间的信息交换和互联互通，才能通过竞争促进监管机构改善监管质量。金融委员会应组织专门的人力、物力，构建符合现代金融监管需要的高科技、智能化的信息交换平台，提高监管协同的数据和信息基础。受金融不确定性环境的影响，加上监管竞争机制的作用，不同监管机构在对交叉金融市场、新金融市场的判断及相应的监管规则上出现分歧，实属正常，对此需要金融委员会从监管协同的角度予以协调，促进不同监管机构在沟

---

〔1〕 就此而言，2018年国务院机构改革方案基于强化央行宏观审慎管理职能的考虑，将原银监会和原保监会"拟订银行业、保险业重要法律法规草案和审慎监管基本制度的职责"划入央行，值得商榷。先不说缺失证监会的相应立法职能势必将削弱这一做法的实际效果，这种监管协同意义上的立法权整合由更具独立地位的金融委员会行使才更为妥当。

〔2〕《公平竞争审查制度实施细则（暂行）》（已失效）规定了牵头部门审查（针对多部门联合颁布的政策措施）和具体部门自行审查（针对部门自己颁布的政策措施）两种方式。

〔3〕 [英]弗里德利希·冯·哈耶克：《法律、立法与自由》（第2、3卷），邓正来等译，中国大百科全书出版社2000年版，第370页。

通、交流和博弈的基础上解决争议。金融委员会应设置专门的争议解决部门,及时解决监管分歧,避免其干扰市场对监管的预期、损害监管公信力。[1] 金融委员会作为专业化的协同组织,通过实施监管规则审查、信息交换平台构建和监管争议解决等职能,能够形成对监管机构及其规则予以绩效评价的条件。建议金融委员会按年度对金融监管进行绩效评价并将评价报告在官网上公开,同时公布第三方组织发布的评价报告。[2] 通过这种公共宣传的方式,一方面,对各监管机构形成声誉约束,激励其调整在监管竞争中的策略和表现,提升自身监管规则的合理性;另一方面,也能够促进公众对金融监管体制特别是金融监管竞争实际效果的了解,弱化"民意标准"对金融监管及监管竞争绩效评价的干扰。

(四)促进法律监管规则、行业性监管规则与金融企业内部监管规则之间的衔接

从公共产品供给角度来看,影响面越大、对后续运营要求越高的产品,越需要多元化的供给主体。如此在竞争的层面可以通过"争胜"机制提高产品质量,在协同的层面可以通过不同主体之间的沟通降低后续运营中的冲突。除了监管机构在监管规则供给上的竞争与协同,在各分工监管领域内部,科学、合理的监管规则体系也应促进法律监管规则与行业性监管规则、金融企业内部监管规则的协同,加强三者之间的衔接。市场竞争会形成自发的合规约束,激励金融企业在内部风险控制上展开竞争,从而形成企业内部监管规则。对由众多规模不等、需求不同、风险不一的企业组成

---

[1] 2016年12月,证监会与原保监会就保险系资金(前海人寿、安邦保险等)收购上市公司(万科)引发的风波分别公开作出了截然相反的判断和声明,引起了很大争议。虽然双方争议不久就得以平息,但也暴露出监管分歧缺乏制度化的沟通与解决机制会导致的负面影响。参见黄河、石茹:《华润清仓退场,"宝万之争"落幕》,载南方周末网 2017 年 1 月 13 日, http://www.infzm.com/content/122367。

[2] 金融委员会的职能设置目前在这方面存在缺失,相比之下,反垄断委员会的职能设置对此就比较明确。根据《反垄断法》第 12 条的规定,反垄断委员会的职能包括:研究拟订有关竞争政策;组织调查、评估市场总体竞争状况,发布评估报告;制定、发布反垄断指南;协调反垄断行政执法工作;国务院规定的其他职责。

的产业来说,行业性监管规则既能照顾各企业差异化的利益诉求,也能通过对诉求的整合避免个体利益诉求伤及整个产业。行业性监管规则的专业性更强、更契合产业发展实践的需要,因此执行费用也较低。相对而言,监管机构颁布的法律监管规则距离市场和产业一般较远,执行成本也较高。从中国分领域的金融监管实践来看,长期以来法律监管规则处于强势地位,在管控传统的影响下往往脱离行业发展实际,压制和替代行业性监管规则和企业内部监管规则,不仅增加了监管成本、损害了产业发展,也激发出大量的市场规避行为。"一放就乱、一管就死"的恶性循环就是三类监管规则未能协同的后果。

随着金融市场及金融监管改革的推进,三类规则之间的协同也取得了相应的进展,特别是监管规则与行业规则之间的衔接。比如,为了衔接原保监会从2014年至2016年陆续发布的保险公司资金运用信息披露准则,2018年2月7日,中国保险行业协会发布了《保险机构资金运用风险责任人信息披露准则规范》。为了衔接原银监会等四部门2016年8月发布的《信息中介机构办法》,2016年10月28日中国互联网金融协会发布了《互联网金融信息披露—个体网络借贷》(T/NIFA 1—2016)和《中国互联网金融协会信息披露自律管理规范》。从完善的角度而言,首先,是要强化监管竞争的公共产品供给导向,激励监管机构加强法律监管规则与行业性监管规则、企业内部监管规则之间的衔接,弱化监管对市场的管控。其次,关键是支持分领域金融行业协会的建设,完善行业性监管规则。行业性监管规则的薄弱和缺失是当下监管规则体系缺乏协同效应,特别是法律监管规则与企业内部监管规则时有冲突的重要原因。对此不能仅从形式上承认行业协会的合法性及功能,而应逐步扩大向行业协会(以及交易所,下同)的授权,除有系统性影响的重要领域外,一般性领域的规则制定权、实施权和处罚权应授权给行业协会行使,以此构建法律监管规则与企业内部监管规则的中间地带,促进三类规则之间的衔接。需要注意的是,在管控型的监管传统下,金融领域的官办行业协会较多,重在延伸监管机构的触角,对促进监管机构与行业和企业之间的沟通的作用有限。转向公共产品供给型监管,就不宜再由监管部门组建行业协会,而应弱化社团登记、组织管理等法律与政策约束,促进行业协会自治并加大对行业协会的授权,以实现法律监管规则、行业性监管规则与企业内部监管规则三者之间的协同。[1]

(五)强化金融监管法律规范的私人实施

法律的私人实施,是指"社会组织和个人为实现及维护民事权益即个体私益通过行使私人(个体或其集合)权利实施法律",[2]包括通过投诉、举报特别是民事诉讼等方式推进法律在个案中的适用。相对私法规范而言,反垄断法、金融监管法等公法属性较强的法律规范,传统意义上更注重法律适用的权威即法律规范的被遵从度、强化行政责任(以及刑事责任),对纠纷解决和权益救济等重视程度不够。但法律"不是把最完满的产权形式写成法律文书了事,而是通过法律形式记录已经通过交易形成的权利,同时增加保护有效产权的手段和侵犯产权的成本,并在此基础上形成利益当事人之间修订产权合约的程序"。[3] 随着法律介入经济和社会治理的程度日益加深、监管规则对市场主体利益的影响越来越大,私人实施在约束监管机构、降低法律实施成本、反馈监管规则效果从而促使监管机构提升规则合理性等方面的作用日益明显,带动了包括金融监管在内的公法性规范的私人实施。比如,以证券民事诉讼为代表的私人实施,不仅在投资者权益救济上取得了显著进步,也促进监管机构及司法机关完善了相应规则。如前所述,2015年最高人民法院《关于当前商事审判工作中的若干具体问题》取消了证券欺诈民事赔偿案件需要以监管部门的行政处罚和生效

---

[1] 在促进自治与合理条件下充分授权的基础上,监管者应重点关注行业协会内部的垄断行为,防止行业协会被行业内的少数寡头把持和操纵。同时,应调整行业协会设立中的集中统一管理思维,鼓励并支持各地方性行业协会与细分性行业协会的设立与运行,以形成行业协会内部的适度竞争机制。

[2] 赵红梅:《经济法的私人实施与社会实施》,载《中国法学》2014年第1期。

[3] 周其仁:《改革的逻辑》,中信出版社2013年版,第131页。

的刑事判决认定作为前置条件的限制。

监管规则的私人实施对于监管竞争治理的意义在于,通过私人实施可以加强市场与监管机构之间的直接联系,提高监管规则对市场反馈的敏感度,实现市场评价对于监管规则合理性的约束,从而弱化监管的管控属性,增强监管竞争对市场的正面效果。相比监管机构单方面制定的形式化的投资者权益保护规定,私人实施在这方面的效果会更好。从完善的角度而言,由于私人实施面临着举证难、成本高的难题,金融委员会应鼓励并要求监管机构加强金融支持诉讼制度的构建,即设立特定组织为投资者在金融违法案件中提起民事诉讼提供专业性支持。2014年12月,中国证监会直接管理的证券金融类公益机构——中证中小投资者服务中心有限责任公司成立,迄今已经支持了多起证券民事诉讼,[1]为推动证券监管法律规范的私人实施起到了重要的作用和示范,应予以推广。此外,还应鼓励并要求监管机构从罚没收入中提取一定比例资金设置"投资者诉讼支持基金",解决诉讼费带来的负担并对胜诉者予以奖励。诉讼支持组织和基金均具有明显的公共产品属性,金融委员会应有效引导监管机构在这些方面展开竞争,提高监管基础设施的建设水平。

## 六、结语

"理论在一个国家的实现程度,决定于理论满足这个国家的需要的程度。"[2]中国金融市场与国际接轨程度的不断加深,反过来要求我们更加重视金融监管受历史和现实等因素交织形成的"地方性",注重监管体制、机制、制度和方法的实际效果。政府深度介入转型中的经济与社会带来了复杂的效应,"国家的存在是经济增长的关键,然而国家又是人为经济衰退

---

[1] 参见《投服中心:拟全力推动证券支持诉讼示范判决机制》,载中国证券业协会官网,https://www.sac.net.cn/tzzyd/zxsd/wqbh/201803/t20180319_134770.html。
[2] 《马克思恩格斯选集》(第1卷·上册),人民出版社1972年版,第10页。

的根源",[1]从而要寻求智慧和务实的决策、方法。对金融监管竞争的讨论能够使我们了解中国金融监管的真实状态,从而有助于我们把握法律治理介入金融监管体制改革的正确方式。

---

〔1〕 [美]道格拉斯·C.诺思:《经济史中的结构与变迁》,陈郁、罗华平等译,上海三联书店、上海人民出版社1994年版,第20页。

## 第五章　地方金融监管的法治路径：
## 以网络借贷为中心[*]

受监管理念及方法论的影响,地方金融监管在监管立法权设置、监管权责分配、问题金融组织处置、金融监管公共产品供给等层面存在一系列亟待解决的问题。应以"金融治理"作为地方金融监管法治建设的理念,在金融委员会下设专业委员会作为实体组织,完善地方金融监管职能及具体监管权责的界定与分配,尤其是在地方金融组织的资产管理业务上实行"功能主义、类型化和风险控制"的监管模式,以监管与产业利益、消费者权益的平衡为核心完善问题地方金融组织处置,在信息和信用监管领域强化地方金融监管的基础设施建设和公共产品供给,从而推进金融治理体系和治理能力的现代化。

### 一、引言

地方金融组织蕴含的系统性风险事关金融市场整体的稳定与安全,地方金融监管已成为当前我国金融监管体制改革亟须解决的核心任务之一。但与金融监管领域的其他问题相比,其受到的重视还不够。国务院 2014

---

[*] 本章主要内容曾以《地方金融的央地协同治理及其法治路径》为题发表于《法学家》2021 年第 5 期。

年颁布的《关于界定中央和地方金融监管职责和风险处置责任的意见》（以下简称《2014 意见》）提出应"界定中央和地方金融监管职责和风险处置责任"，中共中央和国务院 2017 年颁布的《关于服务实体经济防控金融风险深化金融改革的若干意见》（以下简称《2017 意见》）也界定了"小额贷款公司、融资担保公司、区域性股权市场、典当行、融资租赁公司、商业保理公司、地方资产管理公司等 7 类机构和辖内投资公司、农民专业合作社、社会众筹机构、地方各类交易所等 4 类组织"为"地方金融组织"。[1] 但在实践中，从中央的角度来看，在一段时间内对地方金融监管的认知和行动主要停留在制定集中统一管控性的监管规则并"压实地方金融监管职责"上，即要求地方政府明确监管机构、补充地方监管细则并严格执法，而对地方金融组织的现实处境、地方政府在地方金融监管中的多元化诉求以及中央监管规则在地方金融监管实践中遇到的问题等均缺乏全面洞察和有效回应。

解决地方金融监管存在的问题不能依靠"立法主义"，既有的监管规则体系已经足够庞大。[2] 也不能仅依靠"权责一致"的理想塑造"独立"的地

---

[1] 但对地方金融组织的界定及相关监管规则至为关键的上述两个"意见"，迄今在公开渠道尚无法查询原文。"7+4"的界定来自官方和社会媒体对上述两个文件尤其是《2017 意见》的报道，在各省级地方金融监督管理局官网公布的机构职责中可以得到印证，也为相关学术文献所通用。

[2] 参见王煜宇：《我国金融监管制度供给过剩的法经济学分析》，载《现代法学》2014 年第 5 期。除了社会众筹机构，《2017 意见》列举的 10 种地方金融组织在公共政策、法律、法规、规章、其他规范性文件等层面均已具备一类或多类专地监管规则，规模庞大、内容繁杂。如中央监管规则依次包括：《关于加强小额贷款公司监督管理的通知》（原银保监会，2020 年）、《融资担保公司监督管理条例》（国务院，2017 年）、《区域性股权市场监督管理试行办法》（证监会，2017 年）、《典当管理办法》（商务部、公安部，2005 年）、《融资租赁企业监督管理办法》（商务部，2013 年）、《关于商业保理试点有关工作的通知》（商务部，2012 年）、《关于加强地方资产管理公司监督管理工作的通知》（原银保监会办公厅，2019 年）、《关于加强地方政府融资平台公司管理有关问题的通知》（国务院，2010 年）、《农民专业合作社法》（全国人大常委会，2006 年公布施行，2017 年修订）、《关于清理整顿各类交易场所切实防范金融风险的决定》（国务院，2011 年）等。地方监管规则略。需要补充的是：第一，原银保监会办公厅 2019 年颁布《关于加强商业保理企业监督管理的通知》并于 2020 年 1 月颁布《融资租赁公司监督管理暂行办法（征求意见稿）》，改变了这两类组织的中央监管机构。第二，地方投资公司除了有政府出资背景的各类地方投融资平台，实践中还包括《私募投资基金监督管理暂行办法》（证监会，2014 年）（以下简称《私募暂行办法》）规定的发行资产管理产品的私募基金管理机构（实际名称各异）。第三，因中国证券业协会的《私募股权众筹融资管理办法（试行）（征求意见稿）》（2014 年）尚未正式颁布，公开渠道可查询的社会众筹机构目前主要从事融资信息中介业务，与整改后被限定为网络借贷信息中介的 P2P 网络借贷性质相似（金融中介服务组织），这应该也是后者此次没有被界定为地方金融组织的主要原因。

方监管权，[1]随着各地方监管机构的陆续成立以及地方人大的监管立法日益增多，形式意义上的"权责一致"已具备实体基础。但地方金融组织并不独立于中央监管，所以地方金融监管的绩效不取决于地方监管权是否独立，而取决于在实质意义上能否处理好与中央金融监管的关系。笔者认为，唯有从央地关系的角度对地方金融监管进行反思与整合并提出相应的对策，方能从根本上完善地方金融监管体制，并对我国央地关系的整体改革有所裨益。

### 二、我国地方金融监管的形成及其实践演变

（一）我国地方金融监管的形成

首先，地方金融组织并不独立于中央金融监管。从逻辑上而言，中央负有金融监管职责，对地方金融组织来说，即使限定经营地域或业务范围（如《天津市小额贷款公司监督管理暂行办法》第 27 条规定"在天津市注册成立的小额贷款公司不得在天津市辖区外经营业务"），其行为的外部性仍然足以引发系统性风险，从而迫使中央监管介入。从实际情况而言，对地方金融监管的重视直接源于地方金融的快速发展累积的系统性风险隐患引发的中央监管机构的担忧。出于缩短监管链条、强化机构及行为管控、及时处置突发事件等提高监管效率和能力的考虑，中央监管机构需要地方金融监管，尤其是在其力所不及的新兴金融市场。但地方金融监管的发展却不断超出中央的原始预设。1993 年国务院《关于实行分税制财政管理体制的决定》（以下简称《分税制决定》）对央地分权及地方利益的制度化承认，极大地促进了金融地方化的广度和深度，也塑造了地方政府对

---

[1] 参见单飞跃、吴好胜：《地方金融管理法律问题研究》，载《法治研究》2013 年第 6 期；段志国：《金融监管权的纵向配置：理论逻辑、现实基础与制度建构》，载《苏州大学学报（哲学社会科学版）》2015 年第 4 期；郭德香、李海东：《金融改革背景下我国地方金融监管模式研究》，载《郑州大学学报（哲学社会科学版）》2016 年第 5 期；陈欣烨：《建立责权明确的国家与地方金融监管体系》，载《理论月刊》2017 年第 3 期；刘志伟：《地方金融监管权的法治化配置》，载《中南大学学报（社会科学版）》2019 年第 1 期。

金融监管的诉求。对中央监管机构来说,风险控制在价值序列上优于产业利益——尽管产业利益事实上会构成监管的重要约束;但对地方政府来说,金融监管无法独立于金融产业利益,二者在价值序列上无法分割和截然排序。"中央垂直监管的缺失引发了对地方金融监管权下放的呼唤,而属地管理的弊病则又对分权的意义提出质疑。"[1]

其次,从地方竞争的角度来看,竞争加剧了不同地方政府对金融监管的差异化认知以及对中央监管规则的选择性适用,促使中央强化地方监管责任并改变自身的监管策略。《分税制决定》激励地方政府围绕金融产业利益展开竞争,金融的产业价值不止于利税和就业,更是推动实体经济发展、提升地方政府本身投融资能力的利器。如果没有地方竞争,地方金融监管本质上就是地方对中央金融监管规则的执行(以及中央对地方履行监管职责的监督),地方金融监管权也就无从谈起。在理论上,地方竞争渗入金融监管的主要弊端是产生"洼地效应"而引发市场的监管套利,但实体经济基础、金融产业的集群效应和规模效应等市场因素的选择功能可以有效抑制监管套利。[2] 地方竞争的实际影响在于,地方金融产业利益放大了地方独立的利益诉求,促使其对中央监管规则倾向于选择性适用,特别是在中央监管力有不及的领域放松监管。监管的投机心理形成"公地悲剧"的隐患,从而与中央金融监管的立场与诉求出现冲突。但是在监管对象超越监管能力的客观约束下,中央监管机构只得收缩监管战线、强化对地方金融的底线性监管和系统性风险控制,同时强化地方的属地责任,包括行政许可、处罚等机构及行为监管职责,以及对投资者的救济及赔偿等其他义务。

---

[1] 刘志伟:《地方金融监管权的理性归位》,载《法律科学(西北政法大学学报)》2016年第5期。

[2] 金融市场对实体经济基础、金融监管环境等要求较高,一般不会仅因为降低监管标准而出现大规模资本流动。See Giuliano G. Castellano, Alain Jeunemaître, Bettina Lange, *Reforming European Union Financial Regulation: Thinking through Governance Models*, European Business Law Review, Vol. 23:3, p. 419 (2012).

## (二)我国地方金融监管实践的演变

改革初期,金融领域负外部性最大的无疑是银行业(吸收公众存款),因此其受中央监管的程度最深,这也是管制"非法吸存""非法集资"的法律法规及公共政策仍然密集且多由中央颁布的原因。[1] 在这种背景下,地方金融的早期形态表现为尚未得到中央监管重视的信托、证券、保险、期货等。但上述金融产业的规模及外部性日益扩大,中央监管随之强化,特别是从 20 世纪 90 年代后期开始,证监会、原保监会、原银监会相继成立,一系列监管法律法规集中颁布,发源于地方的上述金融机构及行为陆续受到严格管制。随着金融市场化改革的深入,加上日趋激烈的地方竞争,小额贷款、融资担保、融资租赁、投资、众筹、交易所等地方性金融组织或"类金融组织"不断涌现,[2] 在扩大地方金融产业的同时也累积了新的风险,而且与传统金融产业中的风险相叠加,对中央金融监管形成日益严峻的压力。监管难度的增加与监管能力的限制促使中央不得不强化地方的金融监管职责,从而形成地方金融的双重监管。综上,从地方金融监管问题的发生来看,"地方金融"本质上并非通过注册地、营业范围等商事行为要素得以界定,而是央地分权、地方竞争及金融体制改革的产物。

以小额贷款公司为例,在 2008 年央行和原银监会颁布《小额贷款公司意见》之前,其已成为最为普遍和活跃的地方金融组织之一。特别是其与 P2P 网络借贷融合形成的网络借贷,成为公众投资理财、民间借贷的主要形式,也成为非法吸存、集资诈骗的主要源头。从法律规制的角度来说,在结果意义上由合同法(违约)和刑法(非法吸收公众存款罪、集资诈骗罪)

---

[1] 参见彭冰:《非法集资活动规制研究》,载《中国法学》2008 年第 4 期。近年来的监管规则包括《关于审理非法集资刑事案件具体应用法律若干问题的解释》(最高人民法院,2010 年公布施行,2022 年修正)、《关于办理非法集资刑事案件适用法律若干问题的意见》(最高人民法院、最高人民检察院、公安部,2014 年)和《民间借贷司法解释》(最高人民法院 2015 年修正,2020 年第二次修正)等。

[2] 2013 年国务院办公厅曾经发布《关于加强影子银行监管有关问题的通知》,其中对影子银行的界定与《2017 意见》界定的地方金融组织有一定重合。参见朱慈蕴:《中国影子银行:兴起、本质、治理与监管创新》,载《清华法学》2017 年第 6 期。

加以规制的成本过高、负外部性太大,因而有必要引入机构准入与行为管控、风险监测与信息披露等金融监管规则。[1] 从《小额贷款公司意见》强调小额贷款公司"只贷不存"、对其资金来源以及资金运用严格管制(如从银行业金融机构获得融入资金的余额不得超过资本净额的50%;对同一借款人的贷款余额不得超过小额贷款公司资本净额的5%),到《互联网金融意见》(央行等,2015年)、《信息中介机构办法》(原银监会等,2016年)明确剥离P2P网络借贷的借贷功能并将其限定为"信息中介机构",都体现出中央金融监管的从严管控思维。但是监管全国范围内的小额贷款公司显然超出了原银监会的能力范围,因此不得不引入地方金融监管。《小额贷款公司意见》明确规定,"凡是省级政府能明确一个主管部门(金融办或相关机构)负责对小额贷款公司的监督管理,并愿意承担小额贷款公司风险处置责任的,方可在本省(区、市)的县域范围内开展组建小额贷款公司试点",开启了法定意义上地方金融监管以及"监管职权与风险处置责任相捆绑"的监管模式样本。《小额贷款公司意见》颁布后,中央监管机构未颁布更加正式、明确的监管规则,期间不少地方在试点过程中开始频频突破该意见对小额贷款公司的监管精神,特别是在其融资和业务范围问题上不断放松监管,且对产业壮大的刺激效果显著。与此同时,在缺失监管规则的情况下,P2P网络借贷在此期间陆续从简单的中介机构发展为集中介、借贷、资产管理等众多业务于一体的混业金融组织。从结果来看,这种情况应该影响了中央监管机构的判断,一度导致其监管标准出现模糊,并对其中存在的风险控制盲区缺乏及时回应。并且小额贷款公司的网络化迅猛发展与混业化的P2P网络借贷机构纠缠不清,在滋生众多违法犯罪后,促

---

[1] See Roy J. Girasa, Richard J. Kraus & Jessica A. Magaldi, *Metropolitan Life and the Shadow Banking Controversy: Non-Bank Investment Alternatives to Traditional Banking*, 35 North East Journal of Legal Studies, 2016, p.76.

使中央监管机构从 2016 年开始对 P2P 网络借贷及小额贷款公司实施整顿。[1]

另外,"辖内投资公司"的主要组成部分——地方融资平台,是地方政府为了掌控金融资源而形成的新的地方金融组织集群。相比小额贷款公司,地方融资平台对于地方政府具有更直接、更重要的"造血"和"输血"功能,其绕开了《中国人民银行法》《预算法》《担保法》(已失效)等对地方政府融资、发债和担保的禁止或限制,通过形式上的公司独立人格变相为地方政府举债,在强化地方政府投融资能力的同时,也因累积巨量债务而形成系统性风险隐患。"公地悲剧"问题再现——地方政府与市场主体均缺乏足够的风险控制的意愿及能力,这促使中央监管介入。2010 年开始,国务院《关于加强地方政府融资平台公司管理有关问题的通知》(2010年)、国务院《关于加强地方政府性债务管理的意见》(2014 年)、财政部、人民银行、原银监会《关于妥善解决地方政府融资平台公司在建项目后续融资问题的意见》(2015 年)等监管规则连续发布。当然,相比《分税制决定》实施初期对地方融资或变相融资的禁止或限制,前述监管规则体现出疏堵并举、堵不如疏等实用主义理念。中央重点强化以系统性风险控制为核心的底线监管,将机构及行为监管的权责转移给地方,并通过加大对地方处置问题融资平台的政策支持、修改《预算法》开放地方发债权、促进 PPP 项目融资等方法改善地方政府的融资环境。这一点受到了央地分权改革体制的大环境影响,但中央监管机构与地方监管机构在地方融资平台监管

---

[1] 据媒体报道,2014 年原银监会和央行制定的《小额贷款公司管理办法(征求意见稿)》拟将小额贷款公司的业务范围拓宽至买卖债券和股票等有价证券、开展权益性投资、开展企业资产证券化、发行债券和经监管机构批准的其他业务等。参见《银监会:起草小额贷款公司管理办法,放开尺度超乎预期》,载新浪网,http://finance.sina.com.cn/money/bank/bank_yhfg/20140508/055019036422.shtml。但该办法未正式颁布,近年来"监管新规"对此也已讳莫如深,应该与 P2P 网络借贷和网络小额贷款屡屡出现违法犯罪等事件有直接关系。2019 年 11 月,互联网金融风险专项整治工作领导小组办公室(以下简称互金整治办)和 P2P 网络借贷风险专项整治工作领导小组办公室(以下简称网贷整治办)发布的《关于网络借贷信息中介机构转型为小额贷款公司试点的指导意见》(以下简称《转型意见》)明确规定:"小贷公司在日常经营中,严格执行 9 项禁止性规定……4.禁止发行或者代理销售理财、信托计划等资产管理产品。"

(包括地方债、PPP 项目融资)上仍然存在一定的分歧。

总体而言,《分税制决定》构成了中央的行为约束,也铸就了地方金融及其监管的日益成型。而中央监管机构和地方监管机构对金融产业及其监管的差异性认知及诉求,构成了地方金融监管绩效的体制性约束。

### 三、对我国地方金融监管现状的反思

#### (一)地方金融监管的立法权设置问题

立法是监管的依据。从机制来看,地方金融监管立法权的主要依据是中央颁布的公共政策和规范性文件。从内容来看,其核心在于明确地方金融监管职责、督促地方设置监管实体及补充监管规则。

按照时间顺序,典型的公共政策和规范性文件包括:2005 年的《典当管理办法》要求"省级和设区的市级商务主管部门"对辖区内典当行履行登记管理与日常检查职责,2008 年的《小额贷款公司意见》以省级政府能明确主管部门负责监督管理并承担风险处置责任作为允许试点小额贷款公司的条件,2010 年的《融资性担保公司管理暂行办法》(以下简称《融资性担保公司办法》)规定融资性担保公司由省级政府实施属地管理,2011年的国务院《关于清理整顿各类交易场所切实防范金融风险的决定》规定地方各类交易场所应由省级政府按照属地管理原则负责监管等。"一事一议"模式体现出这种地方金融监管立法权的设置,更多是出于弥补中央监管之力所不及、强化金融监管覆盖面和威慑力等现实考量,而缺乏统筹协调的考虑。其内容也并非为地方金融监管机构"确权",而是明确并强化地方的日常监管职责和风险处置义务。

受前述公共政策及规范性文件所督促,地方开始加快设置金融监管机构并制定监管规则。从 2002 年上海成立金融服务办公室开始,到 2011 年年底全国 31 个省级政府均成立了金融办或相应机构,以及若干(地级)市、县级机构。新设地方监管机构的主要职能是遵循中央监管规则补充相应的地方监管规则并加强执法(也有地方在中央监管规则模糊或缺位之处试

水突破)。地方金融监管问题日益严峻,中央层面亦加快"压实地方金融监管职责",2012年的《金融业发展和改革"十二五"规划》、2013年的《中共中央关于全面深化改革若干重大问题的决定》、《2014意见》和《2017意见》紧锣密鼓地强调和重申"界定中央和地方金融监管职责和风险处置责任"。至2019年3月,全国31个省级地方金融监督管理局均挂牌成立,并陆续在行政管理层面完成"三定方案"成为地方政府直属机构。[1] 截至2020年2月,山东、河北、四川和天津四地人大常委会均通过了地方性法规性质的地方金融监督管理条例(其中,山东的名为《山东省地方金融条例》,以下简称《山东条例》)。从形式来看,地方金融监管在行政法上的主体资格以及在《立法法》层面的立法权依据均已具备。

但就实践而言,撇开地方金融监管立法权的依据尚存争议这一"老问题"不论,[2] 现有的地方金融监管立法权的设置,主要是对中央监管政策及规范性文件的重申。地方无权参与制定地方金融组织的界定、市场准入、业务范围与经营规则等核心内容。地方金融监管在立法位阶上的进步(地方性法规),主要源自为实体化的监管机构寻求监管依据以及整合已有地方监管政策和规范性文件的需要。从地方的角度而言,在发展已成规模、对地方经济具有重要性、中央监管尚未明确限制或禁止的领域,地方规则时有突破和背离中央监管规则(或原则)的实践。比如,相比天津、河北、四川三地的金融监督管理条例对中央金融监管的亦步亦趋,《山东条例》(2016年)规定的"民间融资机构"则明显不同。其具体包括"民间资本管理机构"和"民间融资登记服务机构",前者的业务范围包括"股权投资、债

---

〔1〕 最后一个挂牌的是西藏自治区地方金融监督管理局。"挂牌"和"三定"等信息从各省级金融监督管理局官网整理。

〔2〕 以中央监管规则为主要依据的地方金融监管立法,与2015年《立法法》第8条、第9条关于"基本经济制度以及财政、海关、金融和外贸的基本制度"只能制定法律、在法律尚未制定的情况下应由全国人民代表大会及其常务委员会授权国务院制定行政法规等规定存在形式上的冲突,毕竟地方金融监管并非中央对地方的行政委托。参见刘骏:《地方金融监管权真的可行吗》,载《现代经济探讨》2019年第1期。不过这个问题的实践意义有限且在财政、海关、外贸等领域也不同程度的存在,此外也可以通过限缩解释将地方金融监管排除在"金融基本制度"之外加以解决。

权投资、短期财务性投资、资本投资咨询"以及开展私募融资业务,已经成为事实上的混业资产管理机构。但该条例及相关规范性文件对民间资本管理公司的监管,[1]却与对小额贷款公司、融资担保公司等地方金融组织的监管基本一致,尤其是缺乏券商、银行、私募基金从事相同业务时的风险控制规则,成为引发系统性风险的隐患。

(二)地方金融监管的权责分配问题

在具体的金融监管权责分配中,中央在地方金融组织业务范围的界定上拥有监管标准制定权,地方承担监管责任,地方基于区域差异和金融产业的实际需要不时突破中央监管规则(或原则)却忽视风险控制,二者叠加形成系统性风险隐患。

以地方监管规则最为集中的地方金融组织之一——小额贷款公司为例,作为公共政策属性的规范性文件,《小额贷款公司意见》(2008年)没有明确界定其业务范围,而是通过法律属性界定("只贷不存")、功能描述(以服务"三农"为原则)、融资来源限制(主要资金来源为股东缴纳的资本金、捐赠资金,以及来自不超过两个银行业金融机构的融入资金且融入资金余额不得超过资本净额的50%)等内容规定了基本原则。但放松监管成为许多地方监管规则的常态,甚至过度宽松。比如《山东省小额贷款公司(试点)管理办法》(2016年,以下简称《山东小额贷款公司办法》)规定在山东境内注册的小额贷款公司的业务范围包括"发放小额贷款;开展小企业发展、管理、财务等咨询业务;股权投资;委托贷款;不良资产收购处置;金融产品代理销售"。关于不良资产业务,"鼓励小额贷款公司探索市场化的不良贷款处置办法,支持通过金融资产交易平台挂牌、资产管理类公司收购、有实力的大股东回购等方式转让不良信贷资产,支持通过债转股、以资抵债和资产证券化等方式消化不良信贷资产"。关于融资,"鼓励小额贷

---

[1] 包括山东省人民政府办公厅《关于促进民间融资规范发展的意见》(2012年)、山东省人民政府办公厅《关于进一步规范发展民间融资机构的意见》(2013年)、《山东省民间融资机构监督管理暂行办法》(山东省金融办,2015年,已失效)。

款公司通过发行优先股、私募债券、资产证券化、资产权益转让等方式,依法合规开展直接融资。支持符合条件的小额贷款公司通过境内外上市或在全国中小企业股份转让系统、区域性股权交易中心挂牌交易等途径,提高融资能力"。这显然背离了《小额贷款公司意见》确定的基本原则,转而激励小额贷款公司发展为混业金融机构。

  中国金融市场的发展自始就有监管与市场相博弈的特征,监管试图界定市场的边界,市场通过创新不断试探并重构监管的底线。在不发生系统性风险(或隐患)的情况下二者能够形成平衡;反之,监管则启动整顿或"封杀"。这一特征也适用于地方金融监管。在理论上,也有理由认为《小额贷款公司意见》的监管取向过于保守,故对地方政府放松监管应予理解。[1] 特别是如前文所述,原银监会和央行2014年发布的《小额贷款公司管理办法(征求意见稿)》和原国务院法制办2015年8月发布的《非存款类放贷组织条例(征求意见稿)》、原银保监会2020年发布的《关于加强小额贷款公司监督管理的通知》曾明确认可小额贷款公司的混业化,据此甚至可以推测这是中央监管规则认可的制度变迁。但市场创新应与风险控制相匹配,否则就会成为系统性风险的源头。就此而言,《小额贷款公司意见》侧重于基础性的贷款业务,设置的风险控制暨监管工具包括资本准入条件(有限责任公司最低500万元、股份有限公司最低1000万元且为实缴货币资本,单一股东及其关联方所持股份不超过注册资本总额的10%)、资金来源限制(如前所述)、资金使用限制(对同一借款人的贷款余额不超过公司资本净额的5%)、公司治理要求(完善发起人承诺、财务会计、信息披露等制度)、金融风险控制要求(完善资产分类和拨备、充分计提呆账准备金、始终保持资产损失准备充足率在100%以上)等,基本援引对银行业金融机构贷款业务的风险控制标准。而反观地方对混业化地方小额贷款公

---

[1] 参见唐应茂:《中央和地方关系视角下的金融监管——一个小额贷款行业的实证研究》,载《山东大学学报(哲学社会科学版)》2017年第6期。

司的风险控制,却几乎与此相同。比如,《山东小额贷款公司办法》的规定包括:制定各项业务规则和操作流程;建立资产分类和拨备制度,充分计提减值准备金,确保资产损失准备充足率始终保持在100%以上;按照金融企业财务规则和企业会计准则等要求建立健全财务会计制度,定期开展外部审计;完善统计报送、信息披露和提示说明等经营管理制度,以及准入辅导、日常监管、风险防范与处置、监管信息采集和报送、统计分析和监测预警、突发事件报告和处置、分类评级和分类管理等监管措施。这些基于信贷业务的一般性监管规则无疑难以应对混业化的系统性风险隐患。后小额贷款公司因融资和私募而导致问题和事件频发,中央监管机构迅速通过《转型意见》颁布"9项禁令",使小额贷款公司回归贷款业务本源。[1]

小额贷款公司业务范围央地监管规则的现状,否定了地方金融监管权责不对等(权力过小而责任过大)的抽象论断,中央监管规则往往被地方立法选择性地遵从或规避。虽然中央强调地方的风险处置责任,但在中央事实上不可能对地方金融风险置之不理的客观约束下,地方政府固然有动力(压力)强化日常监管,但突破中央规则约束(尤其是业务范围限制)的动力更加明显。地方在中央监管标准模糊或缺位之处屡屡突破,而罔顾市场的风险控制水平和自身的监管能力,从而遗留巨大的系统性风险隐患。

(三)问题地方金融组织的处置问题

问题金融组织处置看似不如监管立法权和具体监管权责分配对金融监管的影响一般直接,但却同样重要。问题处置是金融监管的固有构成,不能任由《民法典》《公司法》《企业破产法》等民商事法律规范解决。从实践来

---

[1] 小额贷款公司业务范围的地方监管规则具有明显的区域差异(如天津就完全遵守中央监管规则),很难用经济发展水平或者小额贷款产业发展水平等单一或线性标准加以解释。可能与特定地方监管机构的偏好有较强关系(但也不应忽略名义监管规则与产业实际的差异)。值得注意的是,《山东小额贷款公司办法》规定其有效期至2019年9月30日,但山东省地方金融监督管理局于2019年11月18日颁布的《关于促进全省小额贷款公司持续健康发展的通知》仍然保留了股权投资和票据贴现业务,并依然"鼓励小额贷款公司探索通过银行间市场、证券交易市场或证券公司柜台交易发行资产证券化产品"。在中央监管规则已经明确"9项禁令"的情况下,《山东小额贷款公司办法》将如何修订无疑令市场饱受监管不确定性之扰。

看,并不是理论或制度上界定为"太大而不能倒"的金融机构才需要特殊的问题处置机制,问题地方金融组织处置同样具有迫使监管介入的负外部性。

我国正式金融机构的问题处置规则主要由《商业银行法》《银行业监督管理法》《证券法》《保险法》等金融基本法律法规所规定,广义上包括整改、托管、接管、重组、解散和处罚等强制措施,以及救助、赔偿、纠纷解决和支持诉讼等配套机制。问题地方金融组织处置的特殊性在于:一是前述法律法规的适用程度有限。对正式金融机构而言,问题处置一般源自个别金融机构的违法或不合规,处置方法也以惩罚(整改、处罚或解散)或借助监管机构及行业力量予以消化(托管、接管或重组)为主。而对地方金融组织而言,问题处置具有行业性、整体性,多因行业整体在合法或合规判断标准缺失或模糊的情况下,自发生长最终失控而引发问题处置,既有的惩罚和消化方法适用性有限。[1] 二是监管机构在处置中的考量比较复杂。地方金融产业的区域差异较大,对中央监管机构而言,问题地方金融组织的负外部性相对单一,问题处置重在以处罚、整改等重塑行业秩序和监管标准。地方政府则更倾向于对具有行业性的问题予以风险区分和组织隔离,在问题处置的同时考虑地方金融产业的稳定。从实践来看,中央监管机构对地方金融组织在问题发生和处置上的特殊性的重视仍需加强,但中央监管规则规定的对问题地方金融组织的处置措施,实际上需要依靠地方监管机构完成。其中存在的矛盾,对地方金融监管的绩效构成了重要的影响。

以近年来的 P2P 网络借贷整顿为例,[2] 2016 年 4 月 12 日和 13 日,国务院办公厅和原银监会分别发布《互金整治方案》和《P2P 整治方案》,要求各省级政府对 P2P 网络借贷按照信息中介标准进行整顿并在 2016 年 11

---

[1] See Agasha Mugasha, *Securing Effective Regulation of the Shadow Banking System*, European Business Law Review, Vol. 29:4, p. 505(2018).

[2] 因信息中介的属性,P2P 网络借贷并未被《2017 意见》界定为地方金融组织,但《信息中介机构办法》明确其由地方负责机构监管。此外,本次受到整顿的 P2P 网络借贷大多属于经营信息中介、网络借贷、互联网私募和资产管理等多种业务的混业机构,故以其作为问题地方金融组织处置的分析样本。

月前完成。2017年8月,互金整治办发布《关于落实清理整顿下一阶段工作要求的通知》(以下简称《"三降"通知》),提出对于待整改的P2P网络借贷,其"业务规模不能增长、存量违规业务必须压降、不合规业务不再新增"("三降"),以及"整改时间原则上不超过1年"。2017年12月,网贷整治办发布《关于做好P2P网络借贷风险专项整治整改验收工作的通知》(以下简称《验收通知》),要求各地方按照"一家一策、整改验收合格一家、备案一家"的标准,在2018年6月30日之前完成P2P网络借贷的整改验收暨备案登记。2018年7月9日,互金整治办宣布整顿完成时间延长至2019年6月。2018年8月,网贷整治办发布《关于开展P2P网络借贷机构合规检查工作的通知》和《网络借贷信息中介机构合规检查问题清单》(以下简称《网贷108条》),分5部分、37类、108条列出了P2P网络借贷的负面清单标准,并要求于2018年12月底前完成整顿。2018年12月,互金整治办、网贷整治办联合发布《关于做好网贷机构分类处置和风险防范工作的意见》(以下简称《网贷175号文》),原有的"整顿"已经转变为"坚持以机构退出为主要工作方向,除部分严格合规的在营机构外,其余机构能退尽退,应关尽关,加大整治工作的力度和速度"。

整顿不断延期、标准日益严格,对行业产生了颠覆性的影响。在P2P网络借贷行业普遍混业化的现实下,强行按照"信息中介"标准"一刀切"地要求限期整改,并以事实上的行政许可(为规避《行政许可法》关于设立行政许可的规定而采取了"备案登记"的名义)强制地方执行,实际上属于事后重塑监管标准和行业秩序,并将成本转嫁给行业和地方。在中央监管机构强力推行和问题P2P网络借贷危及社会稳定的双重压力下,各地方整体上严格执行了整顿政策。但90%以上的在营机构被认定为整改对象,[1]导致整顿任务

---

[1] 据网贷天眼研究院数据,截至2019年10月31日,全国P2P网络借贷平台数量累计达6698家,其中问题平台5795家,在运营平台903家。整个10月,无新增网贷平台,新增问题平台10家。11月,行业成交额为604.72亿元(环比下降16.48%),贷款余额为7761.29亿元(环比下降4.9%)。转引自《10月网贷行业报告:监管试点信号渐明,行业成交再降16.48%》,载网贷天眼网2019年11月1日,https://news.p2peye.com/article-552873-1.html。

客观上难以完成。整改背景下因平台"暴雷"、投资者恐慌性挤兑等出现问题的 P2P 网络借贷越来越多,投资者救济却因应急整顿之所需、"先刑(行)后民"的处理习惯等被搁置。"一刀切"的监管政策不断加码,P2P 网络借贷产业的客观现实被否定,庞大的存量债权债务关系清理缺乏足够的时间和空间,平台与投融双方的信任、预期和信心均受到干扰,客观上加速和恶化了行业问题和危机。[1]

(四)地方金融监管的公共产品供给问题

监管是政府的法定职能。实体经济依赖路桥基建等"硬公共产品",金融市场也需要以监管(制度)为代表的"软公共产品"。但从市场需要来看,金融监管不能局限于行政许可、处罚等而止于外部干预,而应作为市场内生因素提供各类公共产品。对金融市场具有公共产品功能的监管制度主要包括:一是狭义的监管(管控)规则,如确立监管标准、明确行政许可和处罚依据等;二是具有基础设施性质的监管科技,如网络和信息技术以及保障数据与技术安全的软硬件设施等;三是通用性监管工具,如信息披露与信息共享、信用征集与信用评价等;四是社会化监管工具,如以救助产业危机、壮大产业赔偿能力为核心的产业基金和责任保险等。与其他领域相似,金融监管公共产品供给也需要解决两个问题:一是投入,尤其是存在多个供给主体时如何确定各方投入义务;二是质量,或者说如何通过绩效评价确定和改进供给质量。

地方金融监管的公共产品供给主要面临两个问题。第一,监管机构的投入不足。在第一类公共产品即狭义的监管规则上,中央监管机构具有主导地位,地方在一般情况下无法参与。其他类公共产品,中央监管机构缺乏公共产品供给思维,倾向于由地方承担供给义务。这在根本上源自地方

---

[1] 据报道,截至 2020 年 3 月末,全国实际在运营网络借贷机构仅 139 家,机构数量、借贷规模及参与人数连续 21 个月下降。整治工作开展以来,累计已有近 5000 家机构退出。参见《互金整治领导小组和网贷整治领导小组:存量风险处置当核心工作抓》,载新浪网,http://finance.sina.com.cn/roll/2020-04-24/doc-iirczymi8156667.shtml。

金融的外部性对央地双方影响的差异:对于正外部性即金融产业利益,地方是直接的受益者;而对于负外部性,中央需极力避免发生金融问题或危机因而更有管控的动力(压力),导致其在狭义监管规则上倾向于强化自身的主导地位,而在其他公共产品上则投入不足。但地方金融事实上具有系统性风险属性,这就导致统筹投入和运营公共产品被界定成地方义务,削弱了地方金融监管的公共产品供给。比如,在 P2P 网络借贷整顿中,管控型监管规则大量存在,而其他更具公共产品功能的类型化治理政策、产业转型政策、监管科技投入、信用评级、产业救助与赔偿基金、投资者诉讼支持制度等却难觅踪影。[1] 无法参与制定监管标准导致地方投入公共产品供给的能力和动力均明显不足,在地方屡屡放松监管的背景下,一方面,这抑制了地方综合性监管能力的提高;另一方面,导致了地方金融产业的脆弱,内生性风险控制能力不足导致易发生行业性问题和危机,社会化赔偿能力不足易导致行业与监管和投资者的对立。

第二,监管机构对监管规则还没有形成绩效评价暨试错和纠错思维。对金融产业利益的依赖促使地方放松监管,导致以不发生问题和危机为底线、以管控和问题处置为核心的中央监管规则对行业现状具有比较强烈且直接的建构性(或表现为 P2P 网络借贷整顿中的颠覆性)。然而监管毕竟不能取代市场完成资源配置,监管、产业、投融资当事人应是利益共同体。目的不能自动证成手段之正当,规则依靠制定者获得形式合法性,但合理性(实质合法性)则取决于其实际效果。即使在问题处置或危机应对中迫于情势紧急之必要而管控,也应事先设置试错和纠错机制,继而监测规则的实际效果并及时回应和相机处理。忽视监管的公共产品属性,将原本具有应急性且要求类型化实施的产业政策,变为对整个

---

[1] 原银监会在 P2P 网络借贷整顿开始后发布的《网络借贷信息中介机构备案登记管理指引》(2016 年)、《网络借贷资金存管业务指引》(2017 年)(以下简称《存管指引》)和《网络借贷信息中介机构业务活动信息披露指引》(2017 年)具有公共产品属性,但在供给时机上滞后且供给内容主要是配合整顿规则,难以满足 P2P 网络借贷产业对监管公共产品的需要。

P2P 网络借贷产业(以及相关产业)的否定,事实上导致监管本身也成为市场负外部性的重要来源。

### 四、完善地方金融监管法治建设的具体路径

(一)以"金融治理"作为地方金融监管法治建设的基本理念

完善地方金融监管的法治建设,在理念层面应当从地方金融监管转向地方金融治理。监管与治理虽在理论上时有混用且既有的监管规则亦很少对二者进行区分,但就理念和路径而言,监管侧重于专门监管机构对市场的管控,如行政许可和处罚;而治理侧重于整体调整,包括行业主管机构和专门监管机构对于产业、组织及行为的综合管理,如监管(狭义)、激励、标准化、纠纷解决、产业救助与投资者救济等。[1] 在产业利益事实上构成监管重要行为约束的现实下,现代金融市场对监管具有多元化需求。一方面,要求金融监管具有公共产品供给功能,如在减少信息不对称的层面强化信息披露与信息共享、信用征集与评价等基础设施建设;在解决"太大而不能倒"的层面强化产业基金、责任保险的构建和投入,壮大产业本身的风险控制能力,避免问题地方金融组织的负外部性殃及社会稳定等。[2] 另一方面,要求对监管规则予以绩效评价,构建常规化的试错与纠错机制。[3] 金融市场的技术性和复杂性决定了监管规则的试错性,实践是检验及强化规则合理性的路径。这就要求市场对监管规则具有"容错"的共识,而这种共识能否形成,则取决于监管机构是否设置常规化的绩效评价机制并对不符合市场规律的监管规则及时纠错。"金融系统的动态性要求前瞻性的金融监管,但与此同

---

[1] 参见陈进华:《治理体系现代化的国家逻辑》,载《中国社会科学》2019 年第 5 期。
[2] See William A. Lovett, *Transnational Finance Regulation and the Global Economy*, Tulane Journal of International and Comparative Law, Vol. 20:1, p. 49(2011).
[3] 参见杨东:《监管科技:金融科技的监管挑战与维度建构》,载《中国社会科学》2018 年第 5 期。

时保持适当的谦抑。"[1]如此才能形成市场与监管之间的互信与互动,避免监管成为市场负外部性的来源,从而达到金融治理的目标。[2]

(二)在国务院金融稳定发展委员会下设专业委员会作为统筹协调地方金融治理的实体组织

"具有高度权威的协调机构是消除歧见、达成共识的有力杠杆。"[3]只有明确了实体组织,才能有效整合中央监管机构和地方政府在地方金融监管上的立场和考量,促进地方金融监管的法治建设。从强化可行性并节约制度资源的角度来看,应以 2017 年第五次全国金融工作会议提出并设立的国务院金融稳定发展委员会(以下简称金融委员会)作为这样的实体组织。金融委员会的法定职能也符合该定位的要求,[4]但不能仅强化"对金融管理部门和地方政府进行业务监督和履职问责"的职能,更应凸显"统筹金融改革发展与监管""统筹协调金融监管重大事项""协调金融政策与相关财政政策、产业政策"等协同治理层面的职能。从组织架构来看,目前金融委员会的主任、副主任和成员均为国务院和中央监管机构的代表,[5]因此,需要增补地方力量以胜任地方金融治理。考虑金融委员会的宏观属性以及地方金融监管机构数量众多,建议借鉴全国人大常委会下设专门委员

---

[1] 宋晓燕:《论有效金融监管制度之构建》,载《东方法学》2020 年第 2 期。

[2] See Harry Mcvea, *Restoring Regulatory Credibility and Preventing "Repo Runs": A Cautionary Tale*, European Business Law Review, Vol. 30:1, p.15(2019).

[3] 吴元元:《信息基础、声誉机制与执法优化——食品安全治理的新视野》,载《中国社会科学》2012 年第 6 期。

[4] 国家金融委员会的职能包括:落实党中央、国务院关于金融工作的决策部署;审议金融业改革发展重大规划;统筹金融改革发展与监管,协调货币政策与金融监管相关事项,统筹协调金融监管重大事项,协调金融政策与相关财政政策、产业政策等;分析研判国际国内金融形势,做好国际金融风险应对,研究系统性金融风险防范处置和维护金融稳定重大政策;指导地方金融改革发展与监管,对金融管理部门和地方政府进行业务监督和履职问责等。参见《国务院金融稳定发展委员会成立并召开第一次会议》,载人民网,http://politics.people.com.cn/n1/2017/1109/c1001-29635103.html。

[5] 参见《新一届国务院金融稳定发展委员会召开第一次会议》,载人民网,http://money.people.com.cn/n1/2018/0703/c42877-30117487.html。第一届金融委员会组成人员情况未见公开报道。两届国家金融委员会主任均为时任副总理,第二届金融委员会的副主任为一位央行副行长和一位国务院副秘书长,证监会和原银保监会负责人为成员。

会的模式,在金融委员会下设地方金融监管委员会,主任由金融委员会主任兼任,两位副主任从中央监管机构代表和地方监管机构代表中分别产生,成员为"一行两会"的代表(如部门副职或其他代表)及31个省级地方金融监管机构的负责人。[1] 地方金融监管委员会通过召开会议的方式行使具体职能,包括定期会议和临时会议,临时会议由主任或副主任召集。

以地方金融治理的实践需要为标准,地方金融监管委员会的主要职能应包括:(1)制定地方金融监管的公共政策,对中央和地方的监管规则进行合理性审查并及时清理。首先,强化应有的立法职能。从法定职能设置及便利监管实践来看,地方金融组织的具体监管规则仍应由央地监管机构颁布,但对具体监管规则具有导向和依据作用的公共政策,应由地方金融监管委员会制定并以金融委员会(或党和国家的其他机构)的名义颁布,以此改变地方仅能在部分公共政策的征求意见环节提出建议,却无法充分参与公共政策制定的局面。其次,加强对中央和地方监管规则的合理性审查。地方金融监管实体机构确立并有了地方性法规作为形式依据后,地方监管规则势必增加并扩大已显庞杂的地方金融监管规则体系,进而有可能出现地方监管规则与中央监管规则不一致的情况。在部分中央监管规则本身有待完善的情况下,对此不宜武断地认定为"下位法违反上位法",而应从强化规则的合理性入手整合央地监管的不同立场及考量。笔者建议,应借鉴国家发改委等部门2017年颁布的《公平竞争审查制度实施细则(暂行)》(已失效),构建金融监管合理性审查制度,由地方金融监管委员会对央地监管规则进行前置性合理性审查。未进行或未通过合理性审查的,不予颁布;发现已经实施的监管规则不合理的,应要求监管机构纠正。具体审查标准和审查范围,由地方金融监管委员会制定并相机调整。比如,对于《山东条例》中关于"民间融资机构"的规定,以及地方小额贷款公司监管规则

---

[1] 有学者提出直接由国务院金融稳定发展委员会负责地方金融监管的央地协调。参见陈斌彬:《论中央与地方金融监管权配置之优化——以地方性影子银行的监管为视角》,载《现代法学》2020年第1期。但其整体职能负担尤其是人员构成可能会影响其实际效果。

中不符合相应业务风险控制要求的规定,应由地方金融监管委员会通过合理性审查要求相应监管机构予以纠正,或要求其向地方人大常委会提出修改建议。最后,推动监管规则的清理工作。从实践来看,无论中央还是地方,金融监管都习惯于"新法代替旧法"(广义)而疏于对既有公共政策及监管规则的清理,不同主体甚至同一主体不同时期颁布的监管规则之间时有冲突、混乱和模糊,破坏市场对监管的预期、损害监管规则的公信力,地方金融监管委员会应加强对公共政策及监管规则的清理及相应的解释说明工作。(2)实施监管规则的绩效评价和纠错。对央地监管机构的监管规则进行绩效评估,必要时应委托专业机构进行独立的第三方评价。对于实践中出现明显错误、对市场产生较大负外部性的监管规则,应参照合理性审查标准和程序向央地监管机构提出修改建议。(3)统筹地方金融监管的公共产品供给和运营。对信息披露、监管信息共享、信用征集、信用评价、投融资纠纷解决、产业基金、责任保险等重要公共产品的投入义务尤其是中央投入义务进行界定,运营环节在可能的情况下应更多采取政府采购或政府和社会资本合作(Public Private Partnership,PPP)的形式以提高效率。(4)监管纠纷解决。对于监管机构之间的冲突,地方金融监管委员会负有调解和处理职责,无法调解和处理或监管机构对调处结果不服的,提请金融委员会决定。[1]

(三)完善地方金融监管职能及具体监管权责的界定与分配

1. 地方金融组织的界定

《2017意见》规定的"7+4"只是基于当下监管现实需要的不完全列举

---

[1] 就此而言,地方金融监管规则主要应由地方政府及地方金融监管部门制定,不应为了追求形式立法主义而过多求诸地方人大立法。一方面,目前地方人大的立法专业性和立法反应能力与地方金融监管的实际需要尚有差距;另一方面,根据《立法法》的规定,地方政府制定的地方政府规章与国务院组成部门制定的部门规章不一致的,才由国务院裁决。行政法规与地方性法规不一致的,由全国人大常委会裁决。这就导致国务院事实上无权审查地方性法规,则地方金融监管委员会的监管规则合理性审查制度就会受到阻碍,纠正类似《山东条例》中过度宽松的条款也就缺失了一个法律框架内的渠道。

且并无严格依据,[1]实践中地方金融组织类型多样、业务时有交叉或混同,不能以"7+4"直接作为地方金融组织及行为合法性的判断标准。原则上,只要不违反现行法律法规的强制性和禁止性规定,都不应直接认定为违法组织及行为。与央地监管规则不符的,也应视情况分别处理。此外,界定地方金融组织并不意味着监管职能完全转移给地方,而需合理分配央地监管职能及具体监管权责。应利用地方金融监管的结构化特征和市场驱动型立法属性,弱化金融监管的管控传统。建议由地方金融监管委员会组织制定未来地方金融组织的界定等公共政策和监管规则,为地方金融监管改革的法治建设贡献新的经验。

2. 央地监管职能的总体定位

第一,无论是必要性还是可行性,定位央地监管职能均胜过机械划分央地监管立法权。地方金融组织客观上存在央地监管的竞合,以此为基础才能符合地方金融组织监管的现实。相比在《宪法》《立法法》《地方各级人民代表大会和地方各级人民政府组织法》等层面对"地方监管权"进行烦琐的理论破立和条文修订,以地方金融的整体治理为理念完善具体的制度设计更具可行性和实际意义。第二,职能定位应以"概括授权"而非泾渭分明为原则。不能以行政许可或处罚中的"权力清单"模式来定义金融监管,并试图在央地监管职能之间构建泾渭分明的界限。"无论立法者多么英明、法律如何详尽细密,也不可能对错综复杂千变万化的社会现象作出

---

〔1〕 例如,"农民专业合作社",根据《农民专业合作社法》,其业务范围并不包括金融活动,但实践中一些专业合作社吸收社员存款或向社员销售资产管理产品,故被纳入地方金融组织的范围以加强监管。而《农村资金互助社管理暂行规定》(原银监会,2007 年)规定的"农村资金互助社"(可以吸收社员存款)属于需经银行业监管机构批准设立的"互助性银行业金融机构",并不属于地方金融组织,但实践中往往被地方金融监管机构纳入监管范围。江苏省委办公厅、江苏省政府办公厅 2019 年发布的《〈关于印发江苏省地方金融监督管理局职能配置、内设机构和人员编制规定〉的通知》规定江苏省地方金融监管局主要职责就包括"……(五)负责强化对全省开展信用互助的农民专业合作社(含农民资金互助合作社)"的监督管理。再如,"地方资产管理公司"包括 2019 年原银保监会办公厅《关于加强地方资产管理公司监督管理工作的通知》规定的以处置地方金融机构不良资产为主营业务的传统(金融)资产管理公司,但实践中更多的是私募基金管理机构(与"地方投资公司"的情形类似),许多地方监管机构规则亦将二者混同。

准确无遗、长期稳定适用的规定。"[1]金融监管职能的综合性和地方金融组织监管的央地竞合决定了,央地监管职能的划分应以概括授权为原则,凡符合概括授权的职能要求的,央地监管机构均应有所作为,出现模糊或冲突的提请地方金融监管委员会协调。第三,具体的办法,建议借助我国金融监管体制改革已经形成的目标监管(包括宏观审慎监管、微观审慎监管)与机构(及行为)监管的区分方法,中央监管机构负责目标监管规则的制定及实施,核心是监管标准制定和公共产品供给,包括业务范围及相应的风险控制和监测标准、信息披露标准、信用征集与信用评估标准、问题组织处置标准、产业基金和责任保险的建设和运营等。地方监管机构负责机构监管规则的制定及实施,参与监管标准制定和公共产品供给,包括根据前述监管标准制定相应的监管细则,实施备案或登记并对公司治理、经营管理等事项予以日常监管,便利投融资纠纷解决和追究违法责任等。具体监管规则的颁布应遵循地方金融监管委员会的合理性审查制度。

3. 具体监管权责的分配:以业务范围监管为例

业务范围事关地方金融组织的权利能力,作为目标监管的核心具有底线监管的意义。地方金融组织的业务范围问题不仅对市场和投资者的负外部性最大,也是当前地方金融监管的主要矛盾及核心问题所在。

在程序上,中央监管机关拟定地方金融组织的业务范围监管标准后,应提请地方金融监管委员会予以合理性审查,从而在程序上保障监管标准能够整合央地监管诉求。地方金融监管委员会还应组织监管标准实施后的绩效评估及修订工作。

在实体内容上,从现实来看,建议基于功能监管的方法将地方金融组织的业务总体划分为基础业务和资产管理业务。前者如区域性股权市场、地方交易所、农村资金互助社、典当行、商业保理公司、融资租赁公司、融资

---

[1] 史际春、胡丽文:《政策作为法的渊源及其法治价值》,载《兰州大学学报(社会科学版)》2018年第4期。

担保公司、社会众筹机构相应的典当、租赁和担保等主营业务,以及小额贷款公司发放贷款、地方资产管理公司收购不良资产、地方融资平台投融资等,后者如小额贷款公司、以私募基金管理人出现的泛化意义上的地方投资公司和地方资产管理公司等,为了自身融资或开展业务向投资者发行各类债权性和股权性资产管理产品。基础类业务的央地监管规则均已齐备且少有争议,但资产管理业务的监管则存在比较严重的不均衡,也是地方金融违法犯罪案件及问题金融组织爆发的主要源头。这与证监会2014年颁布《私募暂行办法》对私募投资基金(非金融机构发行资产管理产品)的放松监管有密切关系。《私募暂行办法》第5条中规定,"设立私募基金管理机构和发行私募基金不设行政审批,允许各类发行主体在依法合规的基础上,向累计不超过法律规定数量的投资者发行私募基金",由基金业协会备案登记而非行政许可,催生了巨量地方投资公司和资产管理公司,并刺激小额贷款公司和P2P网络借贷等大规模发展资产管理业务。在《私募暂行办法》规定的合格投资者制度、资金募集和投资运作规则等风险控制措施尚缺乏市场约束和监管保障的情况下,对私募基金的放松监管客观上成了资管乱象的导火索。从解决问题的角度来看,在微观层面,应以"适度从严"的标准修改《私募暂行办法》,完善市场准入(包括资本、股权、公司治理及风险控制等要求)、改协会登记备案为行政许可,[1]强化对合格投资者、信息披露和信用评级等制度的实施及监管。在宏观层面,应突破集中统一管控传统下列举"正负清单"的桎梏,疏堵并举,以"功能主义、类型化和风险控制"作为制定地方金融组织业务范围监管标准的基本方法。[2]"功能主义"即以业务功能而非机构类型为基础,采取穿透式监管,凡具有

---

[1]《私募暂行办法》属于部门规章,而《行政许可法》规定只有法律、行政法规和地方性法规才能设立行政许可。此问题应在修订该办法时通过提高立法位阶或寻求国务院授权等方法予以解决。此外,私募基金管理机构并未被认定为地方金融组织,在该办法中也应授权地方就地方金融组织开展私募业务细化监管标准。

[2] 关于"功能主义、类型化和风险控制"构成的"三要素"方法,参见冯辉:《网络借贷平台法律监管研究》,载《中国法学》2017年第6期。

资产管理功能的业务,一体适用金融机构资产管理业务的监管规则(如央行等2018年颁布的《关于规范金融机构资产管理业务的指导意见》)。"类型化"即允许地方金融组织开展基础业务和资产管理业务(混业化),但对不同的业务类型匹配相应的监管标准(包括审慎监管和机构监管)。[1]"风险控制"的核心是细化资产管理业务监管的各项技术性规则,尤其是信息披露和信用征集及评价。

值得补充的是,还应促进监管规则与行业性自律规则、地方金融组织内部规则之间的转化与衔接。行政管控的路径依赖辅以问题处置的底线思维,导致地方金融监管与行业、地方金融组织间的激烈博弈,监管规则的多元化、多层级化则将这一过程变得更加复杂。地方金融监管委员会应促进上述规则序列之间的转化与衔接,通过规则协同满足市场对规则治理的诉求。[2]

(四)以监管与产业利益、消费者权益的平衡为核心完善问题地方金融组织处置

毕竟正式金融机构的问题处置消耗了大部分监管资源(包括接管、重组和救助等)。此外,地方金融混业化盛行,很难事前准确预知问题爆发的"风口",在问题爆发后对整个行业以及相关行业进行整顿,反而可以通过制造威慑降低整体监管成本。但这种"连带处置模式"对解决问题金融组织(及产业)的直接效果实际有限,而其引发的颠覆现有交易习惯、干扰市场对监管的预期等负外部性则要大得多。问题处置是金融市场的内在组成部分,也是重要的公共产品,"整顿"模式导致央地监管机构均出现供给缺失。不能因个案(问题)而否决整个(交易)体制,"总体福利是否最大化

---

[1] 比如,2019年《证券法》第120条规定,证券公司的业务范围包括证券经纪、证券投资咨询、与证券交易和证券投资活动有关的财务顾问、证券承销与保荐、证券融资融券、证券做市交易、证券自营、其他证券业务,但对不同业务设置了不同的监管标准(准入条件、风险控制等)。

[2] 关于规则协同的详细论述,参见冯辉:《网络借贷平台的监管权分配与监管规则协同》,载《社会科学》2018年第10期。

是检验制度是否正义的标准",[1]问题金融组织是市场和监管等各种因素综合影响的结果,问题金融组织处置也是反思监管规则合理性的契机。

一方面,应促进问题处置与地方金融产业利益的平衡。首先,应对中央的监管标准制定权予以约束。不能将地方监管机构与问题地方金融组织混为一谈,不能将地方监管机构作为整顿对象或者附属机构。问题是地方金融组织同样具有区域差异,需要在统一处置中嵌入类型化的考虑。所以应由地方金融监管委员会组织央地监管机构通过沟通和协商程序生成处置规则,避免因规则不合理而再陷"放乱循环"之积弊。其次,在实体规则中融入产业考量。当前问题地方金融组织的处置,实际上往往涉及行业秩序及合规标准的重塑。对此不应唯"应急管理之必须"而一味管控和禁止,而应秉承公共产品供给理念,疏堵并举,顺应地方金融产业发展的现实。应在问题处置中发掘稳定和增进产业利益的可能性,通过监管创新给市场以空间和预期,从而完善市场机制本身对问题处置的功能。比如,2015 年开始的 P2P 网络借贷整顿,即使坚持规则合理性(限定 P2P 网络借贷只能作为信息中介),在行业存量资产规模巨大、90% 以上的在营机构被界定为"非法"的现实下,也应当顾及整顿对行业的影响。整顿本身不是目的,监管不能代替市场组织供求,行业稳定才有利于包括监管在内的社会整体利益。P2P 网络借贷混业经营多年,行业和大部分企业具备一定的风险控制能力,问题金融组织及其资产规模只是少数,合理的方法是类型化、分步骤处置,为行业在信息中介之外的业务转型留出空间和时间,急于求成导致监管不但迟迟未竟其功,反而激化市场矛盾。至 2019 年 11 月,互金整治办和网贷整治办联合发布《转型意见》,为 P2P 网络借贷转型为小额贷款公司打开了制度空间。但倘若"疏堵并重"策略在整顿开始时就能推进并开辟更多转型方向(私募、资管等),P2P 网络借贷整顿的效果应远胜于当下,监管引发的负外部性也会更小。

---

[1] 任俊:《制度功利主义:一个批判性的考察》,载《哲学分析》2013 年第 4 期。

另一方面,应促进问题处置与投资者权益保护的平衡。问题处置的进度安排、对问题金融组织的行政许可与处罚等机构及行为监管,均应授权地方监管机构因地因时制宜解决,以发挥其属地优势。中央监管机构应侧重投资者权益救济即损害赔偿。投资者赔偿的群体性往往导致问题金融组织无力应对,先"刑"(以及"行")后"民"的制度习惯、投资者举证能力较弱等问题进一步导致投资者权益救济困难重重。金融市场战胜问题与危机,最根本的依靠是投资者信心,而不是监管将问题金融组织出清,这就要求监管构建社会化赔偿机制,以维护投资者权益、维持产业稳定。2015 年,最高人民法院《关于当前商事审判工作中的若干具体问题》中规定"因虚假陈述、内幕交易和市场操纵行为引发的民事赔偿案件,立案受理时不再以监管部门的行政处罚和生效的刑事判决认定为前置条件",显著减轻了投资者提起证券民事赔偿诉讼的负担,体现了司法层面的公共产品供给思维。中央监管机构对此应设立产业风险基金和违约责任保险,壮大对投资者的社会化赔偿能力。地方金融产业风险基金与食品安全、环境污染领域的大规模侵权损害赔偿(救济)基金类似,"具有救济与赔偿的双重功能"。[1] 借鉴我国证券投资者保护基金、保险保障基金的筹集与运营规则,[2] 其构成和运作原理是以行业为单位,责令地方金融组织从自有资本、交易佣金以及税后利润中提取一定比例的资金设立经营者风险基金,行业协会和央地监管机构各自从会费和罚没收入中提取一定比例的资金设立相应的行业风险基金和政府风险基金,在问题处置环节向投资者垫付,事后向问题金融组织追偿。按照分散和经营风险的思路,上述三种风险基金可以由行业协会统一管理、第三方存管并委托保险资产管理公司等专业机构进行资产管理,以实现基金的增值保值。违约责任保险的构成和运作原理是,要求地方金融组织在发行特定产品时为投资者购买违约责任保险,

---

[1] 张新宝:《侵权责任法立法的利益衡量》,载《中国法学》2009 年第 4 期。
[2] 参见《证券投资者保护基金管理办法》(证监会、财政部、央行,2016 年)和《保险保障基金管理办法》(原保监会、财政部、央行,2008 年,已失效;原银保监会、财政部、央行,2022 年修订)。

因其或第三方违约而导致投资者有符合保险规定的赔偿请求时,由保险公司根据保险合同向投资者赔付。保费主要由地方金融组织出资,监管机构和行业协会予以补贴,同时也鼓励行业协会为协会内地方金融组织购买行业性违约责任保险。同时,鼓励保险公司根据投保人即地方金融组织不同的业务类型、风险控制绩效等设置差异化的保费和保额,监管机构实施差异化补贴。产业风险基金也可用于对问题地方金融组织的救助。央地监管机构在产业风险基金中的出资和在违约责任保险中的补贴比例,建议按50%对50%划分(或中央较多)。各地方之间的投入比例,由地方金融监管委员会根据各地金融市场规模及其监管绩效等因素进行统筹协调和动态调整。

(五)在信息和信用监管领域强化基础设施建设和公共产品供给

信息和信用监管源自市场内在及其与监管之间的信息不对称。而由于金融组织及业务更庞杂、投资者更分散,且产业承接了被监管从正式金融市场"挤出来"的供求,因而信息和信用监管对地方金融监管绩效的影响更大。信用本质上也属于一种信息,信息和信用监管可分为信息披露监管、监管信息共享、信用征集和信用评价四个方面。

信息披露是我国金融监管的核心工具,地方金融组织的央地监管规则也已经设置了比较明确的实体与程序规定。需要解决的问题是:第一,细化信息披露标准。地方金融组织类型多样、行业差异性大,应在中央监管层面出台分行业的信息披露指引,避免地方监管标准差异干扰市场预期。2017年8月原银监会颁布的《网络借贷信息中介机构业务活动信息披露指引》是很好的范例,地方金融监管委员会应加快组织制定行业性信息披露指引,并要求各行业协会参与。第二,强化对信息披露的监管。对地方金融组织信息披露义务的监管应由地方监管机构完成,但不能依赖大多具有随机性和滞后性的行政检查。中央监管机构应在监管科技方面加大投入,利用数据和信息手段提升监管能力。此外,应促进金融监管规则的私人实施,采取奖励、支持诉讼等方式激励投资者对违反信息披露义务的地方金融组织提起民事诉讼。

监管信息共享包括监管规则本身和监管规则实施结果两个方面。前者的任务包括信息公开和规则清理,地方金融监管委员会应督促和指导央地监管机构完成各行业地方金融组织监管规则的公开和清理工作,并统筹协调央地之间、各地方之间的互联互通。后者主要反映监管规则对地方金融组织的影响,包括经营许可、资产负债、业务情况、组织及主要负责人被追究法律责任等信息,主要依靠监管机构的信息公示完成。地方金融监管委员会应组织统一的地方金融监管信息共享平台建设,充分、及时、便捷地公示前述两类信息。

关于对地方金融组织的信用征集和信用评价,以《政府信息公开条例》(2007年,已修改)、《企业信息公示暂行条例》(2014年)为依据,我国已经形成了一系列的官方信用信息平台。国家市场监督管理总局的"国家企业信用信息公示系统"发挥基础作用,[1]最高人民法院的"失信被执行人名单"、税务总局的"重大税收违法案件当事人名单"等提供分领域的信用信息,主要是特定领域的负面信用评价。国家发改委与央行指导国家公共信用信息中心建设的"信用中国"官网也一直在推进各平台的互联互通。就此而言,再建设具体的地方金融组织信用信息平台意义不大。[2]"随着金融机构向监管者提交的合规数据日益增长,如何处理这些合规信息,对监管者而言是一个巨大挑战。"[3]2013年《征信业管理条例》颁布以后,市场化的征信公司大规模参与监管信息的开发和应用。有征信功能的电子商务企业以及"天眼查""企查查"等专业征信企业基于监管机构和企业公开

---

〔1〕 央行征信系统的企业信用信息基础数据库也具有基础作用,但与其个人信用信息基础数据库一样,产品不对公众开放。

〔2〕 互联网金融领域的专业信用信息平台主要有两个:一是商务部电子商务中心成立了互联网金融信用信息服务平台(2015年完成),由企业自主参与,信息少且内容单薄,实际意义不大。二是中国互联网金融协会建设的互联网金融信用信息共享平台(2016年启动),要求会员参与,主要功能是为央行个人信用信息基础数据库提供互联网金融领域的个人借贷数据。

〔3〕 张永亮:《金融监管科技之法制化路径》,载《法商研究》2019年第3期。

发布的信息为公众提供标准化、类型化的信用信息产品,促进了监管信息共享和信用监管的多元供给。各省级地方金融监管机构应当严格履行自身的信息公示义务、鼓励社会征信企业的发展,并对地方金融机构违反信息公示义务的行为予以处罚。

但对于投资者而言,地方金融组织的信用信息分散且琐碎,需要通过信用评级形成标准化的信用评价产品。我国金融市场主体及产品的信用评级早已有之,既有央行等的信用评级,[1]也有金融机构自主进行的委托评级。就地方金融组织而言,也有企业自主进行的委托评级和省级监管机构组织或直接实施的评级。[2] 2019年11月26日,央行、国家发改委、财政部、证监会共同颁布《信用评级业管理暂行办法》(以下简称《评级办法》),规定"信用评级机构对影响经济主体或者债务融资工具的信用风险因素进行分析",旨在实现信用评级市场的统一规划与监管,并强化信用评级的独立性和市场化。从适用性来看,地方金融组织的主体评级可以适用《评级办法》,但《评级办法》规定的产品信用评级只包括债务融资工具即"贷款,地方政府债券、金融债券、非金融企业债务融资工具、企业债券、公司债券等债券,资产支持证券等结构化融资产品,其他债务类融资产品"。虽然"资产支持证券等结构化融资产品"可以扩大解释为包括地方金融组织发行的股权投资性的资管、理财和私募产品,但股权性投资产品强调的是地方金融组织的兑付能力而非债务性融资工具中的"偿还能力和偿还意愿"。这个问题需要在未来的实际操作中予以明确。此外,《评级办法》强调由市场而非政府对地方金融组织及其产品进行信用评级体现了监管的进步,虽

---

[1] 2018年11月央行发布的《中国金融稳定报告(2018)》首次公布了金融机构评级结果,评级对象包括3969家银行机构和358家非银行金融机构(245家财务公司、25家汽车金融公司、22家消费金融公司、66家金融租赁公司)。参见《央行完成对4327家金融机构评级,首次公布结果》,载央广网,http://china.cnr.cn/NewsFeeds/20181103/t20181103_524403883.shtml。

[2] 比如2013年安徽省金融办通过公开招标确定金融评级公司对全省符合参评条件的小额贷款公司进行了信用评级。江苏省金融办2012年开始依据《江苏省小额贷款公司监管评级办法(暂行)》对省内小额贷款公司进行评级。转引自前述监管机构官网。

然法律依据和实体组织诚然不可或缺,成熟的监管和市场却不可能一蹴而就。与地方金融产业本身相似,我国的征信和信用评价产业刚刚走上规范发展的道路,却已然面临高标准、大规模且迫切的需求。《评级办法》尚未具体涉及但属于当务之急的事项包括:第一,明确信用评级的强制效力,将第三方出具的信用评价报告纳入地方金融组织及其产品的准入资格要求。第二,确立信用评级标准。《评级办法》规定央行为行业主管部门,国家发改委、财政部、证监会为业务管理部门。建议将原银保监会纳入业务管理部门,由地方金融监管委员会组织央行和原银保监会分行业制定地方金融组织及产品的信用评级标准和操作指引。第三,促进信用评级市场化。信用评级机构不得与行政机关(包括信用评级行业主管部门、业务管理部门)及其下属机构存在关联。第四,强化违法行为的民事赔偿责任。因地方金融组织的违法行为造成投资者损失,受托评级机构有过错的,应承担相应的赔偿责任。

## 五、结语

法律应当在实践中获得并强化自己的合理性。相对而言,与以总结和表达交易习惯为核心的私法不同,金融监管法律规范具有突出的建构性。而且与私法规则伴有大量司法判例予以测度不同,金融监管规则的绩效评价主要来自金融市场在监管规则下的整体反应,往往具有模糊性和滞后性。建构性强而评价机制的及时性与具体性弱,决定了金融监管法律规范的合理性高度依赖监管机构的主动和智慧。综上,金融监管改革唯有在体制与机制等顶层设计层面取得突破,才能有效化解传统监管的问题。金融治理是国家治理的缩影,地方金融是金融市场体系中的核心部分。在顶层设计层面完善地方金融监管的法治建设,才能从根本上有效提升金融治理以及国家治理的水平。

# 第六章　混业金融、公共产品供给与网络借贷平台的法律监管[*]

在混业金融的大背景下,不宜将网络借贷平台强制分割和限定为信息中介与小额贷款机构。管控型的监管模式不仅滞后于社会对平台监管的需求,也损害了网络借贷产业的发展和监管的公信力。应推动监管成为内生因素,以公共产品供给为理念变革网络借贷平台法律监管的基本模式与核心规则。应调整既有的风险隔离策略,以功能主义与类型化为导向开放平台的中介类、增信类、借贷及衍生类业务,构建一体化的网络借贷平台监管规则。应完善监管权的纵向分配与横向协调,并促进法律规则与行业性监管规则、平台内监管规则的协同。在风险控制上,事前准入应引入产业发展、市场竞争与准入公平等考量,事中监测应通过"穿透式监管"识别业务属性并导入相应的指标体系。应强化信用评级、信息披露等信息性监管和投资者教育等公共信息服务,同时加强投资者权益救济,完善风险基金、责任保险等风险分担机制的建设,从而实现监管与产业发展、社会整体利益维护之间的平衡。

---

[*] 本章主要内容曾以《网络借贷平台法律监管研究》和《网络借贷平台的监管权分配与监管规则协同》为题分别发表于《中国法学》2017年第6期和《社会科学》2018年第10期。

## 一、引言

以网络借贷为代表的互联网金融,特别是综合型、混业型网络借贷平台,已成为我国经济、社会发展中的重要组成部分。[1] 但其在给实体经济创造新的融资渠道、给金融市场创造新的竞争力量、给社会民众创造新的财产性收入来源的同时,也给各种金融违法犯罪及灰色行为创造了新的空间,为系统性金融风险的累积和爆发创造了新的源头。加强监管并完善相应的法治建设,从网络借贷产业发展早期就已成为社会共识。但从实践来看,以事前准入和事后惩戒为核心的传统监管模式不仅未能有效地解决前述问题,还损害了产业的发展和监管的公信力。在此背景下,以央行和原银监会为代表的监管机构近年来颁布了一系列监管新规。2015 年 7 月,央行等十部门联合颁布了《互联网金融意见》,其中将网络借贷划分为 P2P 网络借贷和网络小额贷款。2016 年 8 月,原银监会会同工业和信息化部、公安部、国家互联网信息办公室等部门发布了《信息中介机构办法》作为个体网络借贷的具体监管规则。[2] 这些监管新规的效果需要接受实践的检验,也需要从理论和制度层面展开深入研究。

与立法实践相呼应,我国学界关于互联网金融法律监管的研究重点,近年来也逐步从整体性的监管框架设计转向具体业务监管规则的对策研究,这也是互联网金融体系内部结构性与复杂性的客观要求。但具体监管规则的绩效,在根本上取决于监管理念,尤其是需要从监管失败、监管与市场的冲突中吸取教训,变革监管理念和监管模式。在监管成为政府介入市

---

[1] 按照《互联网金融意见》的不完全列举,互联网金融主要包括互联网支付、网络借贷(P2P 网络借贷和网络小额贷款)、股权众筹融资、互联网基金销售、互联网保险、互联网信托和互联网消费金融等。从实践来看,无论是正面的市场重要性还是负面的风险集聚性,网络借贷和股权众筹都是当前最为突出的两个领域。而网络借贷与股权众筹尽管形式有别,但本质都可以归纳为"资金回报型众筹"。参见彭岳:《互联网金融监管理论争议的方法论考察》,载《中外法学》2016 年第 6 期。

[2] 《互联网金融意见》将网络借贷强制分割和限定为 P2P 网络借贷和网络小额贷款,《信息中介机构办法》的适用对象限定于前者。这种两分法的初衷是风险隔离,但却背离了网络借贷的客观规律以及当下的产业发展实践。

场之主要方式的当下,监管本身不应成为负外部性的来源。平台是网络借贷法律监管的核心所在,在混业金融的大背景下,网络借贷产业的内涵和外延远远超过了既有监管规则界定的个体网络借贷和网络小额贷款。我国网络借贷产业的混业格局来之不易,监管应当回应实践的规则治理需求,而不宜受制于管控与风险隔离的路径依赖。监管应内生于产业发展,应将监管视为公共产品、以公共产品供给为理念推动网络借贷平台法律监管模式及规则的改革与创新,如此方能对《互联网金融意见》《信息中介机构办法》等监管新规的绩效和外部性予以科学评判和针对性完善,实现监管与产业发展、社会整体利益维护之间的平衡。

## 二、公共产品供给与网络借贷平台监管理念之创新

(一)管控型监管在网络借贷平台监管中的不足

管控型监管强调的是监督、管理,主要功能是对负有法定职责的行政机关"赋权",为其对行政相对人实施许可、强制或处罚等行为提供实体和程序上的法律依据。当然从保护行政相对人的意义来说,对监管作出实体和程序上的规定也为通过法律手段"限权""控权"提供了依据。但无论是赋权还是限权、控权,这种监管模式的特点都是监管与对象分离,使监管成为监管对象的"外生因素"。无论是许可、强制或处罚,核心均在于以监管机构的价值取向和判断标准去塑造、改变或纠正监管对象的行为及预期。从监管的基本取向来看,这种监管模式是看守式、静态、封闭的,强调严格根据既有的法律(广义,如无特别说明,下同)执法,"法无授权不可为",严厉追究违法行为的法律责任,以保障安全、维护秩序为核心目标。从监管权的分配和监管规则体系来看,强调集中统一监管和法定监管机构对监管规则的垄断地位。从监管的方法和手段来看,事前审批和事后惩戒是主要的监管措施,如设置较高的准入门槛和条件,对监管对象的权利能力和行为能力实行限定或许可,对违法行为设置严格的行政责任或刑事责任等。从监管的效果来看,对于行业特殊性并不突出、违法性比较明显的行为或

对象,如酒驾、毒驾、制假、贩假等行为,这种监管模式的严格落实是必要的,也有积极的功能。

但是,对以网络借贷为代表的互联网金融产业,这种监管模式的效果却比较有限,实践中往往不仅无法有效解决问题,反而损害产业的发展与监管的权威及公信力。"管制型立法对互联网金融信用风险规制失灵,催生刚性兑付和过度依赖担保,抑制竞争且加剧信息不对称。"[1]从我国互联网金融产业发展与法律监管的关系来看,一般是市场主体的交易行为出现了负外部性如风险或危机,于是监管开始介入。这是当下包括网络借贷在内的互联网金融监管盛行严格管控理念而市场却不时出现违法行为甚至是系统性风险事件的症结所在。[2]

(二)网络借贷平台监管应定位于公共产品供给

以网络借贷为代表的互联网金融行业不同于其他监管对象的特殊性包括:第一,从市场主体到经营规则,均高度市场化,变动性强,无法用明确的法律规范事先逐一规定好,无现成法可依的情况屡见不鲜。[3] 第二,技术性、专业性强,对监管规则的技术性、专业性要求也即"合理性"要求较高,简单、强硬地界定违法行为并予以压制、惩罚容易导致效率低下、治标不治本。第三,无论是资金的供给方还是需求方,都具有广泛、深厚的社会

---

〔1〕 杨东:《互联网金融的法律规制——基于信息工具的视角》,载《中国社会科学》2015 年第 4 期。

〔2〕 近年来,包括《互联网金融意见》《信息中介机构办法》在内,纵向包括中央和地方、横向包括多个相关部委,就网络借贷、股权众筹等互联网金融产业密集发布了一系列监管新规,内容仍以严格管控为核心,但同期爆发的平台"跑路"、欺诈、非法吸收公众存款、集资诈骗、非法发行有价证券等大案、要案也依然屡见报端。据统计,截至 2016 年 6 月末,市场累计 P2P 网络借贷平台数量 4127 家,停业及问题平台达到 1778 家,占 P2P 网络借贷行业累计平台数量的 43%。2016 年上半年,累计停业及问题 P2P 网络借贷平台数量为 515 家,其中停业、转型等良性退出的共有 246 家,"跑路"、提现困难、经侦介入等恶性退出的共有 268 家。参见肖君秀:《4000 多家 P2P 大洗牌:一半消失,仅 2%获融资》,载《华夏时报》2016 年 7 月 6 日。这与证券市场整治内幕交易、信息披露违法案件存在的问题高度相似,对市场信心和监管公信力都构成了重大冲击。

〔3〕 See Eugenia Macchiavello, *Peer-to-Peer Lending and the "Democratization" of Credit Markets: Another Financial Innovation Puzzling Regulations*, Columbia Journal of European Law, Vol. 21:2, p. 571(2015).

基础。"中国的 P2P 市场诞生的原因是中小型投资者投资渠道的匮乏以及小微企业对资金需求的未满足性。"[1] 网络借贷(特别是混业型的网络借贷)创造出了传统金融市场无法创造的融资与投资机会,即使依靠事先审批形成有限准入的门槛,也无法阻挡社会资本进入平台经营的热潮,反而会引发各种规避问题。即使通过提高事后惩罚的严厉程度以增强监管的威慑力,监管本身也无法填补市场出清后的空缺,因此惩罚不能成为监管的终极目的和主要依赖的手段。[2] 第四,对监管具有多元化的需求。尤其值得注意的是,在全球化的背景下,互联网已成为我国具有显著优势和国际竞争力的产业。[3] 互联网金融不仅是整个互联网产业的代表,也是促进互联网产业发展和壮大的核心力量。通过政府之手促进整个产业的健康发展、增强产业的竞争力,显然非以审批和处罚为核心的传统监管模式所能胜任的,而需要针对网络借贷等各个互联网金融产业的具体特点,对监管理念予以重新定位,并以此为基础完善监管模式及规则。

　　传统监管模式的不足和网络借贷行业的特殊性,要求对网络借贷平台的监管应当转向现代意义上的监管,本章称为公共产品型监管,即将监管视为一种公共产品供给行为。与其他产业一样,时至今日,关于政府是否应当介入互联网金融市场、如何介入以及如何评价介入的绩效仍然存在很

---

〔1〕 俞林、康灿华、王龙:《互联网金融监管博弈研究:以 P2P 网贷模式为例》,载《南开经济研究》2015 年第 5 期。

〔2〕 See Edward L. Glaeser, *The Political Risks of Fighting Market Failures: Subversion, Populism and the Government Sponsored Enterprises*, The Journal of Legal Analysis, Vol. 4:1, p. 51 (2012).

〔3〕 2014 年 7 月 24 日,麦肯锡全球研究院发布《中国的数字化转型:互联网对生产力与增长的影响》,其中指出,截至报告发布之日,中国网民数量已经达到 6.32 亿人,2013 年中国电商零售额已接近 3000 亿美元,其规模超过美国成为世界上最大的网络零售市场。2010 年中国的互联网经济只占 GDP 的 3.3%,2013 年已经升至 4.4%,高于美国、法国、德国等发达国家。报告预测从 2013 年至 2025 年,互联网将占到中国经济年增长率的 0.3% ~ 1.0%,互联网将有可能在中国 GDP 增长总量中贡献 7% ~ 22%。参见《麦肯锡发布报告:2025 年互联网将最高贡献中国 22%GDP 增量》,载搜狐网 2014 年 7 月 24 日,http://www.sohu.com/a/184036_100539。

大的争议。[1]但是"风险社会"的存在,客观上强化了政府作为天然的公共利益代表者介入市场的必要性。政府"普遍参与到生产流通等经济诸环节,使得公共管理渗透到经济生活的方方面面和各个层面"。[2]将监管在内的政府行为视为公共产品供给,可以在自由市场与政府干预之间形成一个折中。在尊重市场规律的前提下发挥政府之手的优势,为市场和社会提供正外部性,克服监管在实践中的不足,为监管模式、规则的绩效评估及纠错提供机会和平台。

公共产品型监管将监管视作一种公共产品,在互联网产业的内在机理中"植入"监管因子,监管机构面向整个产业发展,通过公共产品供给"经营"网络借贷产业,实现监管对产业发展的多元化功能。这种监管高度面向市场和产业发展,追求监管对产业的"嵌入",提倡多元化监管、社会化监管。[3]监管成为产业发展的内生因素,监管规则与网络借贷的内在机理紧密契合。"金融监管措施不能被视为一种新的行政行为类型。"[4]下文即以公共产品供给为理念,论述如何推动以网络借贷为代表的互联网金融监管模式及规则的改革与创新,并完善相应的法治建设。

---

[1] 近期经济学界有关产业政策的争议,再一次显示出自由市场理论和政府干预理论在这些问题上确实有明显的分歧。争议的关键在于,政府介入市场的合法性(实质意义上的合法性,或称正当性),究竟是来自其在政治意义上的公共利益代表者这一身份,还是其介入市场的行动在经济意义上的成本与收益表现?问题的复杂之处在于,政府行动一般具有多元化的目标,正外部性和负外部性往往很难准确度量,且需要较长的周期才能完整体现。此外,即使是数据和个案显示出具体介入方法的失败或低效,也无法据此否定政府介入在整体上的必要与功能。从实用主义的角度而言,强化政府以公共利益代表者的身份介入市场的正当性,有助于凝聚市场对政府介入的共识,在不确定条件下减少介入产生的交易费用,从而尽可能地增强政府介入在具体问题上的成本与收益表现;而根据成本与收益反馈对具体的介入方法及时纠错,也可以化解政府介入的负外部性,进而强化市场对政府介入的认同,以此形成良性循环。这种折中主义的进路理论上可以成立,在实践中也是占据主动权的政府所采取的方法。关键在于政府能否确立这样的理念并调整相应的介入模式和方法,从管控型监管转向公共产品型监管正是这一思路的体现。

[2] 史际春、赵忠龙:《中国社会主义经济法治的历史维度》,载《法学家》2011 年第 5 期。

[3] See William S. Warren, *The Frontiers of Peer-to-Peer Lending: Thinking about a New Regulatory Approach*, Duke Law & Technology Review, Vol. 14:10, p.299(2016).

[4] 邢会强:《金融监管措施是一种新的行政行为类型吗?》,载《中外法学》2014 年第 3 期。

### 三、混业金融实践与网络借贷平台业务范围的界定

以法律形式规定网络借贷平台的业务范围,兼有市场准入监管和业务规则监管的双重意义。业务范围事关市场主体的营利空间及合法性,属于监管的逻辑起点。在混业金融的背景下,[1]《互联网金融意见》和《信息中介机构办法》对网络借贷平台所作的强制性的类型区分和业务限定,与实践中网络借贷平台的混业经营模式有较大差距,如何平衡当下法律管控与产业现实之间的冲突,是公共产品型监管需要解决的首要难题。

(一)网络借贷平台的混业经营模式及其功能

网络借贷的核心是平台,以经营模式为标准,我国目前主流的网络借贷平台大致可分为两类。一类是"中介型平台"(接近《互联网金融意见》中规定的"为投资方和融资方提供信息交互、撮合、资信评估等中介服务"的平台),基本经营模式是:投资者(出借人)在平台上登记有意出借的资金额度、期限和预期收益(或由平台规定,出借人予以选择),债务人(借款人)在平台上登记有意借入的资金额度、期限和预期成本(或由平台规定借款人予以选择),平台予以匹配,交易成功后由双方向平台支付佣金(实践中一般是债务人单方支付),相应的会员费和佣金构成平台收入。理论上,这种经营模式"降低了市场的运作成本,提高了资金配置效率,同时借贷过程也更加透明化",[2]尤其是最大限度地隔离了平台本身的风险,便于实现《互联网金融意见》和《信息中介机构办法》的管控诉

---

[1] 关于我国金融行业目前是否已经允许和实现了混业经营,仍有一定争议和模糊。参见吴卫星:《关于金融混业监管的研究与思考》,载《经济研究参考》2016年第13期。对这个问题的回答取决于界定的标准和依据,但从金融市场的实践来看,混业经营无疑已经比较普遍,且获得了监管层(以及决策层)的回应。比如,《中华人民共和国国民经济和社会发展第十三个五年规划纲要》提出,"改革并完善适应现代金融市场发展的金融监管框架,明确监管职责和风险防范处置责任,构建货币政策与审慎管理相协调的金融管理体制"。尤其是金融控股集团和互联网金融平台的出现,使混业金融的发展大幅提速。

[2] 李悦雷、郭阳、张维:《中国 P2P 小额贷款市场借贷成功率影响因素分析》,载《金融研究》2013年第7期。

求,但却无法满足网络借贷交易的内在需求。无论是网络借贷还是线下借贷,均面临借款人违约的风险,这个问题不解决,网络借贷的优势将被大幅度削弱。从交易安全的角度来看,绝大多数网络借贷都是无担保的信用贷款,为了化解借款人的违约风险,确保出借人稳定的资金供给,同时提升平台的交易信用和市场竞争力,众多中介型平台围绕风险控制开发出相应的产品。包括:自行或者委托第三方对借款人予以信用评级;自行或者委托第三方提供全部或者部分连带责任保证;由交易资金、佣金和平台自有资金按照一定比例组成风险赔偿基金,用于违约风险处置。这些产品向借贷双方或一方收费,也成为平台重要的收入来源。与单纯的中介类业务相比,以信用评级、担保和风险赔偿基金为代表的增信类业务不仅是前者的保障,也满足了网络借贷交易的客观需求。此外,其也体现出分散风险和经营风险的思路,从而真正使网络借贷超出了一般性中介的定位,具有了金融机构的属性和功能。实践中,大多数资金供给、需求以及成交量均比较稳定的 P2P 网络借贷平台如陆金所、人人贷等均属于这种类型。[1]

  另一类是将借贷交易中的违约风险前置并予以分散和经营的思路,在此类"交易型平台"(又称"混业型平台")中更为常见。这类平台包括但不限于《互联网金融意见》规定的网络小额贷款("互联网企业通过其控制的小额贷款公司,利用互联网向客户提供的小额贷款"),其与中介型平台的关键差别在于,平台介入债权债务关系的形成和转让。具体经营模式又分为两种:第一种是债权转让模式,首先由平台将自有资金出借给债务人,从而使平台对债务人形成债权;其次在平台上发布上述债权并标价出售,投资者(出借人)与平台达成购买债权的意向,平台向投资者转让债权并通知

---

[1] 以上经营模式系从上述知名 P2P 网络借贷平台的官网上总结而成。实践中各个平台的具体经营模式有所差别,上述增信类业务有的平台采取了自营方式,也有的平台通过委托第三方、关联企业或者自己另设独立子公司等方式运营。另参见《2016 年中国网络借贷行业年报》,载搜狐网 2017 年 1 月 6 日,https://www.sohu.com/a/123574063_530780。

债务人，由债务人向投资者直接还款。第二种是债务转让模式，首先由平台向出借人借入资金从而形成债务，通过格式条款的形式事先取得出借人对债务转让的同意，其次向融资者（借款人）转让债务，由融资者向出借人直接还款。交易型平台的收益来源除债权债务转让之间的利差这一借贷类业务外，还包括与中介型平台类似的增信类业务以及自身独有的衍生类业务。由于交易型平台直接介入债权债务的形成与转让，而最终违约风险依然是由出借人（投资者）承担，所以信用评级、担保和风险赔偿基金等增信类业务实际上是与借贷类业务不可分割的。相比中介型平台，债权转让模式下的交易型平台已经远远超出了"信息中介机构"的范畴，而接近于"只贷不存"的小额贷款公司，其通过便捷性的网络信息技术将债务人的违约风险规模化地转嫁给了出借人，从而在风险控制上相对小额贷款公司形成了巨大的优势。更加本质性的变化则是债务转让模式下的交易型平台，由于此时平台已经可以先向投资者主动吸入资金，实际上具有了信托和商业银行的功能，但是依托合同法上简单的债务转让操作即可以向出借人转嫁风险。为了进一步分散风险、经营风险，具备了信托和商业银行功能的交易型平台开始推出大量的衍生类产品，比如，对融资项目与投资款进行拆分和错配，将具有不同期限、金额和收益要求的资金供给和融资需求予以组合；以格式条款取得出借人同意并以自有资金提供担保后，将资金池里的沉淀资金用于投资；对债务人违约形成的不良资产予以收购后重组成新的融资项目等。尤其值得一提的是资产证券化业务。实践中，债权转让业务与债务转让业务往往是打通的，并且可以通过金融衍生工具消除合同法的约束。平台以融资者的特定项目收益或者担保物蕴含的收益为担保，设计出理财产品公开发售，吸入资金后向融资项目投资，借贷变为理财，对融资者的约束大为降低，在增加预期收益的同时也加大了投资者的风险。前述具有资产管理属性的产品特别是资产证券化产品，使交易型平台事实上同时具有了券商的属性和功能，集多种混业金融业务和功能于一身，成为事实上的金融控股机构。宜信、曾经的"e租宝"都是这种交易型平台的典型代表。[1]

客观而言,无论是增信类业务还是借贷及衍生类业务,都是网络借贷产业发展的客观规律和现实需求使然,也是网络借贷能够具有不容忽视的市场竞争力的根源所在。尤其是交易型平台,更是展示了在混业金融模式下,借贷这一传统业务在互联网技术和现代金融市场工具的支持下所能达到的复杂与丰富程度。[2] 从交易效率的角度来看,这些与中介业务相关但又远远超越中介范畴的业务尽管增加了一定的交易成本,但也比较精准地满足了融资者与投资者更为复杂和具体的需求,填补了传统金融机构及产品无法或无力满足的投融资需求。从产业发展的角度来看,这些业务体现出了互联网金融独有的价值,使其真正成为了商业性金融供给的竞争性力量,并为混业金融的发展探索出了新的路径。从风险控制的角度来看,在理论上,上述业务蕴含分散和经营风险的内在功能,在相同的监管环境和

---

〔1〕 以上经营模式系从"宜信系"各公司官网整理而成。从公开资料来看,"宜信系"采取了金融混业控股集团的模式,以设立子公司的方式成立了投资管理、信用管理、信息咨询等众多关联企业,分别实施上述中介类、增信类和借贷及衍生类业务。2015 年 12 月 18 日,宜信旗下专门从事信息中介业务的"宜人贷"在美国纽约证交所上市,体现美国证券市场的投资者与监管机构对其经营模式的态度。这种以设立子公司的方式隔离风险并应对监管机构要求的做法,是网络借贷平台常见的方式之一。参见姜樊:《宜人贷赴美上市បР2P 第一股》,载环球网 2015 年 12 月 21 日,http://finance.huanqiu.com/roll/2015-12/8220093.html。"e 租宝"则是单一平台从事借贷及衍生类业务的典型,其经营模式是以特定的融资租赁项目收益作为担保向公众销售理财产品(Asset to Peer, A2P),实际上就是资产证券化业务。借助于网络交易的便捷、低成本以及资产证券化产品的杠杆功能,"e 租宝"在短时间内高速扩张,后因非法吸收公众存款和集资诈骗于 2015 年年末被警方立案侦查进而取缔,涉案金额高达近 500 亿元。"e 租宝事件"也成为监管机构强力整顿网络借贷平台以及《信息中介机构办法》等监管新规出台的重要诱因。参见张玥、王露颖:《P2P 败局:疯狂与脆弱》,载《南方周末》2016 年 1 月 8 日,第 17 版。此外,交易型平台与中介型平台并非截然两分,前者实际上覆盖了后者的业务范围。而在《信息中介机构办法》划出平台的业务界限之前,中介型平台也不同程度地自营或委托第三方经营增信业务和借贷及衍生业务。

〔2〕 即使是个体之间的借贷也是如此。以美国 P2P 网络借贷为例,放款人并不直接向借款人放款,而是购买 Prosper 和 LendingClub 等平台发行的、与选定的借款人贷款相对应的收益权凭据(美国证券交易委员会即 SEC 将其认定为一种证券)。放款人确定要投资的贷款后,由银行审核、筹备、拨款和分发贷款给对应的借款人。银行随后将贷款卖给对应的平台,以换取该平台通过出售对应的收益权凭据所获得的本金。平台从借款人处按月取得还款,扣除管理费和其他费用以后在放款人账户中贷记信贷本息余额。平台不仅有权追索已经违约的贷款或将贷款转给第三方收款机构,还通过向 SEC 注册为证券经纪商创办了收益权凭证的二级交易市场。参见美国政府责任办公室:《美国 P2P 行业的发展和新监管挑战》,陈敏轩、李钧译,载《金融发展评论》2013 年第 3 期。

标准下,其风险控制能力并不必然比传统金融机构弱。但正是在风险控制问题上存在的诸多微观和宏观因素,使目前对网络借贷平台业务范围的法律规制与其现实经营模式之间出现了巨大缝隙。

(二) 网络借贷平台业务范围的法律管控及其症结

以《互联网金融意见》、《信息中介机构办法》以及《小额贷款公司意见》(央行、原银监会,2008 年)为核心的网络借贷监管规则采取了传统的管控模式。《互联网金融意见》将网络借贷强制区分和限定为"个体网络借贷"和"网络小额贷款",个体网络借贷平台被定位为信息中介,应"为投资方和融资方提供信息交互、撮合、资信评估等中介服务……不得提供增信服务,不得非法集资"。《信息中介机构办法》采用"负面清单"的方式落实了前述监管原则,在第 10 条列出了平台禁止从事的业务种类,[1]除了资信评估业务,其他增信类业务和借贷及衍生类业务一概被禁止。[2] 对于网络小额贷款平台,目前《小额贷款公司意见》以及各地方性监管规则主要关注组织机构、"只贷不存"和风险处置等问题。在统一的小额贷款公司具体业务监管规则迟迟未能颁布的情况下,尽管实践中许多网络小额贷款平台开展了许多增信类业务和借贷及衍生类业务,但其合法性仍处于高度不确定的境地。从《信息中介机构办法》对个体网络借贷的管控现状来看,期望未来国家金融监督管理总局颁布的集中统一管理的小额贷款公司监管规则明确承认增信类业务和衍生类业务恐不现实,法律管控与产业现实之间的缝隙

---

[1] 除兜底条款外,平台被明令禁止(含受托)的业务包括:为自身融资;接受或归集出借人资金;提供担保;违法宣传或推介融资项目;发放贷款(法律法规另有规定的除外);拆分融资项目的期限;自行发售理财等金融产品或代销金融产品;开展类资产证券化业务或实现以打包资产、证券化资产、信托资产、基金份额等形式的债权转让行为;与其他机构投资、代理销售、经纪等业务进行混合、捆绑、代理(法律法规和网络借贷有关监管规定允许的除外);虚假片面宣传或促销,损害他人商业信誉,误导出借人或借款人;向借款用途为投资股票、场外配资、期货合约、结构化产品及其他衍生品等高风险的融资提供信息中介服务;股权众筹。除了少数明显违反其他法律法规的内容,上述"负面清单"基本覆盖了当下网络借贷平台特别是交易型平台的业务种类。

[2] 《互联网金融意见》和《信息中介机构办法》允许网络借贷平台从事资信评估业务,但实践中平台开展的信用评级业务并非仅具有中介功能的资信评估,而具有较强的增信功能,对监管的要求也不同于中介类业务。

势将持续。[1]

造成这种局面的原因,从微观层面来看,主要是网络借贷的外部性越来越大,加上监管成本高、难度大,已经成为系统性金融风险的重要源头。此外,对增信类业务特别是衍生类业务的禁止,也是我国金融混业经营实践与分业监管之间冲突的缩影。从宏观层面来看,与国企改革、房地产市场调控等事关国计民生的重要领域类似,贯穿我国金融监管改革整个过程的两个主题暨重要目标约束,一是壮大金融产业与增强国际竞争力(沿袭于经济改革中的"发展才是硬道理"),二是金融安全与风险控制。发展和稳定构成了金融监管的两个目标约束,也体现了我国金融监管的特殊国情。与逆周期的货币政策(央行)和顺周期的财政政策(财政部)之间的关系相似,[2]在理论上,金融监管面临的发展目标约束和稳定目标约束可以实现相辅相成的效果。

值得深思的是,从我国互联网金融发展的实践来看,这种以结果为导向、以监管机构的裁量权为核心的监管模式的形成和持续,在市场发展尚不充分、监管能力尚不成熟的客观约束下,只要金融业务创新不触发风险

---

[1] 据媒体报道,2014年6月,原银监会和央行制定了《小额贷款公司管理办法(征求意见稿)》并下发给目前小额贷款公司的监管部门——各省级政府设立的"金融办",其中拟将小额贷款公司的业务范围拓宽至买卖债券和股票等有价证券、开展权益性投资、开展企业资产证券化、发行债券和经监管机构批准的其他业务等。参见《银监会:起草小额贷款公司管理办法,放开尺度超乎预期》,载新浪财经网,http://finance.sina.com.cn/money/bank/bank_yhfg/20140508/055019036422.shtml。消息经报道后引发市场热烈预期,但时至今日,正式的管理办法仍未颁布。尝试放开业务范围是出于顺应行业发展的需求,但近年来P2P网络借贷和网络小额贷款屡屡出现"跑路"和非法集资等事件,监管层基于风险控制和稳定的考虑而犹豫不决。

[2] 2015年,我国地方政府约5000亿元的公共财政赤字由地方政府发行一般债券融资,国务院另批准了1000亿元额度的地方政府专项债券支持建设有一定收入的公用项目,再加上1万亿元用于置换存量债务的地方政府债券额度,使2015年地方政府债券市场的供应总量达到1.6万亿元。债券市场供应大增而需求寥寥,供求失衡的重压之下,央行秉承逆周期调控原则不增加货币供给,迫使财政部最终通过国务院常务会议决定扩大全国社保基金的投资范围,将其中企业债和地方政府债投资比例提高到20%,以落实顺周期的积极财政政策。此例一方面显示出现代市场经济条件下政府决策已经成为一种内因因素深刻影响金融市场的运行,另一方面也显示出通过完善政府行为这一"供给侧结构性改革"提高金融调控和监管效果的重要性。参见周子崴:《债市迎来艰难时刻:供给大增,谁来买?》,载《经济观察报》2015年4月6日,第11版。

和危机,基本以放松规制为主;如果触发风险和危机,则采取过度规制以形成威慑,并由监管机构掌握执法裁量权;随着市场的不断发展和试探、市场内生的风险控制能力以及监管能力的逐渐提高,监管机构继而通过修改监管规则的方法实现监管在产业发展与风险控制之间的折中。这种模式固然与整个经济与社会渐进式的改革路径相符,但也导致了巨大的成本和代价:市场缺乏稳定预期,市场主体与监管机构在试探和博弈中均形成浓厚的投机心理;低位阶监管规则成为惯例,基于部门利益的监管过度、监管割据等问题日益严重;[1]监管规则过于强势,行业性规则和市场主体内部规则等执行成本更低、执行效果更直接的规则无法生成或发挥实际效果;市场对监管形成被动依赖,监管本身成为负外部性的来源;监管被迫为市场信用背书,市场波动殃及监管规则、监管机构以及具体官员的公信力。[2]即使承认这种制度变迁模式在转型金融体制下的合理性,即使将这种受到体制性约束的制度变迁模式视为管控式监管的制度收益,也不能忽略其引发的负外部性即边际成本在日益增加。这绝不是一个"先有规则再完善"的简单游戏,不能坐视路径依赖形成的恶性循环而无所作为。"白热化的竞争改变了 P2P 网络贷款平台的中介型平台性质,使其纷纷介入实际交易,其所从事的不少业务已经演化为金融业务,P2P 网络贷款平台也俨然成为新的金融机构,成为监管遗漏的'影子银行'。"[3]网络借贷平台业务范围的现有监管规则存在的问题,无疑是前述互联网金融产业发展与法律监管之间冲突的集中反映。相比其他金融行业,当下互联网金融对系统性

---

[1] 相关文献参见王煜宇:《我国金融监管制度供给过剩的法经济学分析》,载《现代法学》2014 年第 5 期;吴云、史岩:《监管割据与审慎不足:中国金融监管体制的问题与改革》,载《经济问题》2016 年第 5 期;谢平、陆磊:《利益共同体的胁迫与共谋行为:论金融监管腐败的一般特征与部门特征》,载《金融研究》2003 年第 7 期;等等。

[2] 例如,银信合作、信贷资产证券化等金融衍生产品被"叫停"后又放行、继而再反复的故事屡屡发生,监管沦为被动的"灭火器"或者刺激经济的工具。参见杨东:《互联网金融风险规制路径》,载《中国法学》2015 年第 3 期。

[3] 冯果、蒋莎莎:《论我国 P2P 网络贷款平台的异化及其监管》,载《法商研究》2013 年第 5 期。

金融风险的影响尚且可控,正是实施监管变革之良机,应以其为切入点探索金融监管体制改革的新方向。

(三)公共产品供给理念下网络借贷平台业务范围的界定

从我国既有的金融监管规则来看,与管控型监管的理念一致,对业务范围的界定主要采取的是"列举+授权或许可"模式,即列举出金融机构可以实施的业务种类,并以兜底条款的形式增加法律、法规授权或者监管机构批准的业务可能性,从而保证监管机构的裁量权。[1] 相比之下,《信息中介机构办法》对网络借贷平台的业务范围采取了"负面清单"模式,即对平台不得从事的业务进行了规定,体现出监管理念的变化。当然,以兜底条款形式将"负面清单"的决定权集中于"法律法规、网络借贷有关规定",亦显示出对监管裁量权的坚持。

从交易型平台的实际经营模式来看,网络借贷平台事实上已具备了混业金融机构的功能,堵不如疏,在金融租赁公司、消费金融公司都已经被确立为"非银行金融机构"的背景下,[2] 更应尽早明确网络借贷平台的非银行金融机构这一法律属性。从变革监管模式、契合网络借贷交易实践的角度来看,最理想的方案当然是不对平台进行强制区分和限定,而是允许平台开展中介类、增信类和借贷及衍生类等业务,但应根据平台的实际业务范围、各类业务的具体内容与功能以及在风险控制上的不同要求,进行差异化监管,即实行"功能主义+类型化+风险控制"的业务范围界定模式,这也是次贷危机后许多国家及地区的金融监管机构应对金融市场混业经营的基本取向。

但是从《互联网金融意见》和《信息中介机构办法》的既有内容来

---

[1] 比如,2019年《证券法》第120条规定:"经国务院证券监督管理机构批准,取得经营证券业务许可证,证券公司可以经营下列部分或者全部证券业务:(一)证券经纪;(二)证券投资咨询;(三)与证券交易、证券投资活动有关的财务顾问;(四)证券承销与保荐;(五)证券融资融券;(六)证券做市交易;(七)证券自营;(八)其他证券业务。"

[2] 参见《金融租赁公司管理办法》(原银监会,2014年)、《消费金融公司试点管理办法》(原银监会,2013年)。

看，当下监管层对网络借贷监管的首要思路依然是"风险隔离"，即强行分割出只能从事信息中介业务的平台，其他业务则或禁止，或回避，或暗示留待小额贷款公司及其他金融机构承接。这种基于监管便利考虑的做法无疑将削弱网络借贷的市场竞争力，并迫使开展混业经营的交易型平台为了规避监管而转型。在小额贷款公司、融资性担保公司、消费金融公司等新兴金融机构的业务范围都受到严格管控的情况下，如果监管规则不能为交易型平台提供出口而仅是责令地方金融监管部门对平台在12个月内进行整改，[1]过度监管引起的困局和恶性循环势必又将出现。

与确定或修改小额贷款公司、融资担保公司、信托投资公司、金融资产管理公司的业务范围，以便承接交易型平台的增信类和借贷及衍生类业务这种"打补丁"的办法相比，[2]更具整体性同时也比较切实可行的解决方案是尽快制定"网络借贷平台管理办法"，对包括中介型平台和交易型平台在内的网络借贷平台予以一体化监管，承认交易型平台的合法性并针对其风险的特殊性实行类型化监管，以"功能主义＋类型化＋风险控制"为导向，加强监管的类型化、专业性与开放性，以及惩戒与激励相融合。

一方面，应加强监管的类型化、专业性与开放性。就具体的业务范围而言，综合考虑当下网络借贷产业的实际需要、增信类和借贷及衍生类网络借贷业务的外部性以及监管能力等各种因素，对于《信息中介机构办法》

---

[1]《信息中介机构办法》第44条规定："本办法实施前设立的网络借贷信息中介机构不符合本办法规定的，除违法犯罪行为按照本办法第四十条处理外，由地方金融监管部门要求其整改，整改期不超过12个月。"这是"整风式"金融监管常见的方法之一，从过往经验来看实际效果带有很大的不确定性。

[2]《互联网金融意见》将P2P网络借贷（中介型平台）与网络小额贷款并列，明确"网络小额贷款是指互联网企业通过其控制的小额贷款公司，利用互联网向客户提供的小额贷款"，"网络小额贷款应遵守现有小额贷款公司监管规定"。但实践中，交易型平台的经营模式与《小额贷款公司意见》界定的小额贷款公司的经营模式并不一致，无法适用相同的监管规则。现在的做法实际上是迫使交易型平台转为小额贷款公司或者其他"体制内"的金融机构，而不愿意根据市场需要变革监管规则，反映出公共产品型监管理念的缺失。

目前列出来的"负面清单",除明确属于违法行为的业务以及已经确定由股权众筹平台实施的股权众筹外,其他业务均应予以放开,包括为自身融资;接受或归集出借人资金;提供担保;发放贷款;拆分融资项目的期限;自行发售理财等金融产品或代销金融产品;开展类资产证券化业务或实现以打包资产、证券化资产、信托资产、基金份额等形式的债权转让行为;与其他机构投资、代理销售、经纪等业务进行混合、捆绑、代理;向借款用途为投资股票、场外配资、期货合约、结构化产品及其他衍生品等高风险的融资提供信息中介服务等。具体立法技术可以采取"列举+授权或许可"的方法,也可以采取缩小"负面清单"的方法。总体原则是根据平台实施的业务种类、功能、风险程度采取不同的准入标准和经营规则。准入标准可以借鉴《证券法》《商业银行法》等关于注册资本、股权结构、股东资质等指标的差异化监管规则;[1]经营规则应全面引入商业银行、信托公司和证券公司等实体金融机构实施相关业务应遵循的资产负债比例等风险管理指标,并根据平台实际经营的业务种类和功能予以细化。当然,上述监管标准、规则的设计尤其是准入性指标的选择和组合应当慎重,避免异化为管控的工具,成为产业发展的掣肘,具体的风险控制对策将于下文详述。

另一方面,应强化惩戒与激励相融合的原则,对网络借贷产业予以合理支持。对网络借贷实践中的各种业务类型,应予以承认并制定差异化、类型化的监管标准和规则。网络借贷源于深厚的社会投融资需求,与其打

---

[1] 证券公司仅从事经纪、咨询和顾问业务,注册资本最低限额为5000万元;从事承销和保荐、融资融券、做市交易、自营、其他业务中的任何1项,注册资本最低限额为1亿元,2项以上为5亿元。设立全国性商业银行的注册资本最低限额为10亿元,城市商业银行为1亿元,农村商业银行为5000万元。与一般的商业银行不同,村镇银行的准入除了注册资本差异化监管外[县(市)设立的村镇银行,注册资本最低限额为300万元,乡(镇)设立的村镇银行为100万元],还设置了股东资质和股权结构条件:村镇银行最大股东或唯一股东必须是银行业金融机构。最大银行业金融机构股东持股比例不得低于村镇银行股本总额的20%,单个自然人股东及关联方持股比例不得超过村镇银行股本总额的10%,单一非银行金融机构或单一非金融机构企业法人及其关联方持股比例不得超过村镇银行股本总额的10%。这些规则的合理性可以商榷,但其差异化、类型化的监管思路值得借鉴。

压需求、激发各种规避而提高监管成本,不如因势利导,针对不同的业务类型设置相应的准入和监管标准,弱化监管与市场之间的信息不对称,激励平台主动遵循监管规则。应承认平台的法律地位及市场重要性,并通过相应的补贴、税费优惠、差异化监管等激励机制予以扶持和引导。比如,对于主营业务为小微企业贷款、涉农贷款、清洁能源贷款的平台或者在违约风险控制、债权人利益保护等方面表现突出的平台,可以给予相应的补贴和税费优惠,并且在监管上实行动态、弹性的宽松。值得注意的是如何处理统一的"网络借贷平台管理办法"与已经颁布的《信息中介机构办法》之间的关系。《信息中介机构办法》仅适用于信息中介平台,限定了平台的法律属性和业务范围。"网络借贷平台管理办法"则以业务作为监管的识别标志而非平台本身,信息中介仅仅是网络借贷平台的业务种类之一。理想的办法当然是以新的监管规则整合现在的《信息中介机构办法》,不再单独针对信息中介平台制定监管规则。但考虑 2016 年颁布的《信息中介机构办法》,为维护监管规则之公信力,也可以暂时采取"一般法与特别法"的立法模式,准许仅从事信息中介业务的平台适用《信息中介机构办法》。

总之,以公共产品供给的理念重塑网络借贷监管,就不能再以监管定市场,而应使监管遵循市场规律。"市场监管立法本身是一个公共选择过程,并不完全是立法者基于理性的制度设计过程,而是不同利益主体之间博弈的过程和结果,是个体利益与社会利益综合平衡的结果。"[1]监管规则应契合网络借贷经营模式的内在机理与网络借贷市场的客观规律,而不能基于对安全和秩序的静态看守而刻意予以忽略或背离。当然,管控型监管的形成与持续,与我国金融监管的中央集中统一性密不可分,故转向公共产品型监管应解决中央与地方监管权的分配问题。考虑网络借贷的混业金融特征与当下分业监管格局之间的冲突,监管权的横向分配暨协

---

[1] 蒋悟真:《市场监管法治的法哲学省察》,载《法学》2013 年第 10 期。

同问题同样需要重视。此外,实践中,行业协会制定的规则以及平台自身制定的规则对于塑造和保障网络借贷秩序成本更低,效果也更直接,这就牵涉如何促进法律规则与行业性监管规则、平台内监管规则的协同。

**四、网络借贷平台的监管权分配与监管规则协同**

讨论完业务范围界定这一监管的逻辑起点后,需要从宏观、整体层面分析网络借贷平台的监管权分配与监管规则协同问题。

(一)完善监管权的纵向分配与横向协调

1. 网络借贷平台监管权的纵向分配

监管权的纵向分配是指中央与地方的金融监管权划分。中央集中统一监管是我国金融监管体制的一大特点,对于证券公司、商业银行、保险公司等系统重要性金融机构,由证监会、原银监会和原保监会依法实行全国范围内的垂直监管。在理论上,集中统一监管可以提高监管规则的执行效率,并防止监管标准不统一引发地方之间的不正当竞争或市场主体的监管套利。但在实践中,监管链条越长,监管对象数量越多、类型越复杂,集中统一监管的效果就越弱,反而会激发市场主体的投机心理。[1] 近年来,随着小额贷款公司、融资担保公司、网络借贷平台等新兴金融组织的大规模发展,集中统一监管的上述弱点愈加明显。以前述三种金融组织为主要代表,地方政府被赋予了法定的监管职责,地方金融监管权也得以正式确立。[2] 从公共产品供给理论来看,一般情况下,由于消费的非排他性,公共

---

[1] See By Dan Awrey, William Blair and David Kershaw, *Between Law and Markets: Is There a Role for Culture and Ethics in Financial Regulation?*, Delaware Journal of Corporate Law, Vol. 38, p. 232(2013).

[2] 参见《小额贷款公司意见》及各地方颁布的配套管理办法,《融资性担保公司办法》(原银监会等,2010 年)及各地方颁布的配套管理办法,以及《信息中介机构办法》的相关规定。

产品不仅面临供给不足即投资者不足的问题,还面临产品质量不高的风险。[1] 对于政府来说,解决的方法主要有两种:一是通过立法赋予特定主体以投资义务并实施质量监管;二是开发出公共产品的市场价值吸引多个投资者进入,通过竞争保障供给及其质量。[2] 就金融监管而言,分散的市场主体或其行业组织无法替代监管机构,制定监管规则是后者的法定职责。释放出地方监管权,实际上是鼓励公共产品供给主体的多元性和竞争性,有助于提高监管规则的针对性与实际效果。

从既有的监管规则来看,目前监管权的纵向分配有两个特点。首先,地方监管权的主要内容是设立、变更与终止等程序性监管权,以及在中央监管权框架下的日常监管权,业务范围界定等实质性监管权则保留在中央。比如,《信息中介机构办法》虽规定"各省级人民政府负责本辖区网络借贷信息中介机构的机构监管",各省级地方也颁布了小额贷款公司的属地监管办法,但网络借贷平台的业务范围仍由《信息中介机构办法》《小额贷款公司意见》等界定,体现中央监管机构的意志。融资性担保公司的业务审批权尽管划分给了地方,但其业务范围仍然由《融资性担保公司办法》直接规定,并在实践中通过解释或变更监管规则、"叫停"业务等形式将实质性监管权集中在中央。其次,强化地方的风险处置义务,抑制地方金融监管的多元化目标。突出地方的风险处置义务是前述地方性金融机构监管规则的共性。从规则本身来看,该义务主要体现为"会同有关部门建立融资性担保行业突发事件的发现、报告和处置制度,制定融资性担保行业突发事件处置预案,明确处置机构及其职责、处置措施和处置程序,及时、有效地处置融资性担保行业突发事件"(《融资性担保公司办法》第44条),以及"建立网络借贷行业重大事件的发现、报告和处置制度,制定处置

---

[1] See Matthew H. Kramer, *Paternalism, Perfectionism, and Public Goods*, The American Journal of Jurisprudence, Vol. 60:6, p. 16(2015).

[2] See H. Spencer Banzhaf, *The Market for Local Public Goods*, Case Western Reserve Law Review, Vol. 64:2, p. 1452(2014).

预案,及时、有效地协调处置有关重大事件"(《信息中介机构办法》第36条)。但从实践来看,风险处置义务的本质主要是救助问题机构和维持社会稳定(补偿投资者损失)。[1] 二者归结为一点,都是要求地方政府予以资金投入,实际上是将监管权与救助和补偿义务捆绑,要求地方政府对地方性金融机构承担一定意义上的连带责任。[2] 由于地方金融监管的目标更加多元化,"地方政府希望通过网络借贷汇集资金有效支援本地企业发展,并可通过发展金融服务业增加地方财政收入"。[3] 特别是在地方融资存在诸多禁止和限制的情况下,促使地方性金融机构为本地经济增长提供融资渠道,是不以中央意志为转移的客观需求。[4] 从目前的监管规则及其实践来看,中央对于地方金融监管的多元化需求采取了抑制的态度。[5] 强化地方的风险处置义务并抑制地方的多元监管需求,形成了权利与义务、风险与收益的不对等,削弱了金融监管纵向分权的效果,这种局面还导致了监管博弈的格局中除中央监管机构与地方性金融机构外,使前文述及的监管困局变得更加严重和复杂,也降低了公共产品的供给效率和质量。

---

[1] 2014年8月,国务院颁布了《关于界定中央和地方金融监管职责和风险处置责任的意见》,令人不解和遗憾的是,这一金融监管纵向分权的纲领性文件在公开渠道却无法查询。从有限的资料来看,该文件的主要精神一是承认地方金融监管权,二是强化地方金融监管在风险处置中的义务。参见周学东:《央地金融监管职责的边界与协调》,载《上海证券报》2015年3月24日,第8版。作者时任央行南京分行行长、党委书记兼国家外汇管理局江苏省分局局长。

[2] 比如,《小额贷款公司意见》规定:"凡是省级政府能明确一个主管部门(金融办或相关机构)负责对小额贷款公司的监督管理,并愿意承担小额贷款公司风险处置责任的,方可在本省(区、市)的县域范围内开展组建小额贷款公司试点。"另参见何小勇:《非法集资犯罪规制的中国式难题——以地方政府处置办的设立与受害人的损失退赔为视角》,载《政治与法律》2017年第1期。

[3] 姚海放等:《网络平台借贷的法律规制研究》,载《法学家》2013年第5期。

[4] 在地方政府发债权受到严格限制(2014年修正的《预算法》关于地方发债权的修订对这一情况有所缓解)、土地财政的可持续性趋弱且对产业结构和民生保障的负外部性越来越大的情况下,地方融资平台和地方性金融机构成为满足地方金融需求的两大支柱,当然,也是中央金融监管的重心所在。参见刘志伟:《地方金融监管权的理性归位》,载《法律科学(西北政法大学学报)》2016年第5期。

[5] 这种以风险处置义务为核心的抑制策略,也可以理解为一种保留监管底线的宽松,即在不触碰底线的前提下允许地方政府在金融监管上的自主和试探,进而在强化中央金融监管权与默许地方金融监管的多元目标之间形成折中和缓冲。当然,即使将其理解为中央监管机构在自身监管能力不足约束下的一种策略性选择,其中存在的负外部性仍然需要克服。参见黄韬:《"全国"金融市场与"地方"法院——中国金融司法的央、地关系视角》,载《法学评论》2016年第3期。

从解决问题的角度来看,首先,科学分配央地监管权的核心暨难点是在合理扩大地方监管权与统一金融监管标准之间形成平衡。即使保证中央对风险控制标准的制定权和监管中的紧急裁量权(如"叫停"),如果将业务范围的界定权完全划分给地方,允许各地方自主决定辖区内登记的网络借贷平台的业务范围,特别是增信类和借贷及衍生类业务,在"洼地效应"的影响下也难免会导致监管"碎片化"、地方不正当竞争和监管套利。在按照前文所述思路放开平台混业经营、制定统一的"网络借贷平台管理办法"的前提下,将平台业务范围的界定权和相应的风险控制标准的制定权保留在中央是有必要的。但是一方面,应加强地方对中央金融监管立法的参与,同时对于暂不全盘放开、采取先行试点的增信类业务和借贷及衍生类业务,可以由试点地方独立制定监管规则,待全盘放开后再对地方性规则予以整合,以形成监管立法权的央地衔接。[1] 另一方面,以《融资性担保公司办法》的既有规定为基础,应进一步将网络借贷平台的业务许可、风险控制检查等具体的审批权、强制权和处罚权转移给地方,由地方颁布实施细则,依法实行类型化、差异化监管,中央监管机构保留审慎监管和紧急裁量等权力。[2] 需要注意的是,地方金融监管机构是省级地方政府的部门,与中央金融监管机构之间并非上下级关系。因此在立法中不仅要合理分配监管权,还应对双方的议事协调机制予以明确规定,特别是中央监管

---

[1] 如果基于风险控制的考虑暂不全面放开网络借贷平台的业务范围,除可以采取个别试点外,还可以根据各省级地方的金融市场发展程度、金融监管基础设施建设水平以及监管机构能力的不同划分相应的区域板块,分别允许在其区域内注册的网络借贷平台开展中介类业务、增信类业务(含中介类业务)和借贷及衍生类业务(含中介类业务和增信类业务),并予以动态调整,借此对网络借贷平台的业务范围进行阶梯性、差异化的准入措施。这种方法虽然会造成资源分配不均衡,但一来便于集中监管范围,二来也符合当下网络交易借贷平台(尤其是开展增信类业务和借贷及衍生类业务的平台)的实际分布情况。截至2016年年底,正常运营平台数量排名前三位的是广东、北京、上海,数量分别为473家、461家、331家,三地占全国总平台数量的比例为51.67%,而宁夏、吉林、黑龙江、甘肃、海南、青海6省的正常运营平台数量总和才为32家。参见《2016年中国网络借贷行业年报》,载搜狐网2017年1月6日,https://www.sohu.com/a/123574063_530780。

[2] 如果不能一步到位全部放权给地方,也可以暂时将一些具有系统性风险影响的衍生业务(如资产证券化)的上述监管权力保留在中央金融监管机构。

机构在行使"叫停"等紧急裁量权之前,应设置法定的程序听取地方监管机构的意见。其次,风险处置义务不能成为一种负担。即使是对体量和规模目前并不占据主导地位的地方性金融机构,在央地权责分配不对等、财政事权与支出责任不匹配的情况下,更不能再将金融风险处置机制这一公共产品的供给义务甩给地方。就救助问题机构和补偿投资者损失而言,关键是要运用风险分担的思路、引入金融工具增强救助和补偿的能力。

2. 网络借贷平台监管权的横向协调

网络借贷平台监管权的横向分配是指同一级别的监管机构之间监管权的划分。由于地方金融监管由省级地方的"金融办"等部门统一负责,不存在监管权的内部分配问题,所以要解决的主要是在允许平台开展混业经营以后,如何在分业监管的体制下通过不同监管机构之间的分工与协调,有效监管平台的混业金融业务。从公共产品的理论来看,某些公共产品因自身特点而需要多个主体共同投资和建设,因而需要对不同主体的权责予以明确,通过特定的制度安排激励主体间的协作,以保证供给的效率和质量。[1]

从我国金融监管"一行两会"(2018年国务院机构改革设立银保监会之前是"一行三会")体制来看,[2] 基本的制度设计是央行主要负责审慎监管(包括风险监测等宏观审慎监管和资本充足率、不良资产率等微观审慎监管),证监会、原银保监会(以及原银监会、原保监会)按照分业监管原则,主要负责相应金融机构的行为(以及组织机构)监管。[3] 近年来,央行日

---

[1] See Scott M. Sullivan, *Private Force/Public Goods*, Connecticut Law Review, Vol. 42:2, p. 878(2010).

[2] 2023年3月,根据国务院新一轮机构改革方案,我国组建国家金融监督管理总局作为国务院直属机构,统一负责除证券业外的金融业监管,不再保留银保监会。

[3] 当然,在管控型监管模式下,这种监管权的划分主要停留在《央行法》《证券法》《银行业监管法》《保险法》等法律的规定之中。实践中,央行直接行使行为监管权"叫停"特定金融业务的例子时有发生,三大分业监管机构在各自的监管规则中引入审慎监管(特别是微观审慎监管)的情形也比较普遍。审慎监管与行为监管的划分在我国当前的金融监管实践中表现得并不清晰和充分,特别是央行确实在强化审慎监管职能,但也屡屡以"最后的守夜人""底线监管者"等身份实施行为监管。参见刘迎霜:《论我国中央银行金融监管职能的法制化——以宏观审慎监管为视角》,载《当代法学》2014年第3期。

益强化宏观审慎监管职能和金融监管协调职能,两会随着监管对象(机构或业务)的扩容(如期货、股权众筹等主要由证监会监管,金融资产管理公司、信托投资公司、金融租赁公司、理财产品等主要由原银监会监管,保险资产管理公司主要由原保监会监管),也逐步从单纯的机构监管模式过渡为机构监管基础上的功能监管模式。[1] 混业型网络借贷平台的出现,进一步凸显机构监管模式的不足,在处理违法案件、整顿行业秩序、加强行业监管的过程中,功能监管模式也得到了强化。2016年4月,国务院办公厅发布了《互金整治方案》,提出了"穿透式监管"的原则,"应综合资金来源、中间环节与最终投向等全流程信息,采取'穿透式'监管方法,透过表面判定业务本质属性、监管职责和应遵循的行为规则与监管要求"。不过,尽管社会各界对我国金融监管体制改革的走向一直有"超级金融监管机构"(将原"一行三会"合并)、[2] "双峰监管"(央行内设"金融稳定局"负责宏观审慎监管;抽调原"三会"中的风险控制人员,组成"审慎监管局"负责微观审慎监管;整合原"三会"市场监管和投资者保护职能,成立"金融市场监管委员会"负责市场行为监管)[3] 等多种建议,但监管层(及决策层)似乎更倾向于维持既有的监管格局,[4] 以扩大范围、强化力度和促进效果为核心,加强监管机构在立法与执法中的协调。比如,《互联网金融意见》强调要依托"金融监管协调部际联席会议"制度加强互联网金融企业的监管协作,《互金整治方案》也提出成立由央行牵头,原银监会、证监会、原保监会、原工商总局与住房和城乡建设部等共同组成的"整治工作领导小组",并结合

---

[1] 接近于央行主导下的伞形监管。参见廖凡:《竞争、冲突与协调——金融混业监管模式的选择》,载《北京大学学报(哲学社会科学版)》2008年第3期。

[2] 参见刘晓星、卢菲:《金融监管模式选择:从牵头模式向统一监管模式的过渡》,载《现代财经(天津财经大学学报)》2012年第10期。

[3] 参见吴云、史岩:《监管割据与审慎不足:中国金融监管体制的问题与改革》,载《经济问题》2016年第5期。

[4] 2018年3月国务院机构改革,将"一行三会"变更为"一行两会",这主要是基于行政管理意义上的机构精减的考虑,而不是基于金融监管职能的实质性改革而实施的整合。

互联网金融企业的属地组织特点对央地协调进行了专门规定。[1]

对从事混业金融业务的网络借贷平台来说,在分业监管体制和"穿透式监管"原则下,程序意义上的多头监管、重复监管是客观的。首先,关键是要按照公共产品供给而非管控的理念实施监管,避免监管标准不一或发生冲突。尤其是在实施"穿透式监管"的起步阶段,在具体的识别原则、指标和方法上应当强化监管机构的协调,以及监管程序的透明,吸收地方监管机构、行业协会和市场主体的意见,并保障利害关系人的异议权。这就需要促进监管机构之间议事协调机制的实体化、常态化、功能化,及时回应市场主体对公共产品型监管的需求。其次,应利用网络借贷平台等地方性金融机构在地方监管层面没有分业监管束缚的机会,加速向地方转移机构监管权和行为监管权,在特定范围内完善权责对等、培养地方监管机构对混业金融机构及业务监管的经验与能力。在此基础上,证监会、原银保监会应当着重个别平台的风险控制,即强化微观审慎职能,央行着眼于网络借贷行业特别是借贷及衍生类业务的系统性风险控制,即强化宏观审慎职能。如此,一方面,可以完善网络借贷平台监管权的纵向分配与横向协调;另一方面,也可以为金融监管体制改革引入"双峰监管"积累相应的经验。最后是应加强监管立法协调,避免把类型化立法变成部门立法。监管类型化的重点是面向不同监管对象的特点予以针对性立法,而不是根据监管职权的划分,由各个监管部门各自为政,如此一来反而会割裂不同监管对象之间的内在联系,损害监管的整体效果。在网络借贷平台的监管立法及配套规则制定中应加强"一行两会"之间的立法协调,并以法定程序保障地方监管机构、行业协会和平台的参与权。

---

[1] 具体内容是在省级政府领导下,各中央金融管理部门的省级派驻机构与各省级金融办共同负责整治。对于产品、业务交叉嵌套,需要综合全流程业务信息以认定业务本质属性的,建立数据交换和业务实质认定机制,认定意见不一致的由领导小组认定,必要时组成联合小组整治。相关牵头部门确有需要获取从业机构账户数据的,经过法定程序后给予必要的账户查询便利。

## (二) 促进法律规则与行业性监管规则、平台内监管规则的协同

网络借贷是一个高度内生于市场的产业,平台在交易过程中具有主导地位并掌控交易规则的制定、解释和执行。无论在哪一种经营模式下,平台都是债权债务关系得以发生的前提,"合同条款的形成、资金的流向、借款人资讯的调查、借款本息的收取等都由网络借贷平台亲力亲为"。[1] 网络借贷因此减少了借贷双方的信息成本,使投融资需求能够更迅速、更精准地匹配,解决了线下借贷市场无法克服或克服成本太高的难题。此外,平台也是整个交易规则的制定者、解释者与执行者。借贷合同的订立与履行、风险控制与违约责任等重要规则,均由平台以格式条款的形式发布、说明与实际操作。这一特点一方面大大提高了网络借贷的效率,另一方面也使平台拥有了显著的优势地位进而导致借贷双方对平台的深刻依赖。同时,平台之间的竞争非常激烈,迫使各个平台在内容和服务上展开差异化竞争以争夺市场份额。这些因素均导致平台自身内部的监管规则对交易的完成具有极其重要的影响。此外,对于一个由众多规模不等、需求不同、风险不一的企业组成的产业来说,行业性的监管规则一方面既能照顾到各个企业差异化的利益诉求,另一方面也能对这些差异化的利益诉求予以整合,避免个别成员的利益诉求伤及整个产业。由于这种行业性监管规则的专业性更强,更契合产业发展的实践需要,代表了大多数成员的长远利益,因此执行程度也比较高。相比行业性监管规则和平台内监管规则,正式的法律规则(广义,泛指中央和地方法定监管机构制定的法律、法规、规章、地方性法规及规范性文件等)距离市场的实践需要和产业发展的诉求一般比较远,执行成本一般也比较高。[2]

从公共产品供给的理论来看,影响面越广、对后续运营要求越高的产品,就越需要多元化的供给主体,通过融合不同的激励机制和制度安排实

---

[1] 赖丽华:《P2P 网络借贷平台的复合民事法律地位》,载《法学论坛》2016 年第 3 期。

[2] See Robert J. Sampson, *When Things aren't What They Seem: Context and Cognition in Appearance-Based Regulation*, Harvard Law Review Forum, Vol. 125:5, p. 102(2012).

现不同主体之间的沟通,以降低后续运营中的摩擦和冲突。[1] 科学合理的监管规则体系,应当能够促进法律规则与行业性监管规则、平台内监管规则的协同,尤其是能够在三者之间形成常规化的衔接与转换机制。(在《民法典》颁布之前主要涉及原《合同法》)以及其他调整借贷关系的相关法律规范、司法解释并不能完整地覆盖网络借贷平台的监管需求。同时,既有立法对网络借贷平台的定位模糊,忽视行业协会建设,导致长期以来平台内监管规则野蛮生长。一些网络借贷平台利用自身在交易中的优势地位制定格式条款侵犯投资者和债务人权利、实施欺诈行为、违反信息披露义务、挪用或侵占借贷资金等,诚实守信的平台反而无法获得市场的发现和认可,劣币驱逐良币的问题十分突出。直到这种现象引发了大规模的负外部性,大量公众投资者的利益被侵犯,违规、违法的网络借贷平台触发系统性金融风险、危及社会稳定,法律规则才仓促出手,以"矫枉必须过正"的倾向对网络借贷产业予以强行干预。从管控而不是市场的角度选择性地承认网络借贷平台的业务范围,对平台规定大量的强制性义务和禁止性义务。法律监管规则脱离行业发展实际,漠视平台内监管规则甚至试图以此强制性地改变行业性规则和平台内规则,不仅增加了监管成本,损害了产业发展,同时也激发出大量的市场规避行为。"一放就乱、一管就死"的恶性循环本质上就是三类规则未能协同的后果。

实现网络借贷平台监管中法律规则、行业性规则、平台内规则的协同,首先,需要在根本上改变传统的监管模式。监管是一种公共产品,应当内生于市场,吸收、整合行业性规则和平台内规则,并根据行业发展的实际情况以及平台的利益诉求灵活调整。其次,关键是支持网络借贷平台的行业协会建设,尽快构建并完善行业性监管规则。行业性监管规则缺失,是当下网络借贷平台监管规则体系缺乏协同效应,特别是法律规则与平台内规

---

[1] See George Kawamoto, *Mentoring for a Public Good*, Hastings Women's Law Journal, Vol. 22:2, p. 386(2011).

则产生冲突的根源。应当"充分发挥好互联网金融行业自律的积极作用,使行业自律与政府监管相辅相成、互为补充,共同担当起互联网金融法律监管的重任"。[1] 但形成行业性监管规则的关键,不能局限于从形式上承认行业协会的合法性及功能,而应在确保行业协会自治、真正反映行业整体利益的基础上向行业协会授权,将一般性业务的规则制定权、实施权和处罚权授权给行业协会,委托行业协会实施行业性监管。特别是强制性规定和禁止性规定,除了涉及系统性风险控制问题的可以保留在法律规则之内,其他的均应授权给行业协会制定、解释和执行。如此才能真正形成法律规则与平台内规则的中间地带,并且为三类规则之间的转换与衔接提供可能。《互联网金融意见》和《信息中介机构办法》虽然都有关于加强互联网金融行业以及网络借贷行业自律的规定,但距离前述标准仍有较大距离。比如,《互联网金融意见》规定"人民银行会同有关部门,组建中国互联网金融协会",并赋予其相关的监管权力,包括"按业务类型,制订经营管理规则和行业标准",以及"明确自律惩戒机制,提高行业规则和标准的约束力"等。2016年3月25日,中国互联网金融协会在上海正式成立,解决了长期以来互联网金融行业协会缺失的难题。[2] 但从该协会的组织结构(会长为原央行副行长,秘书长为央行科技司副司长),以及其成立不久后出台的《信息中介机构办法》的实际内容来看,与很多"官办"行业协会一样,中国互联网金融协会实际上被定位为监管机构的"派出机构",无法反映行业整体利益,行业性监管规则也无法在法律规则和平台内规则之间实现衔接功能。由于各类互联网金融产业的具体监管规定均将以《互联网金融意见》作为依据,前述做法一旦成为模式加以推广,将严重阻碍互联网金融行业性监管能力的成长。在管控型的监管模式下,"官办"行业协会重在延伸监管机构的触角,对于促进监管机构与行业、平台之间的沟通效果并

---

[1] 刘宪权、金华捷:《论互联网金融的行政监管与刑法规制》,载《法学》2014年第6期。
[2] 参见《中国互联网金融协会在上海成立》,载人民网,http://politics.people.com.cn/n1/2016/0325/c1001-28227890.html。

无明显作用。转向公共产品型监管,则应承认监管规则、行业性规则和平台内规则的独立性,不宜再由监管部门组建行业协会,而应弱化社团登记、组织管理等法律与政策约束,促成市场自治的行业协会。此外,虽然《信息中介机构办法(征求意见稿)》中曾规定"省级网络借贷行业自律组织应当将组织章程报地方金融监管部门备案",并履行"制定自律规则、经营细则和行业标准并组织实施"以及"受理有关投诉和举报,开展自律检查"等职责,[1]但是从实践来看,目前对网络借贷平台的监管规则,仍被监管机构以法律规则的形式垄断,对行业协会的放权十分有限。尽管正式的监管立法工作近年来才刚刚起步,但以网络借贷为代表的互联网金融产业已经发展多年,监管者没有必要对行业协会的组织管理能力与行业性监管能力如此不信任,应加大对行业协会的授权,促进法律规则、行业性规则与平台内规则三者之间的协同。[2]

**五、网络借贷平台的风险控制、信息性监管与风险分担**

明确了公共产品型监管理念并以此为基础确定了业务范围界定、监管权分配和监管规则协同等基础性、整体性问题后,最后讨论网络借贷平台的风险控制、信息性监管和风险分担等重要的具体监管规则。

(一)以事前准入和事中监测为核心完善平台及其业务的风险控制

从结果来看,几乎所有的监管措施都具有风险控制的意义。相比出现问题以后再去挽救平台和补偿大规模投资者的损失,风险控制可以通过预防和及时遏制降低社会成本。[3] 即使是事后处罚,从面向未来、威慑整个

---

〔1〕 参见《信息中介机构办法(征求意见稿)》第35条。值得注意的是,在最后公布的《信息中介机构办法》中删除了省级网络借贷行业自律组织的相关规定,这也从侧面反映出目前我国网络借贷行业协会的组织建设及其实践职能尚未获得监管机构的认可。

〔2〕 此外应注意的是,为防止行业协会被行业内的少数寡头所把持和操纵,应鼓励并支持各地方性行业协会与网络借贷、股权众筹等细分性行业协会的设立与运行,以形成适度竞争机制。

〔3〕 See Erik F. Gerding, *Credit Derivatives, Leverage, and Financial Regulation's Missing Macroeconomic Dimension*, Berkeley Business Law Journal, Vol.8:1, p.44(2011).

市场的角度来看也具有风险控制的功能。从过程来看,风险控制体系可以划分为事前准入、事中监测和事后处置三个主要环节。事前准入环节的风险控制,包括机构准入和具体业务准入,主要的措施是注册资本、净资本、净资产、专项业务营运资金等财务类准入指标,以及股东资格、股权结构等公司治理类准入指标。事前准入的风险控制,虽然可以形成"挤出"风险的效果,但也容易形成准入壁垒、妨碍竞争和破坏准入公平。事中监测环节的风险控制是金融机构风险控制的核心,由一系列反映不同业务营运情况以及机构营运情况的指标组成,以商业银行的风险控制最为严格,包括流动性比例、核心负债比例、不良资产率、成本收入比、资产利润率、资本利润率、资本充足率等。[1] 事中监测具有动态性,相对而言可以避免事前准入机制引发的前述负外部性;其专业性和技术性较强,易为市场所预见和接受;此外其指标体系性强、覆盖面广,可以减少因依赖单一或少量指标而发生的片面和武断。事后处置的重点是追究违法犯罪行为的行政责任与刑事责任,风险控制意义主要体现为从金融稳定的角度出发挽救问题机构和补偿投资者损失,避免个别金融风险引发系统性金融风险和社会风险,其核心问题是增强对投资者的补偿能力,具体对策将于后文展开。从公共产品供给角度构建和完善网络借贷平台的风险控制,关键在于秉承类型化和专业性的思维,加强风险控制的事前准入和事中监测与网络借贷内在机理的契合。总体而言,事前准入环节的基本原则是在监管与产业发展需要、市场竞争与准入公平之间形成平衡;事中监测的基本原则是采取"穿透式监管"的方法,以功能主义为标准识别平台的业务属性,并导入相应的风险监测指标。现结合混业型网络借贷平台的不同业务类型分别述之。

对于只从事信息中介业务的平台或者说中介类业务,第一类风险是平

---

[1] 根据《商业银行风险监管核心指标(试行)》(原银监会,2005年)的规定,商业银行风险监管核心指标分为三个层次,即风险水平、风险迁徙和风险抵补。风险水平类指标包括流动性风险指标、信用风险指标、市场风险指标和操作风险指标;风险迁徙类指标包括正常贷款迁徙率指标和不良贷款迁徙率指标;风险抵补类指标包括盈利能力指标、准备金充足程度指标和资本充足程度指标。每一个指标项下还规定了更加具体的指标。

台经营者挪用、侵占资金导致投资者利益遭受损失,对此若能严格执行《信息中介机构办法》规定的第三方资金强制存管[1]强化平台的信息披露义务等措施,当会对此类风险有很好的控制效果。第二类风险是债务人一方出现大规模违约触发系统性金融风险和社会风险,对此《信息中介机构办法》设置了"小额借款"原则与"负债余额总量控制"措施以防范信贷集中风险。[2] 不过在刚性的融资需求和激烈的平台竞争下,这些限制性措施的规避成本并不高,而且也并未从根本上化解违约风险的发生机制。商业性风险的控制,还是应当更多依赖市场机制,特别是信用评级、担保和风险基金等增信类业务。与此相关,《信息中介机构办法》对借贷资金流向高风险领域作出了限制,其规定平台不得"向借款用途为投资股票、场外配资、期货合约、结构化产品及其他衍生品等高风险的融资提供信息中介服务"。从贯彻落实证券市场合格投资者制度而言,这种限制确有必要,但应细化"负面清单",便于平台履行相应的审查义务。最后值得一提的是,在强化资金存管、信息披露、负债余额总量控制等事中监测的同时,《信息中介机构办法》在事前准入上进行了放松规制,中介类平台只需要备案登记而不需要行政许可,且未对平台的财务资质、投资者资质、股权结构等作出强制要求,显示出对产业发展需要、市场竞争和准入公平的考量。

在增信类业务的主要构成中,资信评估是被《互联网金融意见》和《信息中介机构办法》明确允许的业务,不过并未明确其经营规则。实践中平台的信用评级业务也存在规则治理的需求,需要监管机构及时回应。风险准备基金既可以视为平台的风险控制义务,也具有重要的增信功能。在资金强制存管的背景下,风险准备基金面临的主要问题是如何拓展筹集渠道并强化补偿能力。这些问题将于后文一并论述。从《〈网络借贷信息中介

---

[1] 2017年2月22日,原银监会发布《存管指引》,强调了中介类平台的资金强制存管业务,以及不得利用存管进行营销宣传的禁令。

[2] 根据《信息中介机构办法》规定,在同一平台,同一自然人的借款余额上限为20万元,同一法人或其他组织为100万元;在不同平台,同一自然人的借款总余额上限为100万元;同一法人或其他组织为500万元。

机构业务活动管理暂行办法〉答记者问》(以下简称《答记者问》)和《存管指引》的说明和规定来看,《信息中介机构办法》规定的平台不得"直接或变相向出借人提供担保"是指平台自身不得提供担保,对于第三方担保则是允许甚至鼓励的。[1] 这是典型的风险隔离思维。从实践来看,网络借贷担保存在的主要问题是行业性的信用评级产品不规范、平台信息披露不足、资金强制存管未严格落实、风险基金和责任保险等风险分担机制缺失或薄弱,导致独立的第三方担保机构(融资性担保公司)缺乏足够的动力参与网络借贷担保,迫使平台大量采取自设或虚设担保机构等方法予以增信,不仅未能有效控制违约风险,还屡屡发生欺诈投资者等违法行为。"为投资人作融资担保的 P2P 平台,本身在很大程度上从事着传统金融机构的业务,但却缺乏传统金融机构间接融资所具有的制度保障。"[2] 但在以上公共产品的供给陆续得到保证以后,需要考虑的则是如何解决第三方担保机构的参与不足。无论是基于网络借贷的客观需要,还是基于降低担保成本的考虑,平台自身提供担保或由其子公司、关联公司提供担保,都具有不可替代的优势,不能因噎废食。[3] 尤其是对于衍生类业务,应该强制要求平台提供担保。应加速推进前述公共产品供给,根据具体的业务内容对担保机构(平台、提供担保的平台子公司或其关联公司、第三方担保机构)的财务资质、股东资质、股权结构等作出类型化的准入限制,并加强担保余额总量限制、信息披露等事中监测。

在借贷及衍生类业务中,先要讨论的是"为自身或变相为自身融资"以

---

[1] 《存管指引》第 6 条规定:"本指引所称网络借贷资金存管专用账户,是指委托人在存管人处开立的资金存管汇总账户,包括为出借人、借款人及担保人等在资金存管汇总账户下所开立的子账户。"《答记者问》规定:"在政策安排上,允许网贷机构引入第三方机构进行担保或者与保险公司开展相关业务合作。"

[2] 乔远:《刑法视域中的 P2P 融资担保行为》,载《政法论丛》2017 年第 1 期。

[3] 实践中还有一种平台与担保公司的合作模式,是由融资性担保公司提供融资项目并附加担保,平台负责实施融资,实际上是将债务人的违约风险和担保公司无力承担担保责任的风险转嫁给了平台。参见《P2P 网贷与担保公司合作的最大风险何在?》,载未央网 2014 年 8 月 4 日,http://www.weiyangx.com/97366.html。所以问题的关键并不是将平台从形式上隔离出担保风险(事实上也无法隔离),而是要从根源上保证信用评级、信息披露、强制存管、风险分担等公共产品供给。

及"发放贷款"这两项基础性的借贷业务。以平台自有资金发放贷款是网络小额贷款公司的合法业务范围,在构建混业型网络借贷平台的前提下,当然也应该作为其业务范围。其面临的主要问题也是所有小额贷款公司面临的共同难题:比如,"为农民、农业和农村经济发展服务"的营业地域和用途限制(当然实践中规避成本较低),因工商企业而非金融机构的属性因而无法享受税费优惠(实践中导致小额贷款公司贷款业务利润低薄),以及在"只贷不存"的原则下最为重要的融资渠道限制——向银行业金融机构融入资金"不超过两个银行业金融机构"且余额"不得超过资本净额的50%"(《小额贷款公司意见》,2008年)。从现实情况来看,由于地方性监管、市场需求强烈、竞争激烈等因素影响,在不出现非法吸收公众存款、集资诈骗等违法犯罪的情况下,这些限制并未得到严格执行。[1] 同时,市场对放松规制的诉求也逐渐得到了监管层的回应。2009年原银监会发布《小额贷款公司改制设立村镇银行暂行规定》,试图为"依法合规经营,没有不良信用记录"的小额贷款公司打开一条转型通道。但基于风险控制的考虑(以及不对既有金融市场利益格局产生冲击),不顾各地小额贷款公司的实际情况而实行"一刀切"的、极其严格的财务性指标,尤其是强行要求"银行业金融机构作为主发起人",都大幅削弱了这一通道的实际功能。在此背景下,近年来小额贷款公司利用互联网技术的便捷和监管的缝隙大力开展各种资产管理业务,不仅做大了借贷,也将自身发展为不可小视的金融控股平台,使监管机构在《小额贷款公司管理办法(征求意见稿)》中考虑向其开放买卖债券和股票等有价证券、开展权益性投资、开展企业资产证券化、发行债券等衍生类业务。如果这一思路成为事实,无异于为小额贷款公司打开了新的转型通道,也为打造混业型的网络借贷平台及其监管

---

〔1〕 比如,2011年11月6日,浙江省政府发布《关于深入推进小额贷款公司改革发展的若干意见》,明确表示"对坚持服务'三农'和小企业、合规经营、风险控制严、利率水平合理的小额贷款公司,其融资比例可放宽到资本净额的100%",并鼓励小额贷款公司"与金融机构开展保险代理、租赁代理、基金代理等业务合作,扩大服务领域,提高中间业务收入,逐步降低贷款利率水平"。

立法奠定了基础。倘若遵循此思路放开贷款业务,那么融资业务的放开也是必然结果。从监管机构的角度来说,对于任何非银行金融机构,非法集资都是不能触碰的底线。但是反过来说,即使不讨论既有的关于非法吸收公众存款、集资诈骗的法律、法规、规章、司法解释及公共政策的合理性及修改问题,[1]在此条件之下依然有放开网络借贷平台融资来源的合法、合理的途径。比如,发行公司债券、信贷资产证券化和新三板挂牌,这三大业务和渠道目前已经有了体系化的监管规则和一定的监管经验,[2]应以此为基础对混业型的网络借贷平台设置相应的事前准入条件并导入相应的事中监测指标,同时强化自有资金与管理资金的分账存管等配套规则。不过一旦放开网络借贷平台的融资渠道,拥有大量自有资金的平台必然会产生投资需求,也就是类似银行、券商和险资的自营业务,所以自营业务的放开及相应的事前准入、事中监测规则的引入也是应有之义。

在衍生类业务中,"自行发售理财等金融产品或代销金融产品""开展类资产证券化业务或实现以打包资产、证券化资产、信托资产、基金份额等形式的债权转让行为""与其他机构投资、代理销售、经纪等业务进行任何形式的混合、捆绑、代理",这三项业务牵涉网络借贷平台能否开展理财(自行发售或代销)和资产证券化(自行发售或代销)等资产管理业务。[3] 实

---

〔1〕 关于非法吸收公众存款、集资诈骗的既有认定标准与金融市场实践存在的冲突,参见彭冰:《非法集资活动规制研究》,载《中国法学》2008 年第 4 期;岳彩申:《民间借贷规制的重点及立法建议》,载《中国法学》2011 年第 5 期;李有星、范俊浩:《论非法集资概念的逻辑演进及展望》,载《社会科学》2012 年第 10 期;等等。

〔2〕 如《关于商业银行发行公司债券补充资本的指导意见》(证监会、原银监会,2013 年)、《信贷资产证券化试点管理办法》(央行、原银监会,2005 年)和《金融机构信贷资产证券化试点监督管理办法》(原银监会,2005 年)、《非上市公众公司监督管理办法》(证监会,2013 年,2021 年修正)、《全国中小企业股份转让系统业务规则(试行)》(全国中小企业股份转让系统有限责任公司,2013 年)等。

〔3〕 解决了平台自行发售的资质问题以后,代售问题自然迎刃而解。经纪业务虽然与纯粹的借贷业务距离较远,但本质上并没有脱离中介属性,而且在放开平台自行发售或代售衍生产品的资质后也为实践所需要,应纳入平台可开展的业务范围。至于在混合、捆绑、代理中发生不正当竞争、搭售、欺诈等行为,应依据相应的法律追究违法责任。参见曾威:《互联网金融竞争监管制度的构建》,载《法商研究》2016 年第 2 期。

践中这些业务规模庞大、市场需求强烈且对正式金融机构的同类产品形成重要竞争,《信息中介机构办法》对这些业务名为禁止,实际上是使这些平台转型为商业银行、证券公司、保险公司以外具有合法资质开展这些业务的组织,如资产管理公司、信托投资公司、基金管理公司等,或者说将中介业务与上述业务强制隔离。从增加商业性金融的竞争性供给角度来说,允许网络借贷平台开展理财和资产证券化业务,并根据具体业务的类型予以事前准入和导入已有的监管指标予以事中监测,是比较可行的办法。我国理财业务和资产证券化业务的监管规则曾处于高度零散的状态,主要由原"三会"各自针对自己管辖下的机构开展的相关业务进行分割式的机构监管,面对具有金融控股机构属性的混业型网络借贷平台,这种模式的弱点就暴露无遗。长远看来,从功能主义监管的角度出发,由"一行两会"联合颁布统一的理财、资产证券化业务监管规则是最佳的方案,[1]当下的过渡方案只能是识别网络借贷平台开展的理财业务和资产证券化业务的具体内容,并导入相应的监管规则。就事中监测而言,网络借贷平台目前自行发售的理财产品与商业银行理财产品比较类似,可以准用《商业银行理财业务监督管理办法》(原银保监会,2018 年)[2]及相关监管规则。资产证券化产品则以企业资产证券化产品为核心,可以准用《证券公司及基金管理公司子公司资产证券化业务管理规定》、《证券公司及基金管理公司子公司资产证券化业务信息披露指引》、《证券公司及基金管理公司子公司资产证券化业务尽职调查工作指引》(证监会,2014 年)及相关监管规则。在事前准入上,应将开展资产管理类业务的平台视为非银行金融机构,可以比照目前资产管理公司、信托投资公司、基金

---

[1] 2018 年 4 月,央行、原银保监会、证监会、外汇管理局联合发布《关于规范金融机构资产管理业务的指导意见》(业界俗称"资管新规"),对包括理财产品、资产证券化业务在内的统一监管立法作出了尝试。不过该指导意见属于公共政策,距离正式的立法尚有距离。而且在其颁布后不久,原银保监会颁布《商业银行理财业务监督管理办法》,证监会颁布了《证券期货经营机构私募资产管理业务管理办法》,部门分别立法仍然是当前的主要立法模式。

[2] 该办法的颁布时间较晚,在此前的很长一段时间里,商业银行理财产品监管适用的主要是原银监会 2011 年颁布的《商业银行理财产品销售管理办法》(已失效)。

管理公司的准入规则对其财务资质、股东资质和股权结构作出规定。理财和资产证券化以外的衍生类业务亦可据此原则办理。[1]

最后是"直接或间接接受、归集出借人的资金"和"将融资项目的期限进行拆分"。接受和归集出借人资金形成资金池，是资产管理业务的必备工具。对这类业务的限制，主要是基于防止平台挪用或侵占受托资金的考虑。对于中介类业务作出这种限制是合理的，但是对于资产管理类业务就不应再有此种限制，而应识别平台资金池的业务来源，并引入事前准入、事中监测、账户分立、资金存款、信息披露等相应的监管规则。以格式条款取得融资方同意后对融资期限进行拆分（包括对投资期限进行整合）是网络借贷平台常见的"错配""重组"等策略，也是金融机构常用的资产负债管理工具。禁止拆分融资期限的出发点主要是避免拆分后期限在后的债权人受到违约的风险，但这种风险可以通过相对较高收益、担保、风险分担、信息披露等方式予以合理评估、定价、对冲和控制。对于仅从事中介类业务的平台，责令强制担保和加强信息披露可以基本覆盖拆分融资期限的风险；对于从事资产管理业务的平台来说，期限拆分是正常的业务需要，将其纳入相应的事前准入、事中监测等监管规则框架内即可。

综上所述，完整覆盖了中介类、增信类、借贷及衍生类等业务类型（实践中还有更多的业务创新）的网络借贷平台，已经成为事实上的金融控股机构。当年，正是基于对民间借贷中日益成型和壮大的小额贷款组织"堵不如疏"的考虑，才有了《小额贷款公司意见》以及相关监管规则的出台，也使商业性金融市场多了一股重要的竞争性力量。如今，更应慎重、积极地对待我国网络借贷产业多年发展形成的来之不易的混业格局，建立起符合市场要求的风险控制及相关监管规则，积累对混业金融的监管经验。[2]

---

〔1〕 对于此类实际上已经成为金融控股组织但系统性风险控制能力尚且薄弱的平台，应责令其承担业务隔离与构建"防火墙"等义务。对于资产管理类业务还可以实行行政许可即牌照制、全部资金强制存管、限定资产证券化产品只能在交易所（场内）交易等，以强化风险控制的针对性。

〔2〕 总体而言，与风险隔离相比，拓展既有监管体制的覆盖范围、改革监管方法并借此提升整体性的监管能力，是混业金融背景下对网络借贷监管更为可取的路径。

(二)强化信用评级、信息披露等信息性监管和投资者教育等公共信息服务

互联网金融是一个高度依赖并基于信息技术而发展的行业,正是受益于信息技术的发展,网络借贷创造出了传统金融机构难以完全覆盖的融资与投资机会。同时也因为信息技术的专业性较强,导致其交易规则也具有较强的专业性和技术性,"相较其他投资途径而言,P2P投资者面临更加严重的信息不对称",[1]传统的以事后惩戒为核心的监管手段难以满足社会对监管的需求。对网络借贷平台的监管必须以信息性监管为核心,构建相应的监管工具体系。

首先是强化信用评级。网络借贷交易中的信用评级,针对两个层面:一是针对平台所作的信用评级;二是针对平台上的借贷双方所作的信用评级。针对借贷双方所作的信用评级,本身属于平台内的业务规则,也带有平台内监管规则的内涵。信用评级的价值在于通过具有公信力的、明确的等级序列减少借贷双方的交易成本,并通过信用等级与交易资格相绑定的方式实现优胜劣汰的效果。就此而言,平台针对借贷双方的信用评级不仅具有重要的监管意义,对保证交易成功、减少或控制违约也具有基础性的价值。但评级是需要成本的,那么在监管者无法替代平台对成千上万的借贷主体进行信用评级的情况下,就应当承认并鼓励市场化的评级行为。比如,允许平台对借贷双方收取评级费用,并且展开差异化的评级服务;鼓励行业协会组织行业性的评价信用共享机制,既可以防止低信用者通过转移平台规避信用监管,也可以实现评级的规模效应,使针对借贷双方的信用评级实现收益最大化。平台对借贷双方的信用评级规则,应由平台自己决定,并授权行业协会予以指引和监管,监管机构无须干预,应相信市场选择的结果和力量。从公共产品供给的角度而言,应当将央行的个人征信系统

---

[1] 廖理等:《观察中学习:P2P网络投资中信息传递与羊群行为》,载《清华大学学报(哲学社会科学版)》2015年第1期。

与平台的信用评级进行对接,以解决"各平台针对恶意违约的借款人建立的'黑名单'系统威慑力极其有限"[1]等难题,同时也丰富央行征信系统的数据。至于针对平台所作的信用评级,其原理、功能与平台针对借贷双方的信用评级都是一样的。与分散化、差异化的借贷双方一样,竞争激烈的平台之间也是良莠不齐,而且对于借贷双方而言,通过有公信力的、明确的评级指标选择相应的平台,对保障合同履行、保护投资和融资双方的权益,同样具有十分重要的作用。从具体的方式而言,信用评级的方式有自愿和强制两种。对于中介型平台的网络借贷,可以不规定强制评价;对于交易型平台的网络借贷,则应强制规定先评级,并将评级结果与其业务范围挂钩。不过对于平台的信用评级,最好的方法是授权给行业协会完成,监管机关只需要负责规范评级秩序、调查和处罚信用评级中的违法违规行为即可。此外,无论是平台针对借贷双方的信用评级还是行业协会针对平台的评级,都可以委托第三方评级机构来完成,这样可以显著增强评级的公信力。对此监管机构只要加大对第三方评级产业的支持、加快对第三方评级机构的监管制度建设即可,不必越俎代庖。《互联网金融意见》和《信息中介机构办法》对此尚缺乏重视和具体规定,应当在制定统一的"网络借贷平台管理办法"时予以弥补。

其次是强化信息披露。"互联网金融的独特之处并不在于其将互联网作为交易渠道,而在于其引入了崭新的征信信息来源,并在此基础上简化了金融市场和交易的结构。"[2]为了化解市场与监管之间的信息不对称,避免网络借贷的技术性、专业性妨碍监管的效果,要求网络平台履行真实、充分、及时的信息披露义务,具有极其重要的意义。"投资者能够通过识别借款人的其他公开信息,来甄别相同利率背后不同的违约风险。"[3]相对

---

[1] 伍坚:《我国P2P网贷平台监管的制度构建》,载《法学》2015年第4期。
[2] 赵冉冉:《互联网金融监管的"扶助之手"》,载《东方法学》2016年第5期。
[3] 廖理、李梦然、王正位:《聪明的投资者:非完全市场化利率与风险识别——来自P2P网络借贷的证据》,载《经济研究》2014年第7期。

于信用评级而言,信息披露是目前的监管规则中重点强调的部分。比如,《互联网金融意见》要求平台应当"对客户进行充分的信息披露,及时向投资者公布其经营活动和财务状况的相关信息";"向各参与方详细说明交易模式、参与方的权利和义务,并进行充分的风险提示"。《信息中介机构办法》也用专章规定了平台的信息披露义务,包括向出借人充分披露借款人基本信息、融资项目基本信息、风险评估及可能产生的风险结果、已撮合未到期融资项目有关信息,以及向公众披露平台本身的经营管理信息:包括借款逾期金额、代偿金额、借贷逾期率、借贷坏账率等重要风险以及公司治理机构等重要事项。同时要求平台聘请会计师事务所对自身的信息披露进行审计,聘请信息安全测评认证机构对信息安全实施测评认证,定期披露审计与测评结果,报送监管部门并方便公众查阅,并对平台违反信息披露的行为规定了责令改正、列入"负面清单"、罚款等行政责任。《小额贷款公司意见》及各地方监管规则也均有类似规定。高度重视信息披露在互联网金融产业监管中的作用,是对多年来监管经验和教训的总结,也找准了信息性监管的关键,这一思路值得坚持和强化。尤其值得一提的是,2016年10月28日,中国互联网金融协会发布了《互联网金融信息披露 个体网络借贷》标准(T/NIFA1—2016)和《中国互联网金融协会信息披露自律管理规范》,显示出目前监管层在信息披露问题上已经开始重视法律规则与行业性规则的协同。[1] 从完善的角度而言,一是对平台信息披露义务的要求应当更加细致、更加贴近交易规则的实际情况和各个方面。"提供信息的一方可能试图操纵信息的供应,隐瞒部分对自己不利的信息,而只挑选甚至捏造出最能取悦于投资者的事实对外公布。"[2] 对此最好的方法是合理分权,加强行业协会对平台信息披露义务的监管,鼓励行业协会针对

---

〔1〕 从该标准的内容来看,也显示出管控色彩的降低与公共产品供给意识的增强,以及契合平台实际经营情况的导向。比如,该标准定义并规范了 96 项披露指标,其中强制性披露指标逾 65 项,鼓励性披露指标逾 31 项,比较完整地覆盖了从业机构信息、平台运营信息与项目信息等核心内容。

〔2〕 赵渊、罗培新:《论互联网金融监管》,载《法学评论》2014 年第 6 期。

具体的业务类型发布信息披露范本,从而减轻监管者对平台信息披露义务的监管负担。监管机构应当将重点放在风险监测上,通过行业整体的信息披露情况完善系统性风险的评估、监测和应对。二是要鼓励借贷双方当事人和社会公众举报平台违反信息披露义务的行为,探索平台违反信息披露义务应承担的民事赔偿责任,切实加强信息披露义务对平台的约束力。当然也要加强激励,信息披露义务的履行情况应当成为平台信用评级的重要指标,以及监管者实施相关补贴、税费优惠、差异化监管标准的重要依据。

最后是强化投资者教育等公共信息服务。网络借贷等互联网金融业务的专业性、技术性较强,且资金的"杠杆效应"更加突出,在巨大的利益面前,投资者往往漠视专业壁垒和信息不对称冒险投资,成为非法吸收公众存款、集资诈骗等违法犯罪案件的受害者。投资者教育已经成为系统性风险控制的重要内容,也应成为网络借贷平台监管的重要目标。不过认识到这个问题的重要性容易,落实这个问题却比较难,不仅投入的周期长、成本高、收益却难以衡量和特定化,而且平台天然没有动力去投入。所以目前《信息中介机构办法》要求平台应当"持续开展网络借贷知识普及和风险教育活动",显然将导致这一重要的监管目标面临落空的危险。投资者教育是最典型的公共产品之一,其实所谓网络借贷平台的投资者,实际上就是社会公众,考虑互联网金融违法犯罪对社会稳定的破坏力以及加强投资者教育对于避免和减少大规模违法犯罪案件的意义,监管者(以及行业协会)应当以与公共安全卫生、精神文明建设、意识形态宣传同等的重视度来组织和落实投资者教育。[1] 比如,公开典型违法犯罪案件、举办网络公益

---

[1] 《互联网金融意见》提出要"研究建立互联网金融的合格投资者制度,提升投资者保护水平",这也是当下监管者比较倾向的投资者教育机制。所谓合格投资者制度,即只有达到一定条件的投资者才可以进入借贷平台,理论上可以产生风险警示和筛选风险偏好的效果,但也提高了投资者的进入门槛。在平台主要履行形式审查义务的现实环境下,对出借人条件的这种限制事实上不难规避。有效落实合格投资者制度的关键,是参照《商业银行理财业务监督管理办法》规定的银行义务,要求平台对出借人实施强制风险评估。总之,合格投资者制度不能取代监管者以公共产品供给的理念落实投资者教育。只有落实了投资者教育,合格投资者及相关的监管规则才能实现应然的效果。

讲座、拍摄公益性的广告或影视作品、印发公益宣传材料等,并责令各网络借贷平台在醒目位置提供完整的观看、下载等服务,相应的经费可以由政府(罚没收入)、[1]行业协会(会费)和平台(专项基金)共同出资构成。

(三)加强投资者权益救济,完善风险基金、责任保险等风险分担机制

即使是惩戒,监管的终极目的也不能仅仅是限制或剥夺违法平台的经营能力,毕竟广泛的社会投融资需求依然需要产业及平台去满足。[2] 违法责任当然要追究,而且要严格追究,但同时应当切实加强投资者权益的救济。目前《互联网金融意见》和《信息中介机构办法》对网络借贷交易中消费者(投资者)的权益保护,主要是追究平台违反监管规则的行政责任或刑事责任,以及鼓励构建在线争议解决、现场接待受理、监管部门受理投诉、第三方调解以及仲裁、诉讼等多元化纠纷解决机制。这些问题固然重要,但对切实、有效地解决平台对投资者的赔偿责任问题,却功能有限。对此,一方面,应当强化平台的风险处置能力特别是危机干预能力,从源头上、基于市场机制、通过维持平台营运保护投资者权益。应参照《证券法》《商业银行法》《银行业监管法》《保险法》的相关规定,对问题平台构建类似的托管、接管、行政重组、撤销或破产时的业务转让等制度;[3]另一方面,应当积极探索平台及其实际控制人、股东和高管的赔偿责任。比如,可以《消费者权益保护法》对网络平台连带责任的规定为参照,探索在特定情况下网络借贷平台对投资者损失承担连带责任的方式。对于交易型平台,如果不能

---

[1] 值得一提的是,《互金整治方案》提出"推行'重奖重罚'制度,按违法违规经营数额的一定比例进行处罚,提高违法成本,对提供线索的举报人给予奖励,奖励资金列入各级财政预算,强化正面激励"。理论上重奖重罚确实具有这样的制度功能,但实践中却往往导致"以罚代管"等管控型监管的常见弊端。从公共产品的理论来看,执法者的处罚权也属于一种公共产品,不能仅仅追求罚没收入而将处罚所得"私益化"。所以仅规定罚没收入纳入财政预算管理是不够的,关键是强化其(或固定比例)在投资者公共教育上的用益属性。

[2] See Zachary Adams Mason, *Online Loans Across State Lines: Protecting Peer-to-Peer Lending Through the Exportation Doctrine*, Georgetown Law Journal, Vol. 105:11, p. 236(2016).

[3] 《信息中介机构办法》仅规定了平台暂停、终止业务时对出借人与借款人的公告和通知义务,以及"因解散或宣告破产而终止的,应当在解散或破产前,妥善处理已撮合存续的借贷业务",应在统一的"网络借贷平台管理办法"及其配套规则中构建完整的风险处置机制。

提供债务人真实的地址、名称和方式,应当向投资者承担赔偿责任;中介型平台或交易型平台如果明知或应知债务人信用虚假、有违约可能而不披露或不充分、不及时披露,应当承担连带责任。[1] 当然考虑平台的实际偿付能力,可以对平台的连带责任规定上限。连带责任虽然加重了平台的义务,但也可以切实有效地激励平台去完善自己的风险控制能力,以及寻求第三方担保、风险基金、责任保险等风险分担机制。

相比信用评级、信息披露、第三方资金托管等着眼于风险预防的监管制度而言,风险基金、责任保险着眼于风险发生后如何增强平台的赔偿能力、避免债务违约引发系统性风险进而损害平台的存续、行业公信力以及社会稳定。[2] "互联网金融对金融风险结构的创新,在缔造以金融消费者为中心的竞争型融资市场的同时,也让金融消费者在金融风险分散与利用中首当其冲。"[3]大规模的债务违约类似于大规模侵权,会引发公众投资者的巨额损失。尽管违约来自债务人,平台未必有过错或者未必有相应的过错,但从防范和化解系统性风险以及社会危机的角度而言,只能从加强平台的垫付责任入手。借鉴我国证券投资者保护基金、保险保障基金的筹集与运营规则,[4]具体而言,网络借贷风险基金的构成和运作原理是:责令平台从自有资本、交易佣金以及税后利润中提取一定比例的资金设立平台

---

〔1〕 还可以参照《公司法》的公司人格否认制度,即当平台的出资人利用平台损害借贷双方权益且平台本身无法偿还损失的,应由平台出资人承担连带责任。

〔2〕 在投资者权益保护和救济的制度框架中,追究平台违法犯罪的行政责任和刑事责任属于公法领域的规制进路;追究平台及其投资者、高管的连带赔偿责任属于私法领域的规制进路;通过风险基金、责任保险等实现风险分担,则属于社会法理念下的规制进路。管控型监管模式侧重于第一种公法规制进路,公共产品供给型监管模式则覆盖了前述三个维度。这种三位一体的规制结构是风险社会背景下金融理财、产品质量、环境污染等"大规模侵权"(Mass Tort)案件中投资者(消费者)权益保护与救济的客观要求。网络借贷平台监管面临的是在公法规制进路中如何融入私法和社会法规制进路,关于在私法规制进路中融入社会法和公法规制进路的问题,参见张新宝:《侵权责任法立法的利益衡量》,载《中国法学》2009 年第 4 期;王泽鉴:《侵权行为法》(第 1 册),中国政法大学出版社 2001 年版,第 36 页。

〔3〕 杨东:《互联网金融风险规制路径》,载《中国法学》2015 年第 3 期。

〔4〕 参见《证券投资者保护基金管理办法》(证监会、财政部、央行,2016 年)和《保险保障基金管理办法》(原保监会、财政部、央行,2008 年)。

风险基金,行业协会和监管者各自从会费和罚没收入中提取一定比例的资金设立相应的行业风险基金和政府风险基金,在发生大规模违约时向投资者垫付,事后向违约的债务人追偿。按照分散和经营风险的思路,前述三种风险基金可以由行业协会统一管理、第三方存管并委托保险资产管理公司等专业机构进行资产管理,以实现基金的增值保值功能。[1] 责任保险的构成和运作原理是:平台为债务人购买大规模违约责任保险,当债务人大规模违约触发责任保险的赔偿条件时,由保险公司在保险金额范围内向投资者赔付。[2] 保费主要由平台出资,政府和行业协会可以予以补贴,同时也可以鼓励行业协会为自己的行业购买大规模违约责任保险。风险基金制度和责任保险制度"可以树立消费者对互联网金融行业的信心,也能增强互联网金融企业的社会责任感"。[3] 从监管者的角度而言,无论是注资风险基金还是补贴责任保险保费,都是用法律、政策、财政资金等公共权力资源捆绑市场机制以塑造"公私融合"的"杠杆效应"。一方面,能够真正体现监管作为一种公共产品的价值;另一方面,也能有效增强政府(特别是地方政府)的风险处置能力尤其是对问题平台的救助能力,缓解金融稳定和风险控制高压之下央地金融监管权责不对等的困境。责任保险有强制和自愿两种模式,从当下网络借贷平台对风险控制和风险分担的需求来看,宜采取强制责任保险的模式,并根据中介类、增信类和借贷及衍生类等

---

[1] 2008年三鹿奶粉案件受害人医疗赔偿基金(约2亿元)即委托中国人寿负责医疗赔偿基金的费用报销和领用。参见《三鹿奶粉事件后续医疗赔偿金方案正式公布》,载《北京晚报》2009年2月26日,第4版。相比之下,网络借贷风险基金不仅规模更大、更有可持续性,在支付压力和周期上也有更多调整的空间,更具备以金融市场工具增强基金偿付能力的基础和条件。

[2] 实践中也有一些保险公司开发出债务人违约责任保险,即由债务人自行购买,当债务人违约时由保险人在一定额度内赔偿债权人的损失,类似于进出口贸易中的信用保险。比如,平安保险推出的"平安个人借款保证保险"与平安普惠小额贷款公司的小额贷款产品相捆绑,起到了重要的增信功能,也体现出综合性网络借贷平台的优势。这种个人化的信用保险与本章所述的大规模违约责任保险并不冲突,后者重在增强平台的垫付能力。

[3] 胡光志、周强:《论我国互联网金融创新中的消费者权益保护》,载《法学评论》2014年第6期。

不同的业务类型设置差异化的保费和保额。[1] 当然,从平台的角度来说,只要注入强制性要求,无论是风险基金还是责任保险,在客观上均加重了平台的负担,实际上也间接承认了平台对于网络借贷的重要功能及相应的法律地位。权责利应当统一,如果责令平台履行设立风险基金和购买责任保险的义务,那么在平台的业务范围上就应当尊重市场规律、尊重平台的利益诉求,保持监管的类型化、专业性和开放性,不能再一味地禁止和限制。互联网技术日新月异,不同市场主体的投资与融资需求(包括对象、收益及风险控制)也是多种多样,在激烈的竞争环境下,客观上要求网络借贷平台的经营模式应具有高度的开放性以适应混业金融的市场格局,同时也要求相应的监管亦应具备同样的开放性以回应市场对监管的多元化需求,从而实现监管与产业发展、社会整体利益维护之间的平衡。

## 六、结语

在互联网经济时代,监管与产业的发展已经密不可分。公共产品理念的缺失是我国混业金融监管效率较低、管控色彩浓厚、监管干扰市场主体预期、监管与创新频频冲突且难以调和的主要症结。监管的合法性不仅仅来自形式授权,更应来自实践需求及实际绩效,监管应当基于社会公共利益,化解监管对象的负外部性,更应避免自身成为负外部性的来源。监管对市场的影响具有公共产品的属性,并会产生公共产品效应,互联网金融监管不能定位于或异化为政府推行审批、许可的工具,而应成为政府维护社会公共利益、引导互联网金融产业健康持续运行、具有基础设施性质的公共服务。网络借贷产业及混业型网络借贷平台的特殊性,更契合监管的公共产品属性及效应。

---

[1] 与食品安全责任强制保险有相似之处。参见于海纯:《我国食品安全责任强制保险的法律构造研究》,载《中国法学》2015年第3期。

# 第七章　网络借贷的私法调整：以大学生网络信贷消费合同效力为例*

互联网金融的普惠性、受众广泛性与外部性日益突出，过度依赖以管制为核心的公法规制无法满足经营者和消费者对规则治理的真实诉求。私法调整侧重于当事人之间的纠纷解决、权益救济与规则塑造，在产业需要、社会效果和法律实施等多个层面均有不可替代的价值与优势。以"电商＋网贷"为代表的大学生网络信贷消费迅猛发展、"双刃剑"效应突出，而当下强化公法规制的效果有限且负外部性明显，应积极探索相应的私法调整路径。作为特定的消费群体，大学生在法定层面的民事行为能力与其在实践层面的消费认知能力之间存在不同程度的落差。应采取类型化的方法，针对特定范围的商品和服务，从合同法的角度将与大学生消费认知能力明显不相适应的买卖合同归结为效力待定合同，并从消费者权益保护

---

\* 本章主要内容曾以《论互联网金融的私法规制——以大学生网络信贷消费合同的效力问题为例》为题发表于《南京社会科学》2017年第12期。从"规制"在学术文献中的通用语义来看，多指公权力组织实施的带有强制性的公共管理行为，如"政府规制"。因此"法律规制"一词，实际上存在一定的语法瑕疵，不过已成学界通例。本章所采用的"公法规制"亦遵循此意。在此意义上，本章所强调的"私法规制"并非指行政机关行使公共管理权，而侧重于从合同效力、消费者权益保护等角度调整不同私主体之间的权利义务分配。因此在严格的意义上，不宜使用"私法规制"，故本章以"私法调整"代替之。

法的角度适当延长大学生行使合同解除权的时限。

## 一、引言

随着我国互联网金融产业的迅速发展,相应的法律规制也日益强化。在实践中,以央行、证监会、原银监会、原保监会和其他相关部门为代表的监管机构,针对互联网支付、网络借贷(P2P 网络借贷和网络小额贷款)、股权众筹融资、互联网基金销售、互联网保险、互联网信托和互联网消费金融等领域颁布了众多监管规则,[1]基本形成了互联网金融的法律规制体系。但从规制内容来看,与对其他众多新兴产业的监管一样,其仍然以事前准入、事中监测与事后惩戒等行政管理工具为主要手段,体现出政府管制理念在互联网金融领域的延伸。正因如此,从规制效果来看,这些监管规则引发了比较普遍的市场规避,从而迫使我们反思这种以管制为理念,以准入、许可和处罚等为主要手段,以公法为核心的法律规制模式。在现代市场经济和公共管理语境下,规制不应局限于政府管制或一般性的行政管理,而应发掘更容易为当事人所接受和预见、执行成本更低、规制效果更直接和彻底、更能在政府管制与实践需要之间形成平衡的规则,实现真正的"规则治理",避免"立法越多、法治越远"的困境。就此目标而言,以原《合同法》(《民法典》颁布之前的《合同法》,《民法典》颁布后为其"合同编"所代替)、《消费者权益保护法》等民商事法律规范为主的私法调整,具有不可替代的价值和优势。忽略私法调整的重要性、过度依赖公法规制,是目前互联网金融法律规制存在的主要弊端。本章拟以当下热点问题——大学生网络信贷消费的法律规制为例,从合同效力的分析入手,阐述私法调整对互联网金融法律规制的意义和路径。

---

[1] 2015 年 7 月,央行等十部委联合发布了《互联网金融意见》,对互联网金融的主要领域作了列举。

## 二、互联网金融的新发展及其法律规制存在的不足

### (一)互联网金融发展的新动态与新问题

就业务形态而言,不同领域的互联网金融业务各有特点,不宜一概而论。不过从互联网金融在实践中产生的积极效果和引发的问题这两方面来看,当下互联网金融的发展动态呈现一个比较明显的共性特征:普惠性越来越强、受众越来越广泛、外部性越来越突出。

互联网金融的产生和壮大,特别是之所以能够成为商业性金融体系中一股不容忽视的竞争性力量,关键在于其依靠灵活的产品设置和便捷的交易机制满足了社会多维度、多层次的投资、融资和消费等需求,实现并放大了金融的普惠价值。网络借贷、互联网众筹、互联网信托以及以校园贷款为代表的互联网消费金融,打破了这些产品在传统金融机构经营下惯有的信息壁垒、降低了交易成本、提高了交易效率,使更多的市场主体能够因此受益。[1] 普惠性越来越强带来的一个直观体现就是受众越来越广泛。无论年龄、职业、学历、风险偏好或投资经验等背景如何,其金融需求均能在互联网金融的产品体系中得到比较高效、精确的满足。受众的广泛性让互联网金融具有了强大的社会需求基础,也导致以政府管制为核心的监管手段出现明显的边际递减效应。普惠性和受众广泛性的强化,客观上放大了互联网金融的外部性,包括正反两方面。互联网金融在促进金融市场竞争、有效满足各类群体的各种金融需求的同时,也显著放大了各种金融产品的内在风险,甚至成为系统性风险的新源头,比如,非法吸收公众存款、集资诈骗、非法发行有价证券、欺诈、不当诱导等。这是互联网金融作为新兴产业在发展中不可避免的"双刃剑"效应,也对相应的法律规制提出了挑战。

---

[1] 参见杨东:《互联网金融的法律规制——基于信息工具的视角》,载《中国社会科学》2015年第4期。

以大学生网络信贷消费为例,校园信贷消费曾在一段时间内蔚然成风,形式也从早期的商业银行向大学生发放信用卡,转为以传统电商旗下的贷款平台、专业性的分期购物平台以及 P2P 网络贷款平台等提供各种信贷消费产品为主流的新模式。根据艾瑞市场咨询公司的报告,2014 年我国大学生网络分期消费规模已达 32 亿元,互联网消费金融整体规模达 34.7 亿元。[1] 虽然不时有刺激大学生过度消费、以欺诈手段诱导大学生借贷、高违约率引发违法或暴力催收等负面事件曝光,但网络信贷消费的积极意义也不容忽视。特别是以电商提供消费信贷、支持大学生以分期付款形式购买商品(或服务,下同)为代表的电商类校园信贷,已经成为大学生网络购物首要选择的趋势。这不仅为电商产业提供了新的消费群体,也对发展消费经济起到了重要作用。因此仅根据前述负面事件的存在就对此予以严格管制甚至禁止,既无必要、亦不可行。校园信贷消费存在的主要问题是电商的营销模式刺激了大学生的过度消费,大学生超越自己的消费认知能力而购买商品,客观上为高违约率埋下了隐患。从产业发展的角度来看,这些问题对电商的校园信贷消费业务本身也构成了重要的风险,非电商所乐见。产业的发展应当控制好风险,校园信贷消费要想可持续,就必须解决好商业模式创新带来的风险控制难题和负外部性的挑战。

(二)以公法规制为核心的互联网金融法律规制现状及不足

近年来,相关监管机构在互联网金融的各个领域均颁布了大量的监管规则。比如,《互联网金融意见》(央行等,2015 年)、《互联网保险业务监管暂行办法》(原保监会,2015 年,已失效)、《非银行支付机构网络支付业务管理办法》(央行,2015 年)、《私募股权众筹融资管理办法》、《信息中介机构办法》(原银监会等,2016 年)等。这些监管规则的核心,主要是通过事

---

[1] 参见艾瑞咨询公司:《中国大学生消费分期报告——趣分期 2015 年》,载艾瑞网 2016 年 1 月,https://report.iresearch.cn/report-pdf.aspx?id=2512。

前准入、事中监测和事后惩戒等手段落实政府管制的基本理念。这种公法规制有其必要性,但无法满足互联网金融产业中经营者和消费者对规则治理的真实诉求。一方面,大量的互联网金融产品之所以风靡一时,根源在于契合了广泛、深厚的社会需求,实践中即使从严管制甚至禁止,往往也无法有效阻却刚性需求,反而滋生出更多的市场规避、监管死角或空白;[1]另一方面,对违反既有监管规则的互联网金融产品,强化事后惩戒、严格追究经营者的行政责任或刑事责任,往往也并不能直接、及时地救济消费者的民事权益。这就需要从合同、消费者权益等私法角度寻求互联网金融法律规制的其他方法。法律规制应当为社会提供解决纠纷的方案,平衡各方当事人的利益,通过规模化、标准化的方法降低市场主体之间的交易费用,形成规则治理的基础和环境。

以大学生网络信贷消费的法律规制为例,早期的校园贷是从商业银行向在校大学生大规模发放信用卡开始的。在降低甚至忽略信用门槛、形式化甚至放弃信用审核的刺激下,商业银行通过大规模发放信用卡占领了校园信贷市场。[2] 但与此同时,滥发信用卡引发商业银行之间的不正当竞争,大面积的"僵尸卡"显著增加行业成本,小额但普遍性的违约积累起总体规模较大的不良资产,从而滋生系统性风险等问题,迫使监管机构整顿。原银监会于2009年下发中国银监会《关于进一步规范信用卡业务的通知》,限制了银行业金融机构对未满18周岁以及缺乏收入来源的在校大学生发放除附属卡外的其他信用卡的行为,并根据审慎原则要求商业银行退出校园金融市场。2013年,原银监会又颁布《消费金融公司试点管理办法》,要求对包括校园消费信贷公司在内的消费金融公司予以严格审批和管理。截至2016年年底,仅有"北银消费金融""锦程消费金融"为代表的十余家公司获得合法资质,业务范围也集中于城

---

[1] 参见赵冉冉:《互联网金融监管的"扶助之手"》,载《东方法学》2016年第5期。
[2] 参见杨毅:《大学校园信用卡市场问题初探》,载《河北金融》2005年第4期。

市白领和中低收入家庭等特定群体。[1] 但管制归管制、整顿归整顿,随着高等教育的持续扩招、城市化的推进以及整体经济水平的持续向好,在校大学生的消费能力越来越成为不可忽视的市场力量。[2] 在此背景下,一大批专注校园分期以及小额消费信贷的互联网金融平台迅速涌现。无论是以"京东白条""蚂蚁花呗"等为代表的电商系金融产品,还是以"分期乐""趣分期"为代表的专门的消费金融产品,以及"借贷宝"等将业务拓展至校园金融的 P2P 网络借贷产品,都是基于规避监管机构对信用卡和专业性消费金融机构的禁令而产生的,并因有效满足社会需求而取得了可观的市场效应。2015 年"双 11"单日,"京东白条"用户同比增长 800%。[3] 根据《中国校园消费金融市场专题研究报告 2016》的调查结果,大学生群体中超过 67% 的人愿意接受分期消费,其中活跃用户达 36%,以高频率高需求、小额多次为主要特征。[4]

在很长一段时间内,校园网络信贷消费的法律规制处于缺位或模糊状态,但校园信贷消费平台的高速扩张以及不时见诸报端的不当诱导、欺诈、高利贷、暴力或违法催收等事件,迫使监管机构密集颁布相应的监管规则。2016 年 4 月,教育部联合原银监会办公厅发布《关于加强校园不良网络借贷风险防范和教育引导工作的通知》,要求各个高校从引导大学生消费理念、加强金融知识培训等方面防范校园网络借贷的风险。2016 年 9 月,教育部办公厅发布《关于开展校园网贷风险防范集中专项教育工作的通知》,就提高学生贷款的发放门槛、不得直接向学生提供现金贷款、不得变相发放高利贷等具体的限制性、禁止性规定作出了明确说明,并对校园网贷平

---

[1] 参见《互联网金融行业开抢消费金融牌照》,载今日头条网 2015 年 11 月 25 日,https://www.toutiao.com/article/6220909281711505665/。

[2] 参见陈晨:《关于校园 P2P 网贷快速发展背景下大学生消费问题的研讨》,载《时代金融》2016 年第 32 期。

[3] 参见《双 11 京东金融成绩单,白条用户数同比增 800%》,载环球网 2015 年 11 月 13 日,https://tech.huanqiu.com/article/9CaKrnJRrDP。

[4] 参见易观智库:《中国校园消费金融市场专题研究报告 2016》,载搜狐网 2016 年 3 月 16 日,https://www.sohu.com/a/63680354_334205。

台的风险提示、借款学生的还款能力以及借款用途的审核等问题提出了明确要求。2017年5月，针对校园贷的监管进一步升级，原银监会、教育部、人力资源和社会保障部联合发布《关于进一步加强校园贷规范管理工作的通知》，要求未经银行业监管部门批准设立的机构禁止提供校园贷服务，一律暂停网贷机构开展校园贷业务，并责令其对于存量业务制订整改计划、明确退出时间表。客观而言，正是以有自营网贷业务的电商、专业网贷机构等为代表的新兴金融力量重新激活了校园消费金融市场，如今监管规则却强行要求它们退出，只允许商业银行（以及政策性银行和原银监会批准设立的机构）开展校园贷。这是忘记了当年商业银行滥发信用卡的教训，还是确信商业银行在校园贷上已经能够比电商和网贷机构做得更好？这是典型的以管制为理念、以准入为核心手段的公法规制传统形成的路径依赖，不仅实际效果存疑，如此强制干预市场竞争秩序，在法律与公共政策应接受"公平竞争审查"之大趋势下，更存在严重的法律隐患。

### 三、互联网金融私法调整的界定及其合法性与正当性

（一）公法规制与私法调整之比较

公法和私法是大陆法系常见的理论分析工具。虽然二者之间的区分并非泾渭分明，但在规制/调整目标、规制/调整依据和规制/调整手段上，还是存在一些重要的差别。从规制/调整目标来看，公法规制更注重安全、稳定、秩序以及系统性风险控制，倾向于通过创造更多、更新的规则加强对社会关系的严格管制；而私法调整更注重纠纷解决和权益救济，倾向于从一般性的法律原则和规则中演绎、类推、引申出解决具体问题的规则。[1]从规制/调整依据来看，公法规制的法律依据主要是监管机构颁布的法规、规章、规范性文件以及公共政策等，法律依据的位阶较低、变化较快，不同监管机构颁布的监管规则之间时有冲突；私法调整的法律依据主要是一般

---

[1] 参见宋亚辉：《食品安全标准的私法效力及其矫正》，载《清华法学》2017年第2期。

性的民商事法律,尤其是社会接受程度和预期程度均比较高的基础性法律,如《民法典》(以及在《民法典》颁布之前适用的《民法通则》《民法总则》《合同法》《侵权责任法》等)《消费者权益保护法》《公司法》《企业破产法》《民事诉讼法》等,以及司法机关对前述法律作出的司法解释。在广义和非正式的意义上,还包括在个案裁判(如最高人民法院发布的指导性案例)中对法律原则、规则的理解与应用。[1] 从规制/调整手段来看,公法规制侧重于事前准入(重点是资格准入和业务范围准入)、事中监测(重点是信息披露和风险控制指标管理)和事后惩戒(重点是追究行政责任和刑事责任)等手段,强制性规定与禁止性规定较多,以管制以及威慑为核心;私法调整侧重于诉讼、仲裁、调解以及和解等方式,强调纠纷解决和权益救济,重视规则的执行成本与实际效果,注重以一般性的法律原则和规则为基础形成个案中的具体裁判规则并引导当事人的预期,以政府管制与实践需要之间的平衡为核心。[2] 在法治实践中,公法规制与私法调整不是非此即彼的关系,二者在规制/调整结构和功能上各有侧重,应针对具体领域或问题对规则治理的具体诉求,实现合理分工或功能组合。

(二)互联网金融私法调整的合法性与正当性分析

互联网金融私法调整的合法性基础和依据,主要表现为前文列举的一系列民商事实体法与程序法,以及相应的司法解释和判决。调整的环节涵盖合同订立和履行、权利与义务分配、消费者权益保护、违约与侵权责任、清算与破产程序中经营者的特别义务、纠纷解决机制等。无论是网络借贷、众筹、信托还是以校园贷为代表的消费金融,在具体交易层面都可以归结为特定当事人之间的合同(包括借贷合同、委托代理合同、居间合同、格式合同等);互联网金融平台的设立、管理和退出,主要体现为公司的设立、治理、清算或破产;对于交易过程中的违约或侵权行为,即使存在刑事责任

---

[1] 参见赵红梅:《经济法的私人实施与社会实施》,载《中国法学》2014年第1期。

[2] 参见方新军:《私法和行政法在解释论上的接轨》,载《法学研究》2012年第4期。

和行政责任,民事赔偿请求仍然具有独立性,需要依靠相应的民商事实体与程序法律规范予以解决。

互联网金融私法调整的正当性,表现在产业需要、社会效果、法律实施等多个角度,展现出公法规制不可替代的优势和对整个互联网金融法律规制的价值。从产业需要来看,法律规制不能以忽视产业利益为代价,因为产业对市场需求的满足是法律无法替代的。在现代市场经济条件下,公法规制侧重的安全、稳定等价值与私法调整侧重的效率、公平等价值均不可偏废。包括校园贷在内,互联网金融存在客观的规则治理需求,从而需要法律谨慎干预、合理干预,不能让法律本身成为负外部性的来源。忽视产业发展的客观规律,过度依赖公法规制,就会导致"一放就乱、一管就死"的恶性循环。只有同时重视私法调整,才能在政府管制与实践需要、消费者福利与产业发展之间形成平衡。从社会效果来看,互联网金融的各个领域都具有强大、深厚的社会需求基础,这是金融市场、市场经济发展到一定阶段的必然产物,以公法规制强化管制及威慑,并不能消灭或抑制社会需求,而只会迫使市场供求双方诉诸更多的规避。即使是公法规制,仅仅注重追究违法犯罪行为的行政责任或刑事责任、忽略受害人的权益救济,也无法形成法律规制的公信力,无法获得市场主体的认同。就互联网金融的法律规制而言,应充分发挥其在纠纷解决、权益救济等方面的功能,使市场主体感受到法律规制的实用性与积极性,进而形成明确、有效的规则与行为预期。在这些方面,私法调整具有明显的比较优势。从法律实施来看,公法规制的实施效果受到监管对象、监管能力、监管环境等诸多因素的影响,监管规则越多、内容越严格,法律实施的成本往往越高,规制的负面效果就会越明显,规制目标落空的概率也就越大。[1] 而私法调整针对特定当事人之间的纠纷解决与权益救济,通过诉讼、仲裁、调解或和解等方法将法律的实

---

[1] 参见王煜宇:《我国金融监管制度供给过剩的法经济学分析》,载《现代法学》2014年第5期。

施成本内化于当事人本身,促使当事人自发形成规则与行为预期,从而降低法律实施的成本。值得注意的是,对于互联网金融,公法规制的核心目标之一是整体性、宏观性的风险控制,这也是监管机构颁布众多管制性规则、强化公法规制的基本理由。学界也有不少观点集中于如何强化既有的监管规则,以及如何制定更多新的、更有针对性的规则。事实上,私法调整对于风险控制并非没有作用。网络借贷平台非法吸收公众存款或集资诈骗、众筹平台非法发行有价证券以及网络消费平台暴力违法催收等恶性事件确实时有发生,并需要公法规制及时介入,但并非互联网金融纠纷的主流。大量常规性的合同纠纷是可以通过对现有的《民法典》《消费者权益保护法》等法律中的一般性原则与规则以及相关的司法解释和判决予以适用、解释和类推而解决的。当事人在纠纷解决和权益救济的过程中形成了对裁判结果的预期,能够在缺乏具体法律规则的情况下合理安排双方的权利义务、调试彼此的交易行为,从而减少纠纷产生的概率,这种低成本的方法对于整体性的风险控制同样具有重要的功能。

综上所述,在互联网经济时代,法律规制应当契合市场规律,应重视法律规则与市场内生规则的衔接。公法规制与私法调整不是非此即彼的关系,而应同等重视、有效融合。校园贷等互联网金融业务是新兴产业,但并不排斥私法调整,不能将法律规制的出发点和重心仅仅锁定于违法犯罪行为,而应发挥私法调整在纠纷解决、权益救济以及法律规则塑造中的重要价值,在市场秩序、产业发展和消费者权益保护之间形成妥善的平衡。

**四、互联网金融私法调整的路径:以大学生网络信贷消费合同的效力为例**

在实践中,大学生网络信贷消费平台及其提供的产品有很多类型,其中以自营网贷业务的电商提供的信贷消费最为普遍。这类产品以具体的买卖合同为载体,因而对私法调整的规则治理诉求也最为强烈。本部分即以此为例,分析大学生网络信贷消费的私法调整路径。

(一)以民事行为能力与消费认知能力的落差作为私法调整的切入点

私法调整内部是由许多具体的法律构成的,因此对于特定问题的适用,需要找到关键的切入点。作为一种特定的消费群体,大学生虽然没有独立的收入来源,但是有相对稳定的消费能力。这种消费能力的来源主要由两部分构成:一是家庭供养;二是自己的兼职收入。第一种来源比较稳定、持续,但一般而言规模不大,水平不高;第二种来源在规模与水平上因人而异的特点比较突出,但通常都缺乏稳定性与持续性。从消费需求来看,大学生的消费需求主要包括基本的生活和学习需求(基本的吃穿住行),以及较高的生活消费需求(手机、电脑、旅游、健身等)。从实践来看,第二种需求越来越突出,而且对第一种需求逐渐形成了挤压态势。大学生消费能力和消费需求的这种客观构成,为电商以信贷消费形式进入校园消费市场提供了契机。从基本的商业风险判断来看,如果做好对购买者的信用评价,控制好分期支付的成本与周期,在单笔合同总额并不高的情况下,校园消费贷款的违约风险总体是可控的。或者说与所有的买卖合同一样,违约主要是一种概率问题,不会引发系统性风险从而伤及整个网络信贷消费产业。

但在实践中,校园信用消费在合同金额上普遍过高,在合同标的上向高层次消费、过度消费集中,并出现较大规模的违约现象。特别是有自营网贷业务的电商,原本作为集供货商与贷款人于一体的合同当事人,既能控制贷款额度与借款人信用评价,又能控制借款人对资金的使用,通常情况下风险是可控的,但实践中为何无法实现这样的效果呢?从合同订立的角度来看,关键的原因在于大学生的民事行为能力与消费认知能力之间存在不同程度的落差,商品的需求层次越高、金额越大、信贷付款周期越长,这种落差就会越突出。

大学生一般都已经年满18岁,按照《民法典》的规定,属于完全的民事行为能力人,所订立的合同均为有效合同,发生违约行为应当独立承担相应的违约责任。但是大学生没有正式的工作,没有正式的收入来源,这一客观限制导致的结果，是大学生尽管有稳定的消费能力，但实际上缺乏相应的消费认知能力。易言之，就是有一定的支付能力，但是对量入为出、合理规划与辨别自身消费需求、评估还款压力、违约风险等更为系统、更为复杂也更为重要的问题，缺乏足够全面和准确的判断意识与能力。而这种综合性、系统性的消费认知能力，主要就是通过独立的工作经验获得的。实践中，有稳定兼职收入的大学生在利用信贷消费上比例较低、在违约概率上也较低，这在一定程度上也证明了这个道理。[1] 因为没有独立的收入来源，以及形成这种收入来源所必需的年龄、智识和工作经验等基础，大学生普遍缺乏较高水平的消费认知能力。[2] 一般而言，吃穿住行等基本消费需求所需要的消费认知能力并不高，但手机、电脑、旅游、健身等较高的消费需求，则需要较高水平的消费认知能力。就此而言，电商五花八门、琳琅满目的营销模式实际上刺激了需求和过度需求，但其对于最为重要的消费认知能力的培养如网络信贷消费的风险提示等则有意无意地忽视，甚至产生负面效果。[3] 而金融监管部门、教育部门和原工商部门对大学生民事行为能力与消费认知能力之间的落差问题则缺乏明确、周密的考虑，也未制定出有针对性的措施。这是以电商网络信贷消费为代表的大学生校园贷款负面问题不断并饱受质疑的症结所在。

从解决问题的角度而言，除了金融监管部门、教育部门、工商（现市场监督管理）部门以及电商应从学生身心健康、社会稳定、校园安全、产业和企业自身发展等角度加强宣传、引导、风险提示、教育等公共产品意义上的制度供给外，私法调整层面的具体对策是遵从类型化的方法，从《民法典》角度完善校园网络信贷消费合同的效力认定，并从《消费者权益保护法》角度完善大学生消费群体的合同解除权。

---

[1] 参见薛洪言：《校园信贷市场的冷与热》，载《清华金融评论》2016 年第 3 期。
[2] 参见叶德珠等：《消费文化、认知偏差与消费行为偏差》，载《经济研究》2012 年第 2 期。
[3] 参见王宁：《消费欲的"符号刺激"与消费力的"结构抑制"——中国城市普通居民消费张力的根源与后果》，载《广东社会科学》2012 年第 3 期。

## （二）与消费认知能力明显不相适应的合同应归结为效力待定合同

基于大学生民事行为能力与消费认知能力存在落差的客观现实，对于落差比较突出、与消费认知能力明显不相适应的商品买卖合同，应当在相应的合同效力上作出特别规定。电商不能简单地以大学生属于完全民事行为能力人作为理由主张合同履行，但考虑实践中电商往往并无明显的或者可举证的欺诈行为（更多是诱导大学生的过度消费需求），因此倘若直接认定为可变更、可撤销合同，也与《民法典》关于合同效力规定的精神以及电商信贷消费交易的实践不符。比较好的策略是采取类型化的方法，将与大学生消费认知能力明显不相适应的网络信贷消费合同归结为效力待定合同。

《民法典》第19条规定："八周岁以上的未成年人为限制民事行为能力人，实施民事法律行为由其法定代理人代理或者经其法定代理人同意、追认；但是，可以独立实施纯获利益的民事法律行为或者与其年龄、智力相适应的民事法律行为。"[1]其第145条规定："限制民事行为能力人实施的纯获利益的民事法律行为或者与其年龄、智力、精神健康状况相适应的民事法律行为有效；实施的其他民事法律行为经法定代理人同意或者追认后有效。相对人可以催告法定代理人自收到通知之日起三十日内予以追认。法定代理人未作表示的，视为拒绝追认。民事法律行为被追认前，善意相对人有撤销的权利。撤销应当以通知的方式作出。"以《民法典》对于限制民事行为能力人实施的民事行为以及订立之合同的效力规定为基础和参照，可以将与大学生消费认知能力明显不相适应的网络信贷消费合同归结为效力待定合同。

第一，尽管大学生在生理年龄上已经是完全民事行为能力人，但是缺

---

[1] 在《民法典》颁布之前，2017年颁布的《民法总则》第19条已经将限制民事行为能力的未成年人的认定年龄调整为8岁以上，从而改变了1986年颁布的《民法通则》关于限制民事行为能力的未成年人的认定年龄为10岁以上的规定。这是应经济与社会情势改变而作出的法律调整，也为本章关于"实质性消费认知能力"与"形式性法定民事行为能力"的区分提供了参照。

乏独立的收入来源，以及这种收入来源所不可或缺的工作、职业和人生经历。就消费认知能力而言，对于网络信贷消费环境下的某些高档商品，大学生可归属于消费认知能力意义上的"限制民事行为能力人"。[1]

第二，对于与大学生消费认知能力"明显"不相适应的特定高档商品，需要界定一个基本的范围。比如，超过多少金额，超过几件商品，或者分期付费的周期超过几个月或几年等。具体的界定工作应当授权电商或电商行业协会根据实际情况自行制定，金融监管部门、教育部门、市场监督管理部门以及消费者协会履行监督和受理投诉的职能即可，不必也不宜越俎代庖。从实践来看，一般情况下，单件商品价值超过5000元，还款周期超过6个月的手机、电脑、旅游、健身等商品或服务，应当认定为与大学生的消费认知能力明显不相适应。在集中整治大学生校园网络信贷消费的当下，也可以采取强制性的方法要求电商在这些商品的信贷消费交易上遵循上述合同效力规则，以后再根据具体情况予以动态调整。

第三，将特定的商品买卖合同归结为效力待定合同，由大学生的法定代理人主张最后的合同确认权，本质在于增加电商的义务，即需要以大学生家长的有效确认作为电商主张相应合同权利的条件。从消费认知能力的角度而言，电商和大学生处于交易地位不对等、信息地位不对称的状态，通过将上述问题比较突出的买卖合同定位为效力待定合同、增加电商的注意义务，旨在实质公平意义上保护大学生消费群体，这是其正当性所在。出于对交易效率的考虑，作为例外，如果大学生能够提供独立于家庭支持、足够稳定并具有一定规模的收入证明，可以将其作为免除法定代理人追认的替代性选择，比如，合理、稳定的兼职收入证明等。最后，对于前述效力待定合同，电商可以根据《民法典》行使相应的催告权和撤销权，以此解决交易效率与实质公平之间的冲突。[2]

---

[1] 参见朱广新：《民事行为能力类型化的局限性及其克服》，载《法学评论》2014年第1期。

[2] 参见李海涛：《论无权处分与催告权和撤销权——兼评我国〈合同法〉第五十一条》，载《河南省政法管理干部学院学报》2005年第3期。

综上所述,将与大学生消费认知能力明显不相适应的网络信贷消费合同归结为效力待定合同,符合《民法典》关于合同效力认定的基本理念与精神。当然,在形式上确实与既有的法律规范不完全相符,所以需要对具体的法律规范进行调整。从可行性的角度出发,在不直接修改《民法典》的前提下,比较合理的做法是由最高人民法院修订《民法典》合同编的司法解释,明确司法审判中的裁判规则,为个案的解决提供依据。此外,将上述网络信贷消费合同归结为效力待定合同实际上是增加了电商的注意义务,以倾斜性权利义务配置的方式实现特定情境下的实质公平,从而实现法律特定的调整目标,这也符合《民法典》关于限制民事行为能力人及其实施行为的效力认定的立法考量。与此相关,从大学生作为特殊的消费者群体这一角度出发,还可以从消费者权益保护法层面加强对大学生消费权益的保护。

(三)对特定范围的商品应适当延长行使合同解除权的时限

《消费者权益保护法》第25条规定:"经营者采用网络、电视、电话、邮购等方式销售商品,消费者有权自收到商品之日起七日内退货,且无需说明理由,但下列商品除外:(一)消费者定作的;(二)鲜活易腐的;(三)在线下载或者消费者拆封的音像制品、计算机软件等数字化商品;(四)交付的报纸、期刊。除前款所列商品外,其他根据商品性质并经消费者在购买时确认不宜退货的商品,不适用无理由退货。消费者退货的商品应当完好。经营者应当自收到退回商品之日起七日内返还消费者支付的商品价款。退回商品的运费由消费者承担;经营者和消费者另有约定的,按照约定。"这就是消费者在特定交易环境下的合同解除权,也称后悔权,即在商品没有瑕疵的情况下,基于在特定交易环境下保护消费者权益的考虑,允许消费者行使合同解除权。

后悔权的立法理由,主要是考虑在网络、电视、电话、邮购等销售方式下，经营者处于比较明显的优势地位。[1] 以电商交易为例，网络购物环境、交易宣传方式以及支付方式等客观上均便利了经营者的夸大或不真实宣传，会显著刺激消费者不理性的购买需求，引发消费者的冲动消费，实际上也就是更容易激发消费者不成熟的消费认知能力。而这些问题在大学生网络信贷消费合同中均有直接、明显的体现。所以在大学生网络信贷消费合同中不仅需要高度重视这一制度，还应当予以强化，即在特定范围的商品上适当延长大学生行使合同解除权的时限，具体而言，有以下三个方面需注意。

第一，合同解除权制度要与效力待定制度相衔接。效力待定制度，是不直接承认合同的成立，而以法定代理人的追认作为合同生效和履行的条件，对电商规定的义务比较重。而合同解除权是承认合同已经成立，但在特定的时间里允许消费者反悔，对电商规定的义务相对较轻。当然，在效力待定合同中，电商可以催告代理人追认或者主张撤销权，而无论是代理人拒绝追认抑或电商行使撤销权，合同均将无效、无法得到履行，因此在结果意义上其与合同解除没有区别。就此而言，延长合同解除权的行使时限并没有过度增加经营者的义务，仍是基于保护大学生这一特定的消费群体而作出的倾斜但有节制的权利和义务安排。[2]

第二，要在具体规则上体现上文所说的这种衔接，关键问题是确定适用范围。如果将效力待定合同限定为较高需求的商品买卖合同，那么能够延长合同解除权行使时限的合同所对应的商品（或服务）范围，应当比前述商品（或服务）的金额略低、层次略低。比如，一般的电子产品、鞋、服饰、运动器械，以及平价的旅游和健身消费等。对这一类商品适用较长的合同解除权，一方面，可以确保合同订立生效之后的效力与履行，避免效力待定合

---

〔1〕 参见杨立新:《非传统销售方式购买商品的消费者反悔权及其适用》，载《法学》2014 年第 2 期。

〔2〕 参见刘凯湘、罗男:《论电子商务合同中的消费者反悔权——以〈消费者权益保护法〉第 25 条的理解与司法适用为重点》，载《法律适用》2015 年第 6 期。

同的适用范围过大从而干扰正常的交易秩序。毕竟在这一类商品上,大学生民事行为能力与消费认知能力之间的差距并不悬殊。另一方面,也可以让大学生有相对较长的时间检视自己的真实需求,缩短民事行为能力与消费认知能力之间的差距,并减轻或避免这种差距对自己学习、生活的不利影响。当然,具体适用范围的确定,还是应遵循前文有关效力待定合同适用范围的确定方法,金融监管部门、教育部门、市场监督管理部门不宜直接干预。

第三,延长的具体期间。总体而言,应当以《消费者权益保护法》规定的 7 天为基础,采取类型化的方法,在 7 天的基础之上作针对性的延长安排。比如,采取 7 天、14 天、21 天作为三个档次,也可以采取 15 天、30 天、45 天等不同的安排。但延长期也不应过长,否则一方面将人为增加交易的不确定性,另一方面也无法得到电商的配合,强行推广也无法真正实现规制的效果。法律规制/调整特别是私法调整的目标是平衡各方当事人权益,如无紧迫或特殊之理由,不应过多干预市场交易。[1] 故具体的延长期确定方法,仍应参照前述效力待定合同适用范围的确定方法为宜。

与前文主张将与大学生消费认知能力明显不相适应的网络信贷消费合同归结为效力待定合同类似,在特定范围的商品上适当延长大学生行使合同解除权的时限,也是基于《消费者权益保护法》设置合同解除权的基本法理和特定处境下倾斜性保护消费者权益的基本精神。但这与《消费者权益保护法》既有的法律条文之间也存在一定的缝隙,同样需要通过修改《消费者权益保护法》或者制定相关司法解释等方法加以填补。此外,最高人民法院也可以通过召开新闻发布会、法院系统内部工作会议等方式传达这样的公共政策导向,鼓励地方法院在个案裁判中通过对既有法律条文的扩大解释实现上述导向,并将这些个案判决作为最高人民法院认可的指导性

---

[1] 参见俞梦睿:《消费者冷静期制度的法律属性与立法定位》,载《江淮论坛》2017 年第 1 期。

案例予以公布，对其扩大解释予以肯定，从而对同类案件的判决实现指引功能。

## 五、结语

就大学生网络信贷消费的私法调整而言，从合同法和消费者权益保护法的角度针对合同效力及合同解除权的分析当然并非全部，还可以从格式条款、集体诉讼、网络信贷平台清算或破产时的特别义务等诸多方面予以展开。不过通过这一个案分析可以看出，互联网金融的法律规制不能局限于以政府管制为核心的公法规制——即使是公法规制，也不能仅仅依赖准入、许可和处罚等手段，而应积极探索以当事人纠纷解决、权益救济和规则塑造为核心的私法调整路径。易言之，在坚持和完善公法规制的同时，也应着力完善私法调整的架构与适用。在互联网经济时代，消费者权益、企业与行业利益，以及监管机构的诉求，均不再截然对立而可以也应当彼此融合。唯有以这种融合为理念并完善相应的制度建设，才能有效满足实践对规则治理的需要，才能真正提高经济与社会改革的法治水平。

# 第八章　金融整治的法律治理：以"P2P 网络借贷风险专项整治"为例[*]

P2P 网络借贷风险专项整治引起了广泛关注。金融整治是我国金融监管中一种重要的机制和行为，涵盖立法、执法和司法等多个环节，具有问题与危机处置、行政处罚和规则重构等多重功能。在金融产业利益考量构成监管的客观约束、监管规则整体上滞后于金融市场创新的现实背景下，金融整治具有止损、威慑和发现规则等重要的功能，但也存在投资者保护缺失、安全与效率失衡、监管意志替代市场判断等弊端。以 P2P 网络借贷风险专项整治为例，金融整治应定位于综合性金融治理机制并强化公共产品供给和利益平衡，以调整央地关系为核心完善整治主体及其职权设置，以类型化、分步骤、维持合法借贷和投资关系的稳定为核心提升整治标准和规则的合理性，促进 P2P 网络借贷平台向小额贷款公司、私募基金管理机构等组织转型，并以类型化治理和利益平衡为核心推进投资者保护。

## 一、引言

金融整治（或整顿、整改等）是我国金融监管中一种常见的现象。从早

---

[*] 本章主要内容曾以《金融整治的法律治理——以"P2P 网贷风险专项整治"为例》为题发表于《法学》2020 年第 12 期。

期的民间集资,到近年来的校园贷、场外配资等,对于金融市场中具有较强的普遍性且已经产生较大社会危害的行为,通过限制或禁止交易、追究相关主体行政或刑事责任以及重构相关市场规则等方式予以"整治",往往被视为惩戒相关主体与行为、恢复市场交易秩序与维护公共利益以及处置金融问题与危机所必需。

从实践来看,金融整治并不仅是一种行政处罚,而是具有多元功能和目标的综合性金融监管行为。中国金融市场环境及金融监管体制的特殊性,也使金融整治的改进不能只依赖控制金融监管机构及其权力,而应基于整体主义的理念和视野,从监管、产业、投资者之间的利益平衡出发,寻求综合性的法律治理路径。近年来的P2P网络借贷风险专项整治引起了社会各界的广泛关注,是我国近期金融整治的一个典型样本。本章拟以此样本为基础,对金融整治的行为模式和实际效应进行理论和制度分析,并就完善金融整治的法律治理提出相应的建议,以期对我国金融监管改革及其法治建设有所裨益。

## 二、P2P 网络借贷风险专项整治述评

以代表性的整治规则为依据,可以将 P2P 网络借贷风险整治总体上划分为以下三个阶段。需要说明的是,第一阶段的整治规则因法律位阶较高且内容具有基础性,大多由监管机构在官网明确公布;但第二阶段、第三阶段的大部分整治规则比较具体、零散、随机性强,且在官方渠道无从查询,本章所引主要来自各类媒体(包括自媒体)的影印、转载和报道。这也反映出金融整治浓厚的行政管理属性,在公开这一形式法治层面仍有改进的空间。

(一)第一阶段:2015 年 10 月至 2017 年 8 月

P2P 网络借贷整治源于 2015 年 7 月央行、原银监会、证监会、原保监会等十部门联合颁布的《互联网金融意见》。《互联网金融意见》将网络借贷划分为 P2P 网络借贷和网络小额贷款,并将 P2P 网络借贷平台定位于信息

中介,限定其应"为投资方和融资方提供信息交互、撮合、资信评估等中介服务……不得提供增信服务,不得非法集资"。

P2P 网络借贷风险专项整治从 2016 年 4 月开始正式启动。2016 年 4 月 12 日,国务院办公厅发布《互金整治方案》,强调"P2P 网络借贷平台应守住法律底线和政策红线,落实信息中介性质",列出了资金池、发放贷款、期限错配、期限拆分等业务禁区,要求各省级政府对辖区内的 P2P 网络借贷平台按照信息中介标准进行整顿并在 2016 年 11 月底前完成。该方案还规定"成立由人民银行负责同志担任组长,有关部门负责同志参加的整治工作领导小组"作为整治的实体组织机构,即互金整治小组。2016 年 4 月 13 日,原银监会发布《P2P 整治方案》,提出合法 P2P 网络借贷平台的 5 大标准:机构满足信息中介的定性、业务符合直接借贷的标准、不触及业务"红线"、资金第三方存管、信息披露机制完备,以及按照合规类(加强持续监管)、整改类(业务范围超出信息中介的要求,予以限期整改)、取缔类(实施非法集资等违法犯罪行为,予以坚决退出)分类处置的基本思路;提出了"摸底排查、一户一档"的整治方法:各省级人民政府"综合采取公告确认、电话联系、现场勘查、高管约谈等方式对行业机构数据统计的内容进行逐一核实,并要求机构法定代表人或高级管理人员等对核实后的信息进行签字确认"。该方案规定由原银监会(组长单位)会同其他部门组成网贷整治小组。2016 年 8 月,原银监会会同工业和信息化部、公安部、国家互联网信息办公室等部门发布了《信息中介机构办法》,以部门规章的形式确立了 P2P 网络借贷整治的法律依据,重申 P2P 网络借贷作为信息中介的法律定性,并采用负面清单的方式列出了平台禁止从事的业务种类。

但是到了 2016 年 11 月,由于整改对象的规模庞大、情况复杂,预期的摸底排查和分类处置工作未充分完成。P2P 网络借贷风险整治的背景,是市场上绝大多数 P2P 网络借贷平台长期以来都在实施资金池、发放贷款、资金错配、发行理财产品融资等被上述整治政策及法律规范明令禁止的业务。[1] 整治有"乱世重典"的背景,但通过行政手段强制性地颠覆和重构P2P网络借贷的市场规则,遇到的阻力可想而知。

(二)第二阶段:2017年9月至2018年6月

2017年9月,互金整治办发布《"三降"通知》,除对前一阶段的整治进行总结、重申加速推进整治任务外,提出对于待整改的P2P网络借贷平台"业务规模不能增长、存量违规业务必须压降、不合规业务不再新增"("三降"),以及"整改时间原则上不超过1年"。该通知之所以成为P2P网络借贷风险整治过程中的代表性文件之一,正是因为其明确规定了业务规模、存量违规业务和不合规业务的"三降"要求。从规则的文义来看,对于被列入"待整改"的P2P网络借贷平台而言,存量违规业务必须压降、不合规业务不再新增乃应有之义。即使是不区分业务是否违规即要求整体业务规模不能增长,也可以视为在整治背景下强化整治威慑、提高整治效率的必要之举。但在实践中,由于整改规则对合规业务的界定(限定于信息中介)与P2P网络借贷行业的现实差距过大,导致行业中的绝大部分P2P网络借贷平台都被列为待整改对象,[2] 换言之,绝大部分P2P网络借贷平台都存在"待整

---

[1] 根据《信息中介机构办法》的规定,P2P网络借贷平台被明令禁止(含受托)的业务包括:为自身融资;接受或归集出借人资金;提供担保;违法宣传或推介融资项目;发放贷款(法律法规另有规定的除外);拆分融资项目的期限;自行发售理财等金融产品或代销金融产品;开展类资产证券化业务或实现以证券化资产等形式的债权转让行为;与其他机构投资、代理销售、经纪等业务进行混合、捆绑、代理(法律法规和网络借贷有关监管规定允许的除外);虚假片面宣传或促销;向借款用途为投资股票等高风险的融资提供信息中介服务;股权众筹等。除了少数明显的违法内容,基本覆盖了整治前P2P网络借贷平台的主要业务种类。

[2] 据网贷天眼研究院的数据,截至2019年10月31日,全国P2P网络借贷平台数量累计达6698家,其中问题平台5795家,在运营平台903家。2019年10月,无新增网贷平台,新增问题平台10家。11月,行业成交额为604.72亿元(环比下降16.48%),贷款余额为7761.29亿元(环比下降4.9%)。转引自《10月网贷行业报告:监管试点信号渐明,行业成交再降16.48%》,载网贷天眼网2019年11月1日,https://news.p2peye.com/article-552873-1.html。另据报道,截至2020年3月末,全国实际在运营网络借贷机构仅139家,机构数量、借贷规模及参与人数连续21个月下降。整治工作开展以来,累计已有近5000家机构退出。参见《互金整治领导小组和网贷整治领导小组:存量风险处置当核心工作抓》,载新浪网,https://finance.sina.com.cn/roll/2020-04-24/doc-iirczymi8156667.shtml。

改业务"(信息中介以外的业务)。此外,投资者对于既有P2P网络借贷产品的庞大需求累积成巨大的业务存量,造成"法不责众"、等待观望等市场心理。以上因素导致了待整改平台的业务规模、存量违规业务、不合规业务在整治开始后依然上升,构成了整治的巨大压力。整个行业的整治进程严重滞后,迫使监管机构进一步撇开产业现状,选择强化行政许可、行政强制和行政处罚等惯用的行政管理工具。"三降"禁令剧烈冲击了整个P2P网络借贷产业的交易秩序和经营基础,P2P网络借贷平台对新增业务及其蕴含的资金错配功能具有高度的依赖性,"三降"掐准了平台的命脉,加剧了整改类平台的流动性危机。

2017年12月,为了落实、呼应和强化互金整治办发布的《"三降"通知》,网贷整治办发布《验收通知》,要求各地方按照"一家一策、整改验收合格一家、备案一家"的标准,在2018年6月末之前完成P2P网络借贷平台的整改验收暨备案登记。这是P2P网络借贷风险整治过程中首次采用行政许可的方式,尽管为了避免与《行政许可法》关于行政许可设权的规定冲突,监管机构采取了"备案登记"的措辞,但其实际效果与行政许可无异。《验收通知》进一步强化了整治规则的强度和约束力,在产业性整治规则中注入了越来越多的行政意志,在提高整治效率的同时也进一步加剧了整治与市场的对立。

(三)第三阶段:2018年7月至今

2018年7月9日,互金整治办宣布整顿完成时间延长至2019年6月。2018年8月13日,网贷整治办发布《网贷108条》,分5部分、37类、108条列出了P2P网络借贷平台的负面清单标准,并要求于2018年12月底前完成整治。2018年12月,互金整治办、网贷整治办联合发布《网贷175号文》,原有的"分类整治"已经转变为"坚持以机构退出为主要工作方向,除部分严格合规的在营机构外,其余机构能退尽退,应关尽关,加大整治工作的力度和速度"。《网贷108条》的颁布,体现出监管机构强化和细化行政许可、以市场准入推进整治的决心和思路。整治不断延期带来的压力,加剧了监管机构追求实效的倾向,整治标准也变得日益严格。而《网贷175号文》的颁布,特别是"能退尽退,应关尽关"的提出,引起了P2P网络借贷平台的清退浪潮。各地金融监管机构和互联网金融协会纷纷颁布"网络借贷信息中介机构退出指引",大量整改类平台在整治新规的压力下主动清退,或者被要求强制清退,核心内容是由平台通过催收、收购债权等形式提高出借人的回款比例,尽可能实现"良性清退"。清退成为主导性的整治规则,标志着P2P网络借贷风险整治从最初的分类对待、产业稳定与金融监管并重,急速转变成以行政许可、行政强制和行政处罚为核心的管制,由此对行业产生颠覆性的影响。情况复杂、利益牵扯庞大的产业性综合治理,被粗放地简化为与社会治安管理类似的行政执法。中央掌控整治规则的制定权,地方负有实际推行的职责,行业、平台及投融资当事人则承担整治的成本。在整治及清退重压下,介入借贷关系的整改类平台因资金链断裂而"出险",借款人逾期不能回款引发全平台出借人的恐慌,整改类平台出现的问题越来越多,反过来强化了清退的正当性。P2P网络借贷产业的现实业务规则被否定,庞大的存量债权债务关系清理缺乏足够的时间和空间,投融资当事人对平台及交易的信任和预期均受到冲击和干扰。

2019年6月也即互金整治办宣布的延期时限到来后,整治的进展仍未达到监管者预期。从媒体公开报道来看,虽然监管机构不再新增整治规则,也不再刻意强调整治期限,但不时出现的P2P网络借贷平台出险或"暴雷"以及清退工作整体进展缓慢带来的压力,促使各地方金融监管机构开始严格按照《信息中介机构办法》(核心是将P2P网络借贷平台的业务范围严格限定于信息中介)落实对辖区内P2P网络借贷平台的验收工作。以省级政府为单位,全面出清、取缔P2P网络借贷业务成为新的整治导向。2019年10月,湖南省率先宣布取缔辖区内的P2P网络借贷业务。2020年4月,互金整治小组和网贷整治小组联合召开"互联网金融和网络借贷风险专项整治工作电视电话会议",要求"争取2020年基本完成互联网金融和网贷风险专项整治的主要目标任务"[1]。截至2020年8月,共有19个省级地方政府宣布因"行政核查不完全合规以及未纳入行政核查的所有开展P2P网络借贷业务的机构均属违规经营"等,对本辖区内的P2P网络借贷机构全部予以取缔[2]。2020年8月14日,央行党委书记、原银保监会主席郭树清在接受采访时表示,网贷平台"从最多时的五六千家到6月底只有29家在运营,专项整治工作可能年底就会基本结束,转入常规监管"[3]。

### 三、金融整治效应的分析

（一）金融整治是具有多元功能和目标的综合性金融监管行为

金融整治行为在法律上应当如何定位,是对其予以分析和完善的前提。从公共安全、医疗卫生、食品安全、社会治安等其他领域的"整治"实践来看,整治主要由特定的行政机关实施,就行政法的角度而言,整治不是一种常态行为,而往往被定位为具有应急性质的具体行政行为。整治的核心在于对违反已有法律规范(广义,下同)的行政相对人予以处罚,目的在于恢复已有法律规范确立的公共管理秩序。但金融整治却与上述领域的整治多有不同。比如,尽管其也多因突发性金融问题和危机而产生,也以行政强制、行政处罚等为重要手段,但其运行的机制却不是简单的"执法必严、违法必究",而往往是在缺乏既有明确监管规则的情况下应对突发事件,具有比较鲜明的"规则创造"功能[4]。整治的过程同时也是"立法"的过程,很难用具体行政行为以概之。此外,金融整治在根本上受到产业利益的约束,具体强制和处罚手段在实施过程中受到监管成本和监管能力的

---

[1] 参见《互金整治领导小组和网贷整治领导小组:存量风险处置当核心工作抓》,载新浪网,http://finance.sina.com.cn/roll/2020-04-24/doc-iirczymi8156667.shtml。

[2] 参见《又一大省全面取缔P2P! 福建要求所有网贷机构今年内全部退出》,载网贷天眼网2020年8月7日,https://news.p2peye.com/article-564497-1.html。

[3] 参见《北京这一区力争本年度网贷风险基本出清 去年有12家P2P被立案》,载网贷天眼网2020年8月25日,https://news.p2peye.com/article-565173-1.html。

[4] 参见彭岳:《互联网金融监管理论争议的方法论考察》,载《中外法学》2016年第6期。

限制。故行政强制和处罚的效果具有比较明显的不确定性,不应成为金融整治内容的核心,也无法成为金融整治效果的依赖。[1] 从我国金融整治的实践来看,尽管不能称为常态化,但实际上已经成为监管机构的常备工具或者说一种监管策略,所以也不能将其局限于应急并因此忽略其合法性及合理性问题。[2]

从金融法的角度而言,金融整治应定位于具有多元功能和目标的综合性金融监管行为。对一种行为法律性质的界定,不能局限于主体、客体和权利(力)义务等因素的抽象法律属性,也不能受部门法划分的束缚,而应着重对其行为目的、制度背景、实践效果等进行"语境"解读。由此出发,其一,金融整治的目的并不是简单的行政强制和处罚,还涵盖了重构市场规则、重建市场秩序、威慑市场行为、保护投资者合法权益等更加多元也更加重要的目标。其二,金融整治不仅是一种简单的执法行为,还具有强大的"立法"(规则创造)效果。整治中形成的规则不仅能够对既有法律规范予以填补和细化,而且能够实现对监管机构权力与职责、市场主体权利与义务的重新配置。[3] 其三,金融整治在实践中会产生复杂的正负外部性,实际效果也受到多元化因素的制约。金融整治一般因应急处置而起,整治的依据往往并不明确,因此实际效果存在比较明显的不确定性。金融整治针对的是高度复杂和专业的金融市场,且涉及庞大群体和巨额利益的合法性认定及分配,应急压力下新创制的整治规则本身具有一定的试错性,因此,其对市场的影响也是正负效应兼具。下面具体结合 P2P 网络借贷风险专项整治,对金融整治的前述"双刃剑"效应进行具体的语境分析。

(二)金融整治具有止损、威慑和发现规则等重要功能

首先,金融整治能够避免已有的问题和危机恶化。金融整治的起因,

---

〔1〕 参见赵渊、罗培新:《论互联网金融监管》,载《法学评论》2014 年第 6 期。
〔2〕 参见陆岷峰、徐博欢:《金融乱象与金融治理——基于改革开放 40 年金融整治经验》,载《财经科学》2018 年第 10 期。
〔3〕 参见刘志云:《互联网金融整治背景下的立法思考》,载《企业经济》2018 年第 7 期。

一般是发生了市场主体规模性的欺诈、侵权等违法或犯罪行为，或者虽然尚没有直接、具体的监管规则和判准，但基于市场行为引发损害市场安全和公众利益等负外部性结果而启动整治，且在实践中以后者居多。在这种情况下，以强制性、禁止性内容为核心的整治，能够产生遏制风险源头、避免损失扩大的客观效果。P2P网络借贷产业之所以引发整治，除了直接实施集资诈骗、非法吸收公众存款的"取缔类平台"，整改类平台的主要风险源于平台直接借入资金或发行理财产品自融，违反了整治规则对"信息中介"的限定。P2P网络借贷产品具有极强的利益诱导性，因而参与者众多，而且其风险控制对于增量利益有较强的依赖性[1]。即使发生危机，平台也惯于通过扩大参与者的方式隐匿和转嫁风险。而投资者为了暂时满足当下的个人利益或避免个人利益在当下受到损失，也倾向于配合扩大参与者的规模。投资者对于利益的诉求，本质上是无法事先通过法律加以剥夺和限制的，否则只会激发更多的规避[2]。但这确实属于由市场配置资源产生的负外部性，具有内生性和客观性，因此需要法律干预。以结果为基础和导向的金融整治，在这个意义上的止损功能无疑具有重要的意义。

其次，金融整治能够对整个产业形成威慑。金融市场的复杂性、专业性和变动性，导致监管规则的滞后成为常态。一般性法律规则在金融监管中往往面临适用的困境，但监管规则过于直接、具体又会导致执行成本过高、妨碍市场创新等桎梏。因此金融监管尤其是新兴金融产业监管，往往聚焦于"底线监管"，常规状态下保持适度宽松，紧急状态下通过整治形成对整个产业的威慑。P2P网络借贷风险整治的起因，无论是平台异化为非法吸收公众存款和集资诈骗等违法犯罪的工具，还是平台超越信息中介实施自融、资金池、担保等行为后无力向投资者兑付和偿还，根本上都是源于

---

[1] See Kathryn Judge, *The Future of Direct Finance: The Diverging Paths of Peer-to-Peer Lending and Kickstarter*, Wake Forest Law Review, Vol. 50:3, p.609(2015).

[2] 参见陈斌彬:《论中央与地方金融监管权配置之优化——以地方性影子银行的监管为视角》，载《现代法学》2020年第1期。

在缺乏直接、具体监管规则的情况下,平台利用吸收资金便捷、资金回报快捷和监管宽松等因素,从借贷中介异化成"超级借款人"直接借入资金,或者通过发行理财产品吸入资金,继而通过资金错配形成杠杆效应向众多债务人放贷,并通过持续自融、扩大借贷规模等方式维持运营和获利。从实践来看,P2P 网络借贷风险的爆发,源于债务人不能还款即违约的比例最低,平台为了抽取高额佣金而放弃对债务人的风险控制。最高的比例则是平台利用自融和错配形成的资金池进行投资后失败,或非法挪用、侵占投资者资金,最终导致大规模的投资者资金无法偿还。[1] 整治直接限定 P2P 网络借贷平台的经营范围和业务规则,明令禁止平台介入资金借贷,堵塞了资金错配这一 P2P 网络借贷平台的利器,对市场的威慑作用明显。

最后,金融整治的规则创造功能有助于"发现"和"生成"新的产业规则。金融监管一来不能止于行政许可,二来不能止于应急处置,因为准入控制和结果导向均无法对市场运行的整个流程形成监管。[2] 产业在实践中自发形成的运行规则具有更高的效率,相对而言也具有更低的实施成本,但也容易形成整个行业的负外部性,引发"公地悲剧"。以上因素往往导致监管规则与市场自身规则的断裂,并引发监管效率低下、选择性监管干扰市场预期、激发市场规避等。尽管对于监管机构来说,金融整治具有创造规则的立法功能主要出于为应急性强制或处罚提供依据之需要,但其客观上也为发现和生成更直接、更具体即更贴近产业运行实际的监管规则创造了契机。比如,撇开限定 P2P 网络借贷平台作为信息中介的合理性不论,从《互金整治方案》和《P2P 整治方案》开始,经由《信息中介机构办法》和《网贷 108 条》等一系列整治规则,以及《网络借贷信息中介机构备案登记管理指引》、《存管指引》、《网络借贷信息中介机构业务活动信息披露指

---

[1] 参见贺新宇、魏建:《地方金融监管与扩展型规则:以网贷市场为例》,载《改革》2020 年第 4 期。

[2] 参见周仲飞、李敬伟:《金融科技背景下金融监管范式的转变》,载《法学研究》2018 年第 5 期。

引》(原银监会,2017年)、《关于加强P2P网贷领域征信体系建设的通知》(互金整治小组、网贷整治小组,2019年)等配套性规则的发布和实施,P2P网络借贷产业的规则得以成型并体系化。整治以结果为导向,事件的发生提升了市场和社会对于政府干预的诉求及认同,也为新规则的生成打开了空间,金融整治在发现规则上的重要价值不可否认。

(三)金融整治存在投资者保护缺失、安全与效率失衡、监管意志替代市场判断等问题

首先,金融整治能够产生止损的效果,但对投资者的保护则显著不足。重惩罚、轻救济,对经营者的处罚与对投资者的赔偿相分离,是我国现行金融监管体制的一大特点,[1]也是将监管主要定位于行政许可和行政处罚的"管控式监管"模式的集中体现。金融整治是上述"管控式监管"在金融问题与危机处理场景下的体现乃至强化,其在投资者保护和金融机构处罚上的轻重差异,也均被进一步放大。金融整治的止损效果,主要依赖于对市场主体及其经营能力的限制和禁止,避免增加投资者新的损失。但对于投资者已有的损失如何救济,却很少在整治的考量范围内。在P2P网络借贷风险专项整治过程中,整治的工具从分类整顿到行政许可(备案、验收),再到平台清退、风险出清、市场准入、行政许可和行政处罚等不断得到强化,而对投资者的保护却很少出现在整治各个阶段的政策和规范中。比如,2020年8月,福建省打击和处置非法集资工作领导小组办公室、福建省互联网金融风险专项整治工作领导小组办公室发布《关于防范P2P网贷平台非法集资风险提示》,在严令"所有网贷机构于今年内全部退出市场。任何机构未经许可不得开展P2P网络借贷业务,一经发现,按照处置非法集资工作机制予以取缔"的同时,对于投资者保护仍旧是原则性的规定:"P2P网贷机构的业务终止,不影响已经签订借贷合同当事人的合法权利

---

[1] 参见姚海放:《治标和治本:互联网金融监管法律制度新动向的审思》,载《政治与法律》2018年第12期。

和义务。出借人和借款人在网络借贷平台上形成的合法债权债务关系受法律保护,借款人应依法依约履行还款义务。出借人、借款人、P2P 网贷机构之间的纠纷,可通过自行和解、申请仲裁、提起诉讼等途径解决。如出现涉嫌犯罪行为造成出借人损失,相关出借人可依法向公安机关报案。"按照现有的法律规范及整治规则,涉及犯罪的取缔类平台,投资者损失按照刑事程序中的追赃退赔解决(下文详述);整改类平台在清退过程中,投资者回款按照本金优先、打折转让(给平台)等方式进行。无论哪一种方案,处置效率和最终效果都与投资者预期甚远。金融整治并不必然排斥投资者救济,甚至可以实现规模化、低成本和高效率的救济,但以行政手段为核心的整治,无法为投资者保护提供必需的制度、机构等公共产品支持。[1] 对整治进度、"三降"管制的量化偏好和急于求成,导致整治事实上成为投资者损失的直接原因之一。投资者应承担的正常的商业风险与整治带来的政策风险发生混同,监管实际上承接了平台风险控制失败的部分后果,对投资者保护的显著不足弱化了金融整治的实际效果尤其是社会认同。

其次,金融整治能够对市场形成威慑,但对安全与效率的考量往往处于失衡状态。金融市场对安全和效率的诉求并重,决定了金融监管应当在安全与效率之间维持平衡。金融产品和服务的杠杆性放大了市场的逐利性,监管规则的滞后、模糊等问题刺激了经营者对效率、利益的过度追求,最终酿成金融问题和危机,进而引发金融整治的介入。将"市场决定资源配置"错误地理解为政府与市场应当分离、监管只能扮演"守夜人"角色(主要履行处罚职责),[2] 确实提高了市场的效率。与处理监管和投资者保护之间的关系一样,安全与效率也被割裂。但金融市场的安全与效率是无法割裂的,以割裂二者为基础的金融整治,威慑效应高度依赖上述行政手段,导致整治标准看似明确,其实治标不治本,"按下葫芦浮起瓢";整治

---

[1] 参见郭雳:《证券执法中的公共补偿——美国公平基金制度的探析与借鉴》,载《清华法学》2018 年第 6 期。

[2] 参见史际春:《政府与市场关系的法治思考》,载《中共中央党校学报》2014 年第 6 期。

效果看似立竿见影,实际效果却存在很大的不确定性。[1] 比如,对 P2P 网络借贷的整治标准采取了简单的"两分法",要么只做信息中介,要么转型为网络小额贷款公司。但是在信息中介与现存的 P2P 网络借贷平台经营范围差距过大、网络小额贷款公司监管标准又不明确的情况下,整治的实际效果转化为迫使现有的 P2P 网络借贷平台快速清退。就数据而言,P2P 网络借贷借贷增量确实在减少、不符合信息中介的业务确实在消亡,甚至发展到各地监管机构以辖区内已经取缔 P2P 网络借贷业务为整治成果的标志,但与此同时,因整治期限所迫、因运动式监管所迫而导致的问题和危机却也随之增长。以结果为标准的金融整治,在逻辑上尽管可以应急之需而为其牺牲效率、保障安全的做法寻求实质合法性暨合理性支持,但其实际效果却往往导致包括经营者与投资者在内的整个市场利益受到过度甚至是不必要的牺牲。

最后,金融整治具有"发现"和"生成"规则的功能,但往往以监管意志替代市场判断。因市场主体严重违反既有法律规范的明确规定、酿成金融问题和危机而引发集中金融整治的比例并不高,以 P2P 网络借贷风险专项整治为例,金融整治的发生往往是因为监管规则缺失或者模糊,特定领域金融市场的供求双方因追求利益最大化而滋生过度风险并酿成金融问题和危机。整治的同时也是市场规则重构的过程,就此而言,这也是一种制度变迁的进路。但是由于整治以结果为导向,为了强化其止损和威慑效果,高度依赖行政许可、行政强制和行政处罚等手段,习惯于通过运动式监管、整风式监管追求监管效率,就容易形成监管意志对市场判断的替代。"我国金融制度的变迁有着明显的强制性特征,这使金融制度的供给与需求容易出现不相均衡的状况,继而引发一系列金融问题。"[2] 从市场的逻

---

[1] See Agasha Mugasha, *Securing Effective Regulation of the Shadow Banking System*, European Business Law Review, Vol.29:4, p.505(2018).

[2] 王煜宇、何松龄:《金融监管腐败:结构性制度成因与供给侧结构性改革》,载《现代法学》2018 年第 5 期。

辑来看，市场创新往往先于监管而发生，在不违反既有法律规范、未引发金融问题和危机的情况下，市场供求双方自发形成的规则是风险控制效果相对较好、运行成本相对较小的规则。在这种市场规则基础上形成的监管规则，能够与前者形成衔接，从而在降低监管成本、提高监管效率的情况下维持和增进市场效率。但是在金融整治环境下，规则的形成逻辑却是以全盘否认既有的市场实践及供求双方的利益诉求为核心，不仅会形成巨大的执法成本，还会引发监管与市场的对立。"政府监管的目的和手段有限，如果监管手段太过宽泛，极易造成监管失范。而一旦强硬监管，又容易与市场脱节。"[1]金融监管与普通治安管理处罚的一个重要不同，是前者事实上内生于市场可持续发展这样一个整体，监管与产业利益不可能也不应当完全对立。监管无法替代市场满足投资者的利益诉求，监管的终极目标不应当是处罚经营者乃至"市场出清"，而应当是保护经营者的预期和投资者的权益。金融市场规则确实不应任由市场自生自发而形成，但即便是在风险失控、出现金融问题和危机因而予以整治的情况下，也不应当以监管意志任意替代市场判断，导致对市场实际运营规则和投资者实际需求的忽视，进而陷入监管的治乱循环。我国 P2P 网络借贷产业诞生于企业（及个人）融资难、公众投资者（追求较高回报）投资难的大背景，绝大部分 P2P 网络借贷平台从开始就集中介、借贷、资管、担保等众多业务于一体，并且在改善上述两个指标上取得了不容抹杀的成绩，也形成了相应的风险控制机制。P2P 网络借贷风险整治以强制性的两分法作为前提，对 P2P 网络借贷产业的现状具有颠覆效应，应当给市场以消化的时间，而不应以行政力量过度追求整治效率。整治应当大力完善 P2P 网络借贷转型所需要的公共产品，避免整治形成新的市场恐慌、监管反而成为负外部性的重要来源。[2]

---

〔1〕 侯东德:《证券服务机构自律治理机制研究》,载《法商研究》2020 年第 1 期。
〔2〕 See William S. Warren, *The Frontiers of Peer-to-Peer Lending: Thinking about A New Regulatory Approach*, Duke Law & Technology Review, Vol. 14:10, p.299(2016).

## 四、公共产品供给和利益平衡视野下金融整治的法律治理路径

（一）金融整治应定位于综合性金融治理机制并强化公共产品供给和利益平衡

无论是基于包括金融监管在内的政府公共管理传统，还是我国金融市场发展的内在需求，金融整治都会作为一种常规的监管机制和方法持续存在，这也是讨论和完善金融整治的法律治理的前提。但金融整治不能局限于集中性的行政处罚，在强调事后监管的背景下，金融整治应定位于以规则重构为核心的金融综合治理，应以公共产品供给的理念强化金融整治过程中监管、产业与投资者之间的利益平衡。

金融整治往往以金融市场发生问题和危机作为启动的场景，也惯于集中使用整顿、关闭、吊销营业执照、罚没等行政处罚方式，因而具有浓厚的行政处罚色彩，但不能局限于此。即使对诸如非法吸收公众存款、集资诈骗等在形式上有明确规范依据和判例依据的金融整治，也屡屡出现对依据合理性（实质合法性）的质疑。[1] 何况诸如P2P网络借贷风险整治这样规范依据不明确、整治主要依据结果标准、通过重构规则整饬行业秩序的整治行为，必然会引起更大的争议。这并非全是市场主体基于"法不责众"的误解，而是体现出金融监管的特殊性：金融市场本是监管、产业和投资者的利益共同体。[2] 将整治局限于处罚，实际上是将监管与产业对立，处罚越严格，从长远来看就会激发更多的规避。而在整治轻视投资者保护的情况下，处罚越严格，监管与投资者的割裂就越严重，投资者对整治也会越发缺

---

[1] 比如，当年"孙某案""吴某案"等热点案件，引起了社会各界对于非法吸收公众存款罪、集资诈骗罪的定罪和量刑依据合理性的讨论及争议。参见刘燕：《发现金融监管的制度逻辑——对孙大午案件的一个点评》，载《法学家》2004年第3期；张绍谦：《论吴英罪不当死》，载《法学》2012年第3期等。

[2] See Roy J. Girasa, Richard J. Kraus & Jessica A. Magaldi, *Metropolitan Life and the Shadow Banking Controversy: Non-Bank Investment Alternatives to Traditional Banking*, North East Journal of Legal Studies, Vol.1, p.76(2016).

乏认同。[1]"我国尚有巨大的投融资需求未被市场所消解,这种投融资需求反映的是政府与市场共同的利益诉求。我国的金融法律并没有对非正式金融形成有序的路径规制,非正式金融在弥合政府与市场供需裂缝的同时,不断寻求脱法利益与非法利益。"[2]是市场供给而不是监管满足投资者的利益诉求,从长远来看,行政化整治留下的市场供给空白,很容易成为下一次问题的源头。

近年来,金融监管体制改革的取向是淡化事前审批、强化事中和事后监管。金融市场中的经营者与投资者之间存在信息不对称,而金融市场与金融监管机构之间亦然。经济基础决定上层建筑,不断壮大且可持续的金融产业利益实际上构成了监管的基础和前提。金融市场需要创新,金融监管亦然。监管不能仅仅着眼于对市场的约束和控制,更要对市场形成足够的激励。"由于人类认知的局限性,使并不存在哪个个体有能力掌握对复杂系统的全部认知,包括金融市场的监管者。"[3]对于千变万化、复杂又专业的金融市场,监管机构对于规则合理性的判断能力,往往并不比经营者和投资者更强,因此通过事后监管以保持适度宽松、允许试错和容错,是监管和市场共同的客观需要。但是金融市场交易具有规模性,个别或局部的负外部性往往危及整个市场乃至社会。因此,需要构建合理、有效且有"硬度"的监管规则保持过程威慑,并在出现问题和危机等不良结果时及时介入。相比依据已有的监管规则对个别违法行为予以处罚,对于市场在监管规则不明确的情况下出现的具有普遍性的问题和危机予以集中整治,无疑具有更重要的意义。整治不仅可以因规模化处理而提高处罚效率、降低处罚成本,而且其在重构规则层面的功能更为重要。在处理问题和危机的过程中推进监管规则的形成,更容易获得市场尤其是投资者的认同。从规则

---

[1] 参见阳旸、刘霞:《金融监管中的道德风险探究》,载《伦理学研究》2018年第6期。
[2] 吕铖钢:《地方金融异化的反思:财政失范、资本失序与金融结构变形》,载《当代财经》2017年第6期。
[3] 宋晓燕:《论有效金融监管制度之构建》,载《东方法学》2020年第2期。

暨制度变迁的角度来说,制度经济学将制度变迁分为强制性制度变迁(政府主导)和诱致性制度变迁(市场形成),[1]但二者之间并非对立关系。改革实践证明,政府主导的以市场为导向(如以市场作为资源配置的决定性因素)的改革,可以促进和实现二者的衔接与融合。对金融市场的事后监管策略也具有这样的应然功能,金融整治不仅是对金融问题和危机的应急处置方法或集中处罚形式,而是集止损、威慑、规则重构于一体的综合性金融治理机制,是推行金融市场事后监管的重要保障。

现代金融市场对监管的要求不止于许可、强制和处罚,而是要求监管能够内生于市场,通过发现、确立和执行规则,消弭和抑制市场的负外部性,减少交易费用,增进产业和社会的整体利益。[2] 监管不能止于管控,而应定位于综合性的金融治理,以整体主义为理念和方法论,促进监管、产业和投资者之间的利益平衡,增进社会整体利益。监管机构的核心角色在于为金融市场提供公共产品,包括准入与交易规则,产品与服务标准,权利与义务分配,信息披露与信用等级管理,纠纷解决与赔偿责任,激励和处罚机制等。监管机构并非垄断前述公共产品的供给,更不能以自己的意志和利益诉求取代市场的诉求和判断,而应基于社会整体利益的立场,促进监管规则、行业性规则与经营者内部规则的衔接与转化,促进公共产品供给主体的多元化,从而实现制度变迁中强制性与诱致性的融合(公私融合)。金融整治作为特殊场景下的金融治理机制和行为,面临的情势往往是监管规则缺失或既有的监管规则失败,且产业利益和投资者利益均受到重大损害,监管肩负的目标也因此更加多元化。整治中形成的规则依据往往成为未来监管规则的基础,其对于整个市场的影响无疑更加举足轻重,应以公共产品供给的理念强化金融整治过程中监管、产业与投资者利益的平衡。

---

[1] 参见林毅夫:《关于制度变迁的经济学理论:诱致性变迁与强制性变迁》,载[美]R.科斯、A.阿尔钦、D.诺斯等:《财产权利与制度变迁——产权学派与新制度学派译文集》,刘守英等译,上海三联书店、上海人民出版社1994年版,第373页。

[2] 参见季奎明:《金融市场基础设施自律管理规范的效力形成机制》,载《中外法学》2019年第2期。

## （二）以调整央地关系为核心完善整治主体及其职权设置

我国的金融监管有中央集中统一监管的传统，主要由"一行两会"行使监管职权，制定和实施监管规则，负责对银行、证券、保险、期货、基金、信托等大体量金融机构进行监管。近年来，随着小额贷款公司、融资担保公司、区域性股权市场、融资租赁公司、股权众筹机构以及 P2P 网络借贷平台的迅猛发展，地方金融监管也得到了迅速强化。截至 2019 年 3 月，全国 31 个省级地方金融监督管理局均挂牌成立，并陆续在行政管理层面完成"三定方案"成为地方政府直属机构。不过地方金融监管主要来自国务院及"一行两会"的授权，P2P 网络借贷平台等地方金融组织并不独立于中央监管，央地监管机构对其均有监管职权，金融监管中的央地关系也日益成为影响具体领域监管绩效的关键因素。

比如，P2P 网络借贷风险整治成立了互金整治小组和网贷整治小组，旨在促进中央监管机构及相关部门之间的协调，其本质仍然是强化集中监管。对于银行、证券、保险等在金融市场中的违法行为以及出现的问题和危机，央行尤其是证监会、原银保监会在整治上已经积累了比较丰富的经验，因整治对象规模相对有限，监管机构的人力和物力整体上也能保证整治的效果。但是对于 P2P 网络借贷平台等地方金融组织，如果仍然坚持整治全过程均实行中央集中统一监管，对整治的影响则是弊大于利。"针对传统正规金融机构所建立的中央金融监管体制已难以对地方金融的扩张性发展形成有效性监管。"[1] P2P 网络借贷产业的形成具有显著的地方性色彩，其便捷的交易模式契合了市场庞大的投融资需求，加上受益于宽松的监管环境，产业规模急剧扩张，风险失控酿成问题和危机后引发中央出手整治。从整治面临的应急处境及提高整治效率、强化对市场的惩戒和威慑的目标来看，该种方式却有显著的改善空间。不同地方的 P2P 网络借贷产业发展规模、资产负债结构、交易模式、风险控制等情况均有较大差别，

---

[1] 刘志伟：《地方金融监管分权：协同缺失与补正路径》，载《上海金融》2017 年第 1 期。

不宜一概而论。除了少数以借贷为名实施的违法犯罪,绝大部分P2P网络借贷问题和危机的起因是部分机构和部分交易行为的风险控制失败而导致规模化的负外部性,而并非整个产业都构成违法犯罪。P2P网络借贷整治的实质是以结果为标准而重构规则,并强制要求整个产业摒弃现状而遵循新的规则。P2P网络借贷产业庞大的规模基础、整治规则对产业现状的颠覆性、整治后监管的实施和持续等众多因素,都决定了整治的实际推行需要依赖地方。[1] 但是整治规则的制定权由中央监管机构垄断,面对客观上存在的区域差异性和不可避免的复杂性与长期性,P2P网络借贷整治只能选择"一刀切"的方式,要求地方落实和执行。而整治期限一再延长、实际整治规则一再趋严,实际上反映了这种集中整治模式对于P2P网络借贷风险整治具有很大的负外部性。不能因为19个省级政府宣布取缔辖区内的P2P网络借贷就简单地认为整治已经大功告成。因"行政核查不完全合规以及未纳入行政核查的所有开展P2P网络借贷业务的机构均属违规经营"而取缔,只能说明在地方政府以及中央整治规则确定的期限内待整改的P2P网络借贷平台未能实现合规,取缔禁令只是宣告了平台整改失败这一结果。至于这些不合规的P2P网络借贷平台后续如何处理,机构转型、债权债务清理等核心问题均具有很大的不确定性和风险隐患。地方政府"成效显著"的配合固然与中央"令行禁止"的行政管理传统有关,但也与P2P网络借贷风险整治一再延期、压力日益增大,P2P网络借贷产业因"一刀切"地强行整治而失去对基本秩序与合法性的预期,平台"暴雷"、负责人跑路、投资者恐慌、引发社会问题等严重事件频发,地方政府受到的压力与日俱增因而不得不利害相权。至于是否有更好、更适合本地实际情况的整治方法,以及地方金融产业利益和投资者保护等问题,则被地方监管机构予以忽视。

对于以P2P网络借贷风险整治为代表的地方性金融组织的风险整治,

---

[1] 参见靳文辉:《互联网金融监管组织设计的原理及框架》,载《法学》2017年第4期。

理顺其中央地关系的合理方式,应当是实行分权式整治,尤其是在整治规则的制定权上实现合理分权,并合理分配央地监管机构在整治中的职权。中央监管机构的核心职权应在于把握整治的原则与标准,统筹协调各地方监管规则的制定和实施,并着重在金融产业政策、投资者保护等方面完善公共产品供给。具体的整治规则、整治期限、处罚标准等则应分权给地方。比如,对于P2P网络借贷风险整治,应由金融委员会统筹,将31个省级地方政府的金融监管机构均纳入互金整治小组和网贷整治小组作为成员,进而制定整治的原则和标准,处理P2P网络借贷平台转型、债权债务清理和投资者保护等重大问题,协调和监督各地方的整治过程。具体的整治则由各省级地方政府因地制宜解决。

除了央地关系,行业协会在整治中的作用问题也值得重视。"监管主体与被监管对象及其他相关主体之间欠缺常态化的平等的对话沟通交流机制,使监管主体无法真实洞悉金融创新的实质、金融创新的风险与收益,致使监管效果大打折扣。"[1]行业协会作为自律性监管组织参与监管,一方面,能缩短监管链条、提高整治效率;另一方面,也能促进产业利益和监管利益的协调、提高整治规则的合理性。但是行业协会参与监管应当获得监管机构的授权,并体现出成员对行业性规则的参与。这次P2P网络借贷风险整治中的清退规则绝大多数是由省、市级的互联网金融行业协会制定,[2]但在大部分规则中既未见其列明已获监管机构授权,也未见其说明是否经过行业内成员的讨论,导致在上述两个应然效果上都存在不确定性。

(三)以类型化、分步骤为核心提升整治标准和规则的合理性

良好的金融秩序归根结底是市场形成的,而不是监管机构直接"管"出

---

[1] 张永亮:《金融监管科技之法制化路径》,载《法商研究》2019年第3期。
[2] 也有少数地方是由地方金融监管机构制定清退规则,比如厦门市网络借贷风险专项整治工作领导小组办公室制定的《关于做好厦门市网络借贷信息中介机构良性退出工作的通知》(2018年)、莆田市涵江区互联网金融风险专项整治工作领导小组办公室制定的《涵江区网络借贷等互联网金融机构良性退出工作方案》(2018年)等。

来的。"金融市场中的任何金融交易之产生都离不开供求法则,在供给以及需求的背后,是风险以及效率的分配。"[1]监管姓"监"固然没有错,但并不全面。金融治理/监管的实际效果在根本上取决于规则的合理性(实质合法性),而不是形式合法性。什么样的整治标准和规则才属于合理?才能最大限度地符合产业、投资者和监管机构的共同利益暨社会整体利益,而不仅仅是监管机构的判断?不同的金融市场领域各有特点,不能千篇一律。

首先,整治不能基于结果主义而否定整个产业的发展规律。"P2P网络借贷风险整治"这一概念本身就存在一些模糊和歧义。P2P即"Peer to Peer"的本义,是借贷双方通过平台而不是银行完成借贷交易,其本身属于一种技术范畴,并不涉及具体的交易形式以及平台在其中的角色。从P2P网络借贷在我国的发展实践来看,受普惠金融整体上实行宽松监管、平台间激烈竞争、借贷双方庞大的投融资需求等众多因素影响,其逐渐发展成集信息中介、借贷(平台向融资者发放贷款后向投资者转让债权,或者向投资者借入资金形成债务后向融资者转让债务)、资管(发行理财产品)、增信(担保)等众多业务于一体的混业金融平台,并成为商业性金融市场一股重要的竞争性力量。除去少数直接构成违法犯罪的情形,P2P网络借贷产业之所以发生问题和危机并引发整治,根本原因是P2P网络借贷平台出现了行业性、普遍性的风险控制失败,直接原因是产业的超常规发展缺乏行业自律和监管机构监管,而不是整个P2P网络借贷产业存在内生缺陷。P2P网络借贷的商业模式客观上会激励经营者走向混业金融组织,只要平台自身的风险控制有效,辅以行业自律和监管机构监管,那就与其他领域的金融组织及行为一样——混业经营虽然不可避免地会产生问题,但也不至于要否定整个产业本身。比如,上市公司信息披露造假一直是证券市场监管的顽疾与痛点,不时有震惊全社会的大案要案出现,难道就要暂停或

---

[1] 朱慈蕴:《中国影子银行:兴起、本质、治理与监管创新》,载《清华法学》2017年第6期。

者取消公司上市制度？P2P 网络借贷风险整治的核心内容,并不是依据已有的监管规则处罚违法犯罪行为,而是基于结果主义的考量,在颠覆市场现状的基础上重构规则,并据此清理市场。这并不是简单的行政处罚,而是让市场(经营者和投资者)承担监管机构重构规则的成本。符合 P2P 网络借贷市场发展规律的监管规则,应该是借鉴《证券法》对证券公司业务范围的监管方法,[1]构建"类型化＋风险控制"的监管模式,针对 P2P 网络借贷平台的各项业务范围设置不同等级的监管标准和规则,从而实现风险控制的精准化,而不是"一刀切"地限定 P2P 网络借贷平台只能作为信息中介,除此以外的所有业务全部视为违法而取缔。在现有的整治策略下,受冲击最大的并不是违法犯罪的平台,而是风险控制良好的平台及其投资者,以及市场对监管规则的预期。

其次,即使以"单一信息中介"作为 P2P 网络借贷风险整治的标准,也应当严格遵循类型化、分步骤的整治原则,以合法借贷和投资关系的稳定作为整治绩效的首要指标。如果以限定 P2P 网络借贷只能作为单一的信息中介为前提,在重构行业标准和规则基础上进行的整治显然面临巨大压力。规模极其庞大且类型复杂的资产负债结构、背后数以百万计的投融资主体、仍然在持续运营的巨额交易存量,都要求整治不能"一刀切"、急于求成而应实行类型化、分步骤的策略。这个道理并不难懂,形式上也已为《互金整治方案》《P2P 整治方案》所规定,但实践中并未得到坚持。"各种不同模式的违法违规行为,各自具有不同的法律性质,将其纳入统一的法律规范,追究同样的法律责任,其实并不合适。"[2]要将纸面上的"软原则"变成实践中的"硬约束",需解决的问题包括:第一,改变金融监管中惯有的行政

---

[1]《证券法》第 120 条规定:"经国务院证券监督管理机构核准,取得经营证券业务许可证,证券公司可以经营下列部分或者全部证券业务:(一)证券经纪;(二)证券投资咨询;(三)与证券交易、证券投资活动有关的财务顾问;(四)证券承销与保荐;(五)证券融资融券;(六)证券做市交易;(七)证券自营;(八)其他证券业务。"证券公司经营的业务范围不同(越多),相应的资格准入限制和监管强度也不同(越严)。

[2] 彭冰:《重新定性"老鼠仓"——运动式证券监管反思》,载《清华法学》2018 年第 6 期。

管控传统及其路径依赖。既有的金融整治被定位于问题与危机处置中的金融监管,以结果主义为前提,以应急处置为核心,行政许可、行政强制、行政处罚的集中运用被视为有充分之必要。管控思维主导的整治,必然以数量为绩效考核的标准,而分类整治、分步骤整治需要时间、指标构成复杂,缺乏管控式监管的认同和制度保障。应从理念、机构和制度等各个层面推进金融监管模式的转型。第二,设置更具全局性和统筹性的整治协调机构。互金整治小组和网贷整治小组主要代表中央监管机构的利益,负有应急整顿的职责,也直接承受整治时限的压力。应由金融委员会统筹制定整治规则,整治小组能够吸纳地方政府参与,并与行业协会和投资者及公众保持沟通,就会弱化整治时限压力对整治规则合理性的干扰。此外,由金融委员会统筹整治,还可解决整治中备案登记构成变相行政许可的法律障碍。第三,完善"事后监管"原则及其相应的监管能力。"事后监管"原则及其相应的监管能力尚未成熟,导致监管机构对市场安全过度敏感。在理论上,事后监管能够促进市场创新,而结果主义可以发现市场失灵及监管介入的空间,从而在市场与监管之间形成衔接。但是在监管和市场均尚不成熟的情况下,事后监管会导致监管机构怠于完善监管能力进而刺激市场投机,结果主义则促使监管遇到问题和危机就倾向于"封杀"市场,二者并存并互相强化,分类整治、分步整治缺乏成长的空间。"金融规制要注重对度的把握,而不是对合规要求的简单对照。"[1] P2P 网络借贷风险整治的终极目的是恢复市场秩序、增加社会整体利益,而不是封杀产业,以及置投资者利益于不顾。撇开少数已经构成违法犯罪的平台不论,对绝大多数因业务范围超过信息中介而被列入整改类的平台,以监管、产业与投资者的利益平衡为标准,金融整治绩效的首要考核目标不应当是清退,而应当是对合法借贷和投资关系的正常清偿和兑付,即出借人与借款人之间合法的借贷关系,平台与出借人、借贷人之间合法的借贷关系,以及发行理财产品的

---

[1] 缪因知:《证券交易场外配资清理整顿活动之反思》,载《法学》2016 年第 1 期。

平台与投资者之间合法的合同关系等，能够得以继续履行，或者由当事人协商变更或解除。但是在行业性问题和危机已经爆发、监管机构力推强制清退的氛围弥漫的背景下，完全期望由市场实现这样的效果无疑非常困难，需要从促进平台转型和强化投资者保护两方面入手，完善监管机构的公共产品供给。

（四）促进 P2P 网络借贷平台向小额贷款公司、私募基金管理机构等组织的转型

从实践来看，P2P 网络借贷风险整治的重点并不在于对违反既有法律规范的行为予以处罚，而是在缺乏明确监管规则的前提下，以结果主义为依据重构 P2P 网络借贷产业规则，溯及性地强制要求所有 P2P 网络借贷平台按照新规则予以整改，并以整改结果作为合法性标准。在这种情况下，投融资当事人对交易秩序和安全的预期、对平台的信任等均受到严重干扰以及破坏，对于被要求整改的平台而言，保证合法借贷和投资关系稳定的关键是具备充分的转型空间。

整治规则限定 P2P 网络借贷平台只能从事信息中介业务，但整改类平台本身并未涉及违法犯罪，而是业务范围超出了前述限定。所以不能据此理解为借贷、资管、担保等非信息中介性业务均为当然违法，而应从风险控制的角度，要求混业化的 P2P 网络借贷平台对非中介业务予以剥离，从事单一的信息中介业务。以此为前提，整治的关键应在于为混业化的 P2P 网络借贷平台转型打开足够的合法空间。被列入整改类的 P2P 网络借贷平台，主要存在两个问题：一是直接从事借贷业务；二是发行理财产品融资。对于平台自身存在的借贷业务，其所负债务应当依据《民法典》与直接向平台出借资金的出借人解决，其所有债权即资产端的业务，应当允许平台另行成立专门的小额贷款公司承接。允许 P2P 网络借贷平台转型为网络小额贷款公司应当成为 P2P 网络借贷风险整治的一个重要且基础性的策略，但是互金整治办在 2017 年 11 月发布了《关于立即暂停批设网络小额贷款公司的通知》对此明令禁止。直到 2019 年 11 月，互金整治办和网贷整治

办发布《转型意见》,才为 P2P 网络借贷向小额贷款公司的转型提供了明确的出口和制度依据。但此时取缔网贷业务、全面出清、清退已经成为 P2P 网络借贷风险整治的主旋律,《转型意见》对于分类整治、稳定合法借贷关系的意义显然已经大打折扣。从内容来看,《转型意见》对转型条件的规定过于严格,如以承诺按时化解平台存量业务风险,由转型后的小额贷款公司负责向出借人代偿资金或组织借款人到期偿付,平台及其实际控制人、主要股东以及相关主体承诺对存量业务承担兜底风险等作为转型条件,导致实践中的转型成功案例极少。[1] 转型本身是保持合法借贷关系稳定、化解存量业务风险的方法,而不是平台变换营利渠道的工具,故不宜以化解存量业务风险作为转型条件。直接从事借贷业务的 P2P 网络借贷平台转型为小额贷款公司,债权债务关系并不发生变更,平台的责任并未消除,但要求实际控制人、主要股东以及相关主体承担相应责任应有法律依据,而不能直接增设强制性义务。本身并不从事借贷业务的平台转型为小额贷款公司后,公司是否收购出借人债权属于公司的商业判断,亦不宜强制规定。此外,《转型意见》规定,"网贷机构转型为小贷公司后,按照银保监会及地方人民政府现行小贷公司有关政策规范运营。如法律法规、银保监会及地方人民政府出台新的规定,从其规定执行"。但目前小额贷款公司的监管规则在中央层面只有原银监会和央行 2008 年颁布的原则性的《小额贷款公司意见》以及 2020 年原银保监会发布的《2020 通知》,各地方颁布的小额贷款公司监管规则有很大差别,尤其是关于业务范围的监管规则。由于小额贷款公司被定位为地方金融组织,《小额贷款公司意见》《2020 通知》并未明确列出小额贷款公司的业务负面清单,只强调了"只贷不存"的

---

[1]《转型意见》公布后,能够公开搜索到的转型获批案例只有两起:2020 年 5 月,厦门海豚金服网络科技有限公司和厦门禹洲启惠网络借贷信息中介服务有限公司 2 家 P2P 网络借贷机构拟转型为小额贷款公司试点的申请获得正式的同意批复。参见《厦门两家网贷机构获批转型省级小贷公司被要求 6 月底完成存量业务清零》,载搜狐网 2020 年 5 月 19 日,https://www.sohu.com/a/396267573_436021。即使考虑到转型需要时间和审批,在理论上这也与大量整改类 P2P 网络借贷平台面临的转型需求显著不相称。

基本原则。实践中有的地方只允许单纯的贷款业务，有的地方则已经放开了资产证券化业务，允许小额贷款公司发行资管产品为自身融资。[1] 而《转型意见》则明确规定了网络小额贷款公司的9项业务负面清单，其中包括"禁止发行或者代理销售理财、信托计划等资产管理产品"，其对资管经营的禁令与各地小额贷款公司的产业发展现状及监管现状有很大差异。2014年5月原银监会和央行制定的《小额贷款公司管理办法（征求意见稿）》拟将小额贷款公司的业务范围拓宽至买卖债券和股票等有价证券、开展权益性投资、开展企业资产证券化、发行债券和经监管机构批准的其他业务等，但《转型意见》则展示出新的监管导向。这些因素导致小额贷款公司转型后的监管仍具有不确定性，如果不及时解决，P2P网络借贷风险整治的图景恐怕不久就会在小额贷款公司身上重演。从理论上而言，应当秉承与P2P网络借贷监管同样的思维，坚持"类型化+风险控制"的原则，允许小额贷款公司开展自融行为，但针对不同的业务范围构建相应的风险控制规则。如果监管机构在当前形势下坚持"风险隔离"、业务剥离的思路，也应在整合地方、行业诉求的基础上尽快颁布中央监管规则，为P2P网络借贷平台转型奠定基础，也为小额贷款行业的发展消除隐患。

对于P2P网络借贷平台发行理财产品的行为，应允许其依据《私募暂行办法》（证监会，2014年）另行设立私募基金管理机构，以稳定既有的合法投资关系。但是该办法对私募基金发行和管理的监管过度宽松，成为实践中涉众型经济犯罪的重要诱因，应当从加强资格准入、信用评价、风险控制、信息披露等角度完善监管。对于平台从事的担保业务，应当允许平台另行成立专门的担保公司承接，或者转让给第三方担保公司，以保证原有担保关系的存续。

总之，信息中介、借贷、资管和担保等诸多业务之间具有内在的紧密联

---

[1] 参见唐应茂：《中央和地方关系视角下的金融监管——一个小额贷款行业的实证研究》，载《山东大学学报（哲学社会科学版）》2017年第6期。

系,但是对风险控制的要求不同。P2P 网络借贷平台的混业化是市场发展的客观结果,但产业尚未具备成熟的风险控制能力。故合理的整治方法应该是在厉行整改、强化剥离的同时,在监管规则上释放足够的转型空间,从而既能遵循产业发展规律,又能强化风险控制。[1]

(五) 以类型化治理和利益平衡为核心推进投资者保护

金融市场的投资者保护或者金融消费者保护存在一定的特殊性和争议,金融产品和服务的市场交易原则是"买者自负",除非经营者存在违法犯罪行为,否则正常的市场风险,应由投资者自行负责。但金融交易具有规模性和外部性,即使经营者不存在违法犯罪行为,巨量交易中风险控制失败对社会稳定的影响仍然迫使监管介入,这也是金融整治的正当性所在。但是投资者保护问题情形不一,不宜采取"一刀切"的模式。目前的强制清退或者引导平台清退,普遍要求平台以一定比例收购出借人债权后退出从而强行结束债权债务关系,实际上是以牺牲出借人和平台利益为代价换得整治效果,于当事人而言有所不公,也伤害了投资者对产业的信任和预期,导致 P2P 网络借贷风险整治的整体环境更趋恶化。"制度矛盾通过思想观念和物质利益两个层面,赋予微观行动者具有冲突性的合法性理据和利益驱动力,诱发投资者、地方政府、中介机构之间关于风险分担规则的规范博弈与利益博弈,导致风险自担规则与风险共担规则的竞争格局。"[2]强化投资者保护的核心在于秉承利益平衡的思路,对不同类型的投资者保护问题进行精准治理,完善相应的制度供给,而不能盲目求诸清

---

[1] 2020 年原银保监会发布的《2020 通知》对小额贷款公司的融资行为已经有所放宽,其规定"经营管理较好、风控能力较强、监管评价良好的小额贷款公司,经地方金融监管部门批准可依法开展发行债券、以本公司发放的贷款为基础资产发行资产证券化产品、股东借款等业务"。但对于相应的风险控制,目前其只规定了"小额贷款公司通过银行借款、股东借款等非标准化融资形式融入资金的余额不得超过其净资产的 1 倍;通过发行债券、资产证券化产品等标准化债权类资产形式融入资金的余额不得超过其净资产的 4 倍。地方金融监管部门根据监管需要,可以下调前述对外融资余额与净资产比例的最高限额"。以上规定依然存在较强的管控式监管取向,应当在此基础上寻求更合理的利益平衡策略。

[2] 向静林、邱泽奇、张翔:《风险分担规则何以不确定——地方金融治理的社会学分析》,载《社会学研究》2019 年第 3 期。

退平台等强制手段。

投资者保护的第一个问题,是根据我国相关司法解释的规定,[1]当平台行为涉嫌集资诈骗、非法吸收公众存款等犯罪行为时,投资者的民事诉讼(包括刑事附带民事诉讼)请求不被法院受理,而通过刑事追赃、退赔的方式解决。这种"刑事先行"的做法有在涉众型案件中便利公、检、法等不同机关协同配合的客观考虑,但也显著弱化了整治对于投资者保护的效果。只要公安机关已经立案,投资者的民事诉讼请求就不得被法院受理;已经受理的民事诉讼,只要法院发现有涉众型经济犯罪线索就应当移送侦查机关,侦查机关作出立案决定前法院应当中止审理,作出立案决定后法院应当裁定驳回起诉。这种以刑事规制取代民事救济的模式降低了权益救济的效率,也留下了粗放式处理的隐患,导致实践中一旦有平台涉案的传言或表象,就极易引起投资者的恐慌,往往导致平台涉案成为现实。在改变"刑事先行"的规制模式尚不具备可行性的约束下,解决问题的关键是完善追赃退赔的具体细则。刑事诉讼中的追赃退赔主要是与犯罪嫌疑人认罪认罚、从宽处理等制度相联系的,但是在涉众型经济案件处理中,其实际上扮演了民事诉讼中执行制度的功能。建议由公安部和最高人民法院、最高人民检察院对涉众型经济案件中的追赃和退赔制定专门的细则。追赃制度的核心在于界定平台及其直接责任人员的非法所得。此外,平台与其他组织有投资或借贷等合同纠纷的,应由法院通过民事诉讼程序解决。退赔制度的核心主要有两个:一是追赃的全部所得(包括对直接责任人员的罚款、罚金等)都应当纳入退赔范围;二是对于退赔中发生的民事纠纷(如债权是否真实、是否已届诉讼时效、约定利率是否合法等),也应当由法院通过民事诉讼程序解决。此外,追赃退赔程序完结后,投资者发现直接

---

[1] 参见《关于办理非法集资刑事案件适用法律若干问题的意见》(最高人民法院、最高人民检察院、公安部,2014年)、《关于办理非法集资刑事案件若干问题的意见》(最高人民法院、最高人民检察院、公安部,2019年)《全国法院民商事审判工作会议纪要》(最高人民法院,2019年)和《关于修改〈最高人民法院关于在民事审判工作中适用〈中华人民共和国工会法〉若干问题的解释〉等二十七件民事类司法解释的决定》(最高人民法院,2020年第二次修正)等相关规定。

责任人员有偿还能力的,应当允许其通过民事诉讼程序请求偿还(可附一定期限)。

P2P网络借贷风险整治中更复杂、所占比例也更大的投资者保护问题,是整改类平台的投资者保护。整改类平台并不涉嫌犯罪,只是因为与新的产业监管规则不符而被列为整改对象,后因整治趋严,按照《网贷175号文》"能退尽退,应关尽关"的规定而导致主动或被迫清退的结果。整改类平台总体上分为已出险机构(已经出现出借人不能按时回款的情况)和未出险机构。

对于已出险机构,关键是要区分出借人不能按时回款(或者存在不能按时回款的风险)与平台是否有关。首先,出借人不能按时回款归根结底是因为借款人未能按时偿还,如果平台本身是债务人,那么应当按照出借人与平台的借款合同纠纷予以解决。这里的复杂性在于,平台直接担任债务人的动机,是为了便于吸收资金、形成资金池、灵活向借款人出售从而盈利。平台抵御借款人违约的一个重要方法,是通过新增资金维持自身的偿还能力,所以增量业务是平台的生命线。这种形式上往往被诟病为"拆东补西""击鼓传花"的操作模式具有商业合理性,只要不构成诈骗、非法吸存等违法犯罪,不应予以禁止。但是整改过程中的"三降"要求等规则扼杀了平台通过新增业务保障偿还能力的渠道,此时再强制平台清退,要求平台基于资产现状偿还,势必也会显著影响出借人的利益。实际上平台不能还款的原因仍然在于终端借款人的违约,从常规性监管的层面来看,应当要求平台事前准备风险基金并购买违约责任保险以控制风险,保证借款人大规模违约发生时自身对出借人的偿还能力。但即使是在整治的特殊情境下,监管机构也应当给予充分、合理的时间允许平台向借款人合法催收,以及通过设立专门的资产管理公司(或委托其他资产管理公司)以市场价格收购平台的不良资产,而不能一味追求整治效率而导致平台和出借人利益均受损。其次,实践中也有平台不作为直接债务人但为了吸引交易而作为保证人后也被列入整改范围的情形,如果借款人违约、平台无力承担保证责任而导致出借人无法回款,应由出借人通过正常的诉讼手段予以解决,或者与平台达成清偿方案。此时清退平台不仅会干扰出借人向平台要求承担保证责任,也会影响平台向借款人的追偿。限时强制清退、要求平台收购债权后退出,势必会导致出借人的清偿比例缩水,不利于投资者保护。最后,如果平台本身并不是债务人或者保证人,在出借人与债务人的借贷合同中只是作为信息中介而存在(但因有发行理财产品、设立资金池等自融行为而被列入整改类平台),那么出借人不能按时回款就与平台无关。此时保护出借人利益最重要、最合理的办法是维持平台经营的稳定,出借人自己或委托平台催收,由正常的市场风险决定回款率。如果此时强制要求平台清退,即使强制平台收购出借人债权,不仅对平台不公平,出借人的回款比例也势必缩水,导致多方利益受损。

对于未出险机构,无论平台是否直接担任债务人或保证人,或者存在哪些与信息中介机构不符的业务范围,合理的方法应是给予其充分的转型空间并给予其足够的时间,要求其逐步剥离非信息中介业务。同时要求平台设立风险基金并购买违约责任保险,以防患于未然。总之,保持合法借贷关系的稳定是平衡借贷双方利益、保持产业稳定和投资者对产业预期的根本方法,也应该是监管及整治的根本目标。

至于合规类机构也就是在整治前即严守信息中介业务范围的 P2P 网络借贷平台(从报道的数据来看数量极少),由于平台并不介入债权债务关系,也并未担任保证人,因此出借人不能回款与平台并无关联,此时属于正常的市场风险,应当按照民事诉讼程序解决投资者保护问题。平台不存在其他违法问题的,不应当承担赔偿责任。当然从产业整体监管的角度出发,应要求平台设立风险基金并购买违约责任保险。

## 五、结语

对 P2P 网络借贷风险整治的研究进一步揭示出我国金融监管在处理政府与市场关系上存在的问题及其在金融整治这一具体场景中的反映。

当然,金融市场复杂多样,相应的整治问题也不宜一概而论。与银行、证券、保险领域的整治相比,P2P网络借贷风险整治有其特殊性(当然也有很多共性值得重视和讨论),但是金融监管对金融市场具有明显的"发现"功能,监管的强化会促使市场寻求新的领域,这也导致以规则重构为核心的整治会越来越多。所以尽管P2P网络借贷风险整治在形式上已经接近尾声,但对此的研究并非只有"事后诸葛"的意义。[1] 这应当成为监管机构、产业和投资者共同的期许。我国金融监管体制改革行之有年,监管的整体框架也已具备,任务则是从粗放布局转向精准治理,尤其是在个案中完善监管理念和具体规则,P2P网络借贷风险专项整治问题的研究意义正在于此。

---

[1]《马克思恩格斯选集》(第39卷),人民出版社1976年版,第149页。

## 第九章　P2P 网络借贷整顿、普惠金融重构与网络小额贷款行业法律治理的变革[*]

  P2P 网络借贷整顿引发普惠金融市场的重构，网络小额贷款产业成为新的交易热点和风险源头，这同时也要求相应法律治理的变革。《网络小额贷款业务管理暂行办法（征求意见稿）》（以下简称《2020 征求意见稿》）确立了新的治理框架，但在具体规则设计上未能契合网络小额贷款产业法律治理的现实需要，亟须细化和完善。网络小额贷款的利率应适用民间借贷利率的统一管制规则，并从强化市场竞争和细化融资规制入手，通过调控小额贷款公司的成本收益结构降低整体利率水平。互联网广告是网络小额贷款产业经营和扩张的主要手段，应当以规制诱导性借贷为核心明确广告内容的治理，并在广告发布的治理上强化发布平台的审查义务及违法责任。催收是网络小额贷款产业高度依赖的风险控制和利益保障措施，应当确定合法催收的实体和程序标准，同时推进借款人信用合规、个人征信和个人破产清算等配套制度的完善。

---

  [*] 本章主要内容曾以《普惠金融背景下网络小额贷款行业的法律治理》为题发表于《南京社会科学》2021 年第 8 期。

## 一、引言

P2P网络借贷和网络小额贷款,是普惠金融市场的两大核心。在近十年来金融市场"去中介"、整个社会的投融资供给与需求因金融市场化改革而被显著放大的背景下,二者借助互联网的便捷得以迅猛扩张,在促进普惠金融快速发展的同时也成为系统性风险的源头。[1] 尤其是P2P网络借贷,在缺乏明确监管标准的环境下逐步演化为融信息中介、借贷和资管于一体的混业金融平台,左手融资、右手放贷,风险不断累积,涉众性违法犯罪案件和平台爆仓等频发,促使监管机构出手整治。从2015年左右开始的P2P网络借贷风险专项整治,将P2P网络借贷限定为单纯的信息中介,并以此为标准对市场进行整改和清退,盛极一时的P2P网络借贷产业在重拳整治之下彻底重构。与P2P网络借贷相比,网络小额贷款产业在形式上因不涉及对公众的融资而与系统性风险相隔离。但在实践中,高利率和诱导性广告盛行,不当催收乃至违法催收屡见不鲜,不仅引发了社会对产业的反感、监管对产业的警惕,也使整个产业面临与P2P网络借贷质同形异的危局。有效的法律治理是金融市场不可或缺的基础设施,监管不应缺位,且不出事则宽松、出了事就清退的"结果主义"导向亦不可取。[2] 网络小额贷款乃至整个普惠金融市场摆脱当下困境、保持良性发展的关键,有赖于监管机构在法律治理层面的变革。2020年11月,原银保监会和央行发布了《2020征求意见稿》,确立了产业的监管框架,但在具体规则设计上仍有诸多亟待完善之处。本章拟以网络小额贷款产业为中心,就利率管制、广告治理和催收规范等重点问题予以分析并提出完善对策,以期完善网络小额贷款产业的具体监管规则,并对P2P网络借贷整顿背景下普惠金融的整体法律治理有所裨益。

---

[1] 参见丁杰:《互联网金融与普惠金融的理论及现实悖论》,载《财经科学》2015年第6期。
[2] 参见陆岷峰、徐博欢:《金融乱象与金融治理——基于改革开放40年金融整治经验》,载《财经科学》2018年第10期。

## 二、普惠金融、P2P 网络借贷整顿与网络小额贷款产业法律治理的演变

### （一）普惠金融的发展与 P2P 网络借贷整顿的教训

2013 年开始，普惠金融开始为党和国家的各类规范性文件所提倡。2013 年 11 月，党的十八届三中全会发布的《中共中央关于全面深化改革若干重大问题的决定》提出"发展普惠金融"；2015 年的《政府工作报告》提出，"大力发展普惠金融，让所有市场主体都能分享金融服务的雨露甘霖"。国务院 2015 年发布的《推进普惠金融发展规划（2016—2020 年）》（以下简称《普惠金融规划》），将普惠金融市场的建设推向了一个新的高潮。《普惠金融规划》对普惠金融的界定是"立足机会平等要求和商业可持续原则，以可负担的成本为有金融服务需求的社会各阶层和群体提供适当、有效的金融服务"，并将"小微企业、农民、城镇低收入人群、贫困人群和残疾人、老年人等特殊群体"作为重点服务对象。其对普惠金融产业的类型没有明确规定，仅大致列举了"发挥各类银行机构的作用"及"规范发展各类新型机构"（含小额贷款公司、典当行、农村资金互助社、融资担保机构或基金、农业保险机构）等。从实践来看，《2017 意见》中界定的地方金融组织，包括小额贷款公司、融资担保公司、区域性股权市场、典当行、融资租赁公司、商业保理公司、地方资产管理公司等 7 类机构和辖内投资公司、农民专业合作社、社会众筹机构、地方各类交易所等 4 类组织，[1]其都可以被纳入普惠金融的范畴。从上述金融组织及产业的发展来看，监管的原则化、宽松化以及不同程度的缺位，成为其迅速发展和扩张的重要动因，但也为风险和危机埋下了伏笔。[2]

---

[1] 该意见迄今在公开渠道尚无法查询原文。"7＋4"的界定来自官方和社会媒体的报道，也为相关学术文献所通用。此外，"意见"中没有规定 P2P 网络借贷，是因为根据 2015 年颁布的《互联网金融意见》，P2P 网络借贷平台被定位为信息中介，不再被视作金融组织。

[2] 参见朱慈蕴：《中国影子银行：兴起、本质、治理与监管创新》，载《清华法学》2017 年第 6 期。

P2P网络借贷是普惠金融体系中迅猛扩张的典型代表。在2015年7月,央行、原银监会等十部门联合颁布的《互联网金融意见》将P2P网络借贷限定于信息中介之前,准确地说,在2016年4月国务院办公厅发布的《互金整治方案》强调"P2P网络借贷平台应守住法律底线和政策红线,落实信息中介性质"之前,P2P网络借贷已经迅速发展为混业金融的庞然大物。受益于金融体制特别是投融资体制市场化改革的整体红利,以及民众整体理财意识的觉醒、从储蓄向投资的偏好转型,再加上互联网技术的加持,P2P网络借贷的业务范围从简单的信息中介,拓展到直接参与借贷和提供担保,再延伸至发行理财产品融资和实施投资,实际上已经成为融借贷中介、小额贷款公司、私募投资基金等众多金融组织于一体的混业金融平台。[1] 激烈的市场竞争和缺乏投资安全教育的公众刺激混业化的P2P网络借贷平台野蛮生长,但对其却缺乏风险控制的整体框架和具体规则,最终因涉众型违法犯罪事件频发而被整顿和清退。[2] 当然,不能因个案而否决体制的正当,不能因P2P网络借贷整顿这一个案而否决发展普惠金融本身的正当性。P2P网络借贷发展至如此之命运,也有值得监管反思和吸取的教训。金融监管是现代金融市场发展的内在组成部分,合理的金融监管不能异化为以行政许可和行政惩罚为核心的管控性监管,也不能将事中事后监管原则曲解为不出事则宽松、出了事就清退。监管不能取代市场,不能替代市场满足社会对普惠金融的需求,金融产业利益客观上也构成了对监管的约束。整顿本身不是目的,也不能作为常规手段形成路径依赖,而应作为完善和发现合理规则的机制。P2P网络借贷整顿反映出普惠金融市场中的许多共性问题,值得网络小额贷款以及其他普惠金融产业反思和借鉴。

---

〔1〕 参见尹振涛、侯姝琦、李蕴霏:《互联网金融风险治理效果评估及改革取向——基于P2P网络借贷专项整治问卷调查数据》,载《经济纵横》2020年第11期。

〔2〕 参见姚海放:《治标和治本:互联网金融监管法律制度新动向的审思》,载《政治与法律》2018年第12期。

## （二）我国网络小额贷款产业法律治理的主要内容及其演变

网络小额贷款源于从民间借贷发展起来的专业化的小额贷款公司,对后者的监管源于2008年原银监会和央行发布的《小额贷款公司意见》,监管重点主要是融资和利率管制。融资监管的核心是严格防控非法吸存,强调"不吸收公众存款,经营小额贷款业务"的法律定位,并对融资渠道作出明确限制,即只能来自股东缴纳的资本金、捐赠资金,以及来自不超过两个银行业金融机构的融入资金,且从银行业金融机构获得融入资金的余额不得超过资本净额的50%。贷款利率管制的核心是强调"不得超过司法部门规定的上限",也即适用民间借贷的利率管制规则。从实践来看,对于非法吸存,因小额贷款公司与P2P网络借贷机构普遍混同或者同受一个母公司控制,因此对二者非法吸存的监管实际上属于同一个问题。对于利率管制,核心问题是管制下的利率依然过高。此外,交易的产生取决于供求而不是监管,名义利率(管制利率)和实际利率存在差别。尽管有明确的利率限制,但实践中贷款人普遍通过事先收取利息(俗称"砍头息")、保证金、手续费、顾问费、催收费等方式变相增加成本。[1] 这也促使我们反思通过行政命令的方式实现利率管制的实际效果。[2]

因为形式上不涉及对公众融资的风险,小额贷款产业一度被视为P2P网络借贷转型的出口。在P2P网络借贷整顿过程中,为了体现疏堵并举的理念,2019年11月,互金整治办、网贷整治办发布《转型意见》,就混业经营的P2P网络借贷转型为小额贷款公司规定了具体的条件和程序。不过《小额贷款公司意见》规定的小额贷款公司主要从事线下业务,即使通过网络发放贷款,也只是作为辅助性的经营手段。P2P网络借贷整顿令监管机构

---

[1] 对于这个问题,《2020通知》规定:"小额贷款公司不得从贷款本金中先行扣除利息、手续费、管理费、保证金等,违规预先扣除的,应当按照扣除后的实际借款金额还款和计算利率。"这一条规定为规制砍头息、附加费等乱象提供了直接依据,不过除了先行扣除,额外收取的附加费用也应计入借款人的总支出,并以此计算利率。

[2] 参见王博、梁洪、张晓玫:《利率市场化、货币政策冲击与线上线下民间借贷》,载《中国工业经济》2019年第6期。

认识到专业化的网络小额贷款产业蕴含的巨大负外部性以及针对性监管的必要性。在《转型意见》明确承认和推动网络小额贷款业务的背景下，监管机构一方面开始完善小额贷款公司的整体监管规则，原银保监会于2020年9月发布《2020通知》，明确"暂停新增小额贷款公司从事网络小额贷款业务及其他跨省（自治区、直辖市）业务"；另一方面则对小额贷款公司的网络小额贷款业务予以专门监管，原银保监会和央行于2020年11月颁布《2020征求意见稿》，对于经营网络小额贷款业务的小额贷款公司的组织和行为设置了特别的监管规则。《转型意见》关于网络小额贷款的临时性监管规则得以专门化和体系化，也使网络小额贷款产业有了明确、系统的监管依据。《2020通知》是对《小额贷款公司意见》的更新，旨在新形势下为小额贷款公司确立监管的总体框架；《2020征求意见稿》是对《转型意见》的体系化整合，监管对象是小额贷款公司的网络业务。这种"一般加特别"的分别立法模式的出发点，是推动线下业务和线上业务的风险隔离，不过随着P2P网络借贷的整顿和互联网金融的渗透，网络小额贷款已经、并将继续成为小额贷款行业的主流。就此而言，推动小额贷款行业统一立法，针对不同业务制定差异化监管规则应该是更有效率、更加合理的方案。

从《2020征求意见稿》的具体内容来看，吸取P2P网络借贷整顿的教训、对网络小额贷款业务从严监管是其核心所在。比如在市场准入中规定对小额贷款公司控股股东和合作平台的资质要求，在业务规则中强化对融资渠道的限制、对单一客户贷款余额的限制，以及征信、登记、公司治理和信息披露等义务。在P2P网络借贷整顿工作已经基本完成的情况下，为了保障网络借贷产业的长远发展、顺应产业发展的实际需求，《2020征求意见稿》在整体从严监管的同时也在局部领域开启了窗口。比如，在明确小额贷款公司不得吸收或者变相吸收公众存款、不得销售和转让除不良信贷资产外的其他信贷资产、不得发行或者代理销售理财和信托计划等资产管理产品的同时，也明确允许符合条件的公司经过批准后，可以发行债券、以本公司发放的网络小额贷款为基础资产开展资产证券化业务，从而为小额贷款公司解决自身的融资难题提供了极其重要的渠道。[1] 这些窗口体现出监管机构的激励性规制理念，但无疑也蕴含着巨大的风险。在 P2P 网络借贷整顿的背景下，以上业务的实际开展依赖监管细则的颁布，预计将是一个渐进、可控的过程。

但是，对于网络小额贷款产业而言，上述从严监管的内容和资产证券化业务的放开并非当下涉及产业发展根基的要点，也并非当前产业法律治理存在的主要痛点。[2] 利率管制、广告治理和催收规范，才是要点和痛点所在。利率管制是包括银行业金融机构在内的所有贷款组织都面临的核心监管问题，在商业银行不再实行利率管制、网络小额贷款成为民间借贷核心组成部分的大背景下，如何通过改良民间借贷利率管制策略达到抑制高利率的效果需进一步探讨，并非简单地降低民间借贷的最高合法名义利率所能达到的。网络小额贷款产业的广告和催收是产业高度依赖的经营行为，因互联网环境的特殊性，也产生了完全不同于传统商业广告治理和催收行为规范的问题。在针对性监管缺失的背景下，诱导性广告和违法催收的泛滥严重伤害了整个产业的社会声誉。[3] 但上述问题在《2020 征求意见稿》中则被忽略或轻视，相关规则过于简单和原则化，亟须充实和细化相关规则。下面即以此三大核心问题为纲，对网络小额贷款产业法律治理的变革和完善进行分析。

---

〔1〕《2020 通知》对只从事线下业务的小额贷款公司也放开了资产证券化业务（条件和程序与从事网络小额贷款业务的公司相似），体现出监管者对产业的整体考量，相比《小额贷款公司意见》中秉承的管控式监管而言确实是值得肯定的进步。

〔2〕 比如，从严监管的一个重要体现是《2020 通知》和《2020 征求意见稿》均强调了小额贷款公司对借款用途的监管义务。这是从对无特定场景、无特定用途的"现金贷"的整顿中吸取的教训。但撇开在海量的市场交易规模面前能否保证严格监管不论，即使将小额贷款限定在消费信贷领域，高利率、诱导借贷和不当催收这三大顽疾依然亟须解决。

〔3〕 尤其是催收，《2020 征求意见稿》强调小额贷款公司应比照银行业金融机构履行资产负债的风险控制义务。除一般性的金融监管考虑外，主要是因为如果允许其从商业银行融入资金，那么小额贷款公司的一旦失控会殃及商业银行。但实际上遵守《2020 征求意见稿》规定的风险控制措施并不难，小额贷款公司最早出于"自保"而形成的催收，却逐步壮大成为其核心、负外部性，也是最大的业务之一。

### 三、网络小额贷款产业的利率管制

(一) 网络小额贷款产业应适用民间借贷的利率管制规则

与其他领域的政府管制相似,在理论上,利率管制的优点是可以在宏观层面降低融资成本、在微观层面避免借款人遭受不公;[1]缺点主要是会干扰市场对资源的配置、抑制有效供给,并激发各种各样的市场规避。[2]市场化越充分、供求规模越大,管制的上述缺点就会越突出。我国借贷市场的利率管制无疑是典型例证,从实践来看,尽管长期存在利率管制,但受制于借贷市场供小于求的市场结构,尤其是以商业银行为主的供给方占据优势地位,连带产生了众多隐性交易成本,比如,对借款人信用、偿还能力和担保的严格要求,以及对贷款用途的严格限制等。借款人不得不求诸上述交易成本较低但实际利率高昂,甚至超过利率管制范围的民间借贷。此时利率管制往往助长借款人的投机心理,并成为借贷纠纷的重要诱因。利率管制在理论上的优点变得更加不确定,缺点却被日益放大。

民间借贷的利率管制源于最高人民法院 1991 年颁布的《关于人民法院审理借贷案件的若干意见》(已失效),其中规定最高利率不得超过银行同类贷款利率的 4 倍,超出部分的利息不予保护。2015 年最高人民法院颁布《民间借贷司法解释》将上述意见废止,确定了"两线三区"的利率管制新规,即年利率不超过 24% 完全合法、24%~36% 为自然债务、超过 36% 则不予保护。虽然其有顺应利率市场化改革、缩小名义利率与实际利率差距的务实考量,但客观上却显著推高了民间借贷的成本,引发了社会热议。最高人民法院很快在 2020 年 8 月修改了《民间借贷司法解释》,将合法最高利率限定为合同成立时 1 年期贷款市场报价利率的 4 倍(央行授权全国

---

[1] 利率管制在宏观层面也涉及国家维护公序良俗、保障社会公平的考量。从古至今,土地兼并、高利贷等问题都是影响社会稳定的重要因素,完全放任由民众或市场决定会导致巨大的负外部性。民众在这些问题上对政府也有天然的诉求。

[2] 参见廖振中、高晋康:《我国民间借贷利率管制法治进路的检讨与选择》,载《现代法学》2012 年第 2 期。

银行间同业拆借中心自 2019 年 8 月 20 日起每月发布 1 年期贷款市场报价利率即 LPR），从形式上看大幅降低了民间借贷的利率水平。

网络小额贷款是否适用民间借贷的利率管制规则，存在一定争议。《小额贷款公司意见》强调小额贷款公司的贷款利率"不得超过司法部门规定的上限"，也即其适用民间借贷的利率管制规则。《2020 通知》《转型意见》《2020 征求意见稿》对此均未涉及。《民间借贷司法解释》对"民间借贷"的界定是"自然人、法人和非法人组织之间进行资金融通的行为"，并将"经金融监管部门批准设立的从事贷款业务的金融机构及其分支机构，因发放贷款等相关金融业务引发的纠纷"排除在适用范围之外。2020 年 12 月 29 日，最高人民法院在《关于新民间借贷司法解释适用范围问题的批复》（以下简称《批复》）中指出，由地方金融监管部门监管的小额贷款公司、融资担保公司、区域性股权市场、典当行、融资租赁公司、商业保理公司、地方资产管理公司等 7 类地方金融组织，属于经金融监管部门批准设立的金融机构，其因从事相关金融业务引发的纠纷不适用新民间借贷司法解释，再次引起社会关注。笔者认为，其他 6 类地方金融组织的业务模式与借贷交易有显著差异，排除《民间借贷司法解释》的适用符合常理，但小额贷款公司专营贷款业务，不应与其他 6 类组织同一对待。《民间借贷司法解释》规定的"从事贷款业务的金融机构"应当主要理解为银行业金融机构，小额贷款公司无论是组织属性还是业务模式都与其存在显著差异，而更接近民间借贷中的职业贷款组织，故应当适用民间借贷的利率管制。换个角度来说，《民间借贷司法解释》将金融机构的借贷交易排除在外，并不意味着银行贷款利率可以超过民间借贷利率的最高限制。民间借贷的高利率是对其高风险的回报（违约率高、催收及强制执行难、风险控制措施有限等），其最高合法利率客观上也构成了对其他融资方式的利率约束。[1] 归根结底,保障贷款利率在合理的基础之上处于较低水平是借贷市场监管的核心目标,但行政管制并不能保证实际效果,需要调整思路和方法。

(二)通过促进充分竞争和实施成本收益调控降低网贷利率水平

利率管制是我国金融监管的传统。商业银行的借贷利率长期实行"基准利率加浮动上下限"的管制规则,理由与民间借贷的管制基本一致,受利率市场化改革的渐进推动,直到 2016 年 10 月才彻底取消。而在取消商业银行的贷款利率管制之后,之所以市场并未出现普遍的高利率,并不是银行降低了营利动机或者市场减少了融资需求,而是因为贷款市场竞争的加强和银行自身融资渠道的拓宽。前者表现为,受国家鼓励民营资本进入银行业的政策支持,伴随城市商业银行、农村商业银行、村镇银行、民营银行的大规模兴起,以及 P2P 网络借贷、网络小额贷款、电商消费信贷的迅速发展,在整体上增加了贷款的供给,也抑制了高利率的产生。后者表现为,受国家发展多层次资本市场体系的政策支持,监管在银行上市、增发、发债、发行资产证券化产品和理财产品等众多领域逐步开放和宽松,增加了银行自身的融资渠道,降低了银行的融资成本,也弱化了银行提高贷款利率的压力。这是通过宏观金融体制改革影响微观市场利率的成功例证。[2]

同样的思路和方法也应该用于网络小额贷款产业的利率调控。一方面,促进网络小额贷款市场的充分竞争。P2P 网络借贷整顿导致资本已经、并将继续加快流入网络小额贷款产业,这为提高市场竞争程度提供了契机。但是受 P2P 网络借贷整顿影响,《2020 征求意见稿》对网络小额贷款业务的市场准入设置了极其严格的条件,比如,跨省经营网络业务需要经过原银保监会许可、对公司注册资本(省内经营 10 亿元、跨省经营 50 亿

---

[1] 2017 年 12 月,互金政治办、网络整治办发布的《关于规范整顿"现金贷"业务的通知》(以下简称《现金贷通知》)规定,"各类机构以利率和各种费用形式对借款人收取的综合资金成本应符合最高人民法院关于民间借贷利率的规定",这可以作为网络小额贷款应受到民间借贷利率管制的佐证。

[2] 参见宋晓燕:《论有效金融监管制度之构建》,载《东方法学》2020 年第 2 期。

元,均为一次性实缴货币资本)[1]和控股股东的资质(如要求"最近 2 个会计年度连续盈利且累计缴纳税收总额不低于人民币 1200 万元",这就排除了自然人成为控股股东的可能)予以严格限定等,可能会构成市场充分竞争的障碍。从类型化规制的角度来看,对于申请发债和开展资产证券化业务、跨省业务的公司,准入条件可以从严,但对只从事省内业务的公司而言,没有必要适用同样的标准。即使最终基于当下重症需下猛药、从严管控的思路坚持实施上述条件,央地监管机构也应兼顾产业发展,在具体的许可和备案环节提高效率,促进贷款市场的竞争性供给。另一方面,对小额贷款公司实施成本收益调控,核心是拓宽其融资渠道。《2020 征求意见稿》规定,经营管理较好、风控能力较强、监管评价满足一定标准的公司,经监管机构批准可以开展以网络小额贷款为基础资产发行资产证券化产品和发行债券的业务。小额贷款公司主要依赖自有资金和银行借款,在发行理财、信托等资产管理产品被明确禁止的情况下,上述资产证券化和发债的放开对其融资极其重要。但是从实践来看,没有监管细则就没有金融创新,监管机构应尽快对开展上述业务的具体条件和程序作出明确规定,推动监管细则落地。促进市场竞争与降低融资成本双管齐下,当可有效改善网络小额贷款产业的成本收益结构,从而抑制高利率的产生。假以时日,小额贷款公司形成与商业银行相似的市场竞争环境,其是否需要适用民间借贷利率管制规则的问题自然也就不复存在了。

**四、网络小额贷款产业的广告治理**

(一)网络小额贷款产业广告治理的背景与问题

互联网广告是网络小额贷款产业经营和扩张的主要方式。以往 P2P 网络借贷机构的经营和扩张之道,是通过不断发行新的理财产品融资,"借

---

[1] 可与之对比的是对商业银行注册资本的要求。根据《商业银行法》的规定,设立全国性商业银行的注册资本最低限额为 10 亿元,设立城市商业银行的注册资本最低限额为 1 亿元,设立农村商业银行的注册资本最低限额为 5000 万元。

新还旧",以增量资金化解对贷款人收益的偿还压力。[1] 网络小额贷款产业的业务模式在于突破传统金融机构对借款人信用、偿还能力、担保等条件的高要求,降低乃至放弃传统的信用合规标准,在借款人违约率、不良贷款率基本稳定的情况下,向尽可能多的借款人放款,通过总体上较高的利率水平获益。就此而言,网络小额贷款是更符合普惠金融理念的金融产业。借款人规模即信贷资产规模是网络小额贷款产业的核心,在流量经济时代,培养和刺激借款人需求的最好方法就是获取流量并转化成现实交易,这是互联网广告在网络小额贷款产业盛行的根本原因。

网络小额贷款广告本身是正常的营业手段,但因为缺乏明确的监管标准,大量资本涌入加剧了流量获取的竞争,以及受整个互联网金融广告行业野蛮生长的影响,网络小额贷款广告在实践中滋生了许多问题。比如,在广告内容上呈现强烈的诱导性,以极其夸张、恶俗的场景,以回避偿还风险、违约金、催收而突出"秒申秒批""零担保零利率"等选择性、片面性地宣传,刺激大学生、白领、农民工等重点群体的贷款需求。[2] 在广告发布上,通过与电商平台(如京东、淘宝、拼多多)、社交平台(如微信、QQ)、工具平台(如滴滴、美团、百度搜索)、内容平台(如门户网站、视频网站)和游戏平台等合作,通过程序化购买广告的方式,以精准的算法快速获取流量,向以上各类平台中的用户强制性地、不间断地推送网络小额贷款广告,从而急速扩大广告的覆盖面,刺激借贷交易的形成。[3] 无论是没有场景限制的"现金贷"还是跟消费场景捆绑的"信用消费贷",都借助互联网金融广告获得了超常规的发展。在广告内容和发布上的失控,是导致网络小额贷款产业的生态环境迅速恶化、社会评价显著降低的直接原因。

互联网金融广告的问题引发监管介入。2016年4月,在P2P网络借贷

---

[1] 参见任国强、费改英:《P2P网络借贷平台的逆向选择行为分析》,载《大连理工大学学报(社会科学版)》2018年第6期。

[2] 参见曹辉:《不良校园网贷的运作机理、侵权类型与分类治理》,载《深圳大学学报(人文社会科学版)》2020年第1期。

[3] 参见鞠宏磊、李欢:《程序化购买广告造假问题治理难点》,载《中国出版》2019年第2期。

整顿过程中,原国家工商总局、工信部、原银监会、国家网信办、最高人民法院等17个部门联合发布《开展互联网金融广告及以投资理财名义从事金融活动风险专项整治工作实施方案》(以下简称《互联网金融广告整治方案》),就清理整治互联网金融广告提出"制定禁止发布的负面清单和依法设立金融广告发布事前审查制度"。对于前者,《互联网金融广告整治方案》规定了互联网金融广告内容的9条禁令,对于后者,《互联网金融广告整治方案》并未规定细则,之后也未见公布。2016年7月,原国家工商总局发布《互联网广告管理暂行办法》(已失效)(以下简称《互联网广告办法》),以《广告法》为基础,对互联网广告的适用范围和发布方式,广告主、广告发布者和广告经营者的法定义务以及相应的违法责任等作出了规定,但对于互联网金融广告的重视不够、针对性也不强。

网络小额贷款广告需要强化法律治理,但不能一味诉诸政府监管,尤其是不能依赖行政许可。[1]《互联网广告办法》(已失效)第5条第2款规定:"禁止利用互联网发布处方药和烟草的广告。"如果通过修改《互联网广告办法》(已失效)将网络小额贷款列入互联网广告禁入的范围,形式上似乎能够一劳永逸,但网络小额贷款与处方药和烟草显然有质的不同,简单粗暴地禁止既不符合法理,也违背了产业发展的客观要求。此外,一律由监管机构实行事前审查亦不可取。《互联网广告办法》(已失效)第6条规定:"……法律、行政法规规定须经广告审查机关进行审查的特殊商品或者服务的广告,未经审查,不得发布。"《互联网金融广告整治方案》是否属于这一条中的"法律、行政法规",尚存疑问。而考虑互联网金融广告的体量,行政机关事前审查的效率和实际效果无疑更加令人堪忧。相比之下,由市场交易主体负担审查义务显然更有效率,监管机构的比较优势是制定合理的审查标准并强化违法责任追究,而不应扬短避长、越俎代庖。

---

[1] 参见尹亚军:《以社会之名重构广告的规制进路》,载《法律科学(西北政法大学学报)》2020年第5期。

## （二）以限制诱导借贷和强化平台责任作为治理网络小额贷款广告内容及发布的核心

网络小额贷款广告内容治理的核心应该是限制诱导借贷。内容是广告治理的核心。《广告法》规定的内容治理标准，集中于损害国家和社会公共利益、违反法律法规强制性规定等情形，这与网络小额贷款广告的内容特征相去较远。《互联网金融广告整治方案》规定的内容治理标准，集中于不得夸大预期收益和隐瞒损失的风险，主要针对的是各类理财产品，而不是以借贷为核心的网络小额贷款，因此，该标准的针对性也不够。网络小额贷款公司是债权人，借款人违约损害的是前者的利益，自身并不存在损失或风险。网络小额贷款广告的目的并不是向公众融资，而是刺激公众的借款需求，进而收取较高的利息及违约金而获利。网络小额贷款公司为了获得扩大的信贷资产规模以对冲借款人违约的风险，事前显著降低甚至放弃应有的信用合规，向没有足够偿还能力或根本就没有能力的人放款，事后依靠催收等方法获得高额的违约金收入，这种业务模式得以维系的关键就是铺天盖地地发布诱导性广告。对此，《2020 征求意见稿》简单地规定"禁止诱导借款人过度负债"，实际意义有限。网络小额贷款公司突破银行业金融机构传统的信用合规标准和方法，通过大数据和精准定价的方式发掘不同信用群体的负债能力，从而填补后者不能满足的金融需求，这也是普惠金融追求的价值之一。因此，若不干涉网络小额贷款产业的具体商业行为，则很难设计出针对性的监管规则。效率更高、负外部性相对更小的措施还是对诱导性广告进行针对性监管。具体建议包括：禁止剧情式、场景式的广告方式，只允许展示具体的借贷产品；广告中应当以显著方式列明年化利率、偿还方式、违约金、催收等风险；借鉴《广播电视广告播出管理办法》（原国家广播电影电视总局，2009 年，已修改）的规定，限制广告时长（如不得超过 30 秒）；借鉴《商业银行理财业务监督管理办法》（原银保监会，2018 年）对理财产品宣传销售用语的规定，禁止使用诸如"零担保零利率""秒申秒批""消费越多额度越大"等煽动性词语等。小额贷款公司即广告主违反上述内容标准的,应予以整改、禁播、通报、罚款、黑名单(在一定时期内禁止发布广告)等行政处罚。此外,在网络借贷纠纷审理中,若小额贷款公司发布的广告违反上述规定,应允许借款人主张重大误解或被欺诈而撤销借款合同。

网络小额贷款广告主要通过各类平台播出,尤其是以程序性购买方式发布的广告,各类网络平台在其中扮演着核心作用,应当通过强化平台责任完善网络小额贷款广告发布的治理。《互联网广告办法》(已失效)对平台设置的义务主要是对广告主及广告进行一般性审查(身份信息、证明文件、是否与《广告法》相抵触等),以及对违法广告予以删除、屏蔽和断开链接等。这些规定诚然重要且应严格执行,但更重要的是以此为基础,针对网络小额贷款广告的特点予以细化和强化。一方面,进一步强化平台的审查义务,责令广告播出平台按照前述内容标准对广告予以事前审查。平台违反事前审查义务的,与小额贷款公司一样,也应承担整改、禁播、通报、罚款、黑名单等行政处罚。另一方面,应对平台发布网络小额贷款广告的具体方式作出特定限制。比如,限制平台的播放频次(如规定同一小额贷款公司的广告在同一发布平台 72 小时内不得重复播放);责令平台设置用户主动屏蔽功能,包括不同期限的批量屏蔽功能,以及对于特定广告的单一屏蔽功能等。随着互联网技术的发展,上述限制在操作上已经没有障碍,但平台基于利益的考虑很难主动实施,而程序性购买之类的广告新技术又是互联网广告产业的核心,正负外部性兼具,不宜贸然禁止、因噎废食。综上,在尊重市场规律的基础上,平衡产业利益和规制需求,强化平台责任是比较妥当的方法。[1]

---

[1] 参见杨彪:《广告法律规制的市场效应及其策略检讨——来自中国医药行业的经验证据》,载《法学家》2016 年第 4 期。

### 五、网络小额贷款产业的催收规范

**(一) 网络小额贷款产业催收规范的背景与问题**

催收俗称"讨债",本身是贷款人救济自己权益的一种方式。在借款人违约的情况下,贷款人采用现场(当面催收)和非现场(通过信函、电话、邮件等方式催收)等形式,通过影响借款人声誉、干扰借款人及其亲友的工作和生活等手段,迫使借款人还款。广义的催收也包括诉讼及强制执行。催收本身属于中性行为,合法的催收大致可以归为民法上的私力救济,违法的催收可能涉及寻衅滋事、恐吓、绑架、故意伤害等犯罪。[1] 从催收的发生机制来看,借款人违约是催收的前提,因此无论是从保护具体贷款人的利益来看,还是从维持网络小额贷款产业的秩序来看,催收都具有合理性和必要性。催收之所以在当下引起巨大争议,主要是因为在网络小额贷款产业急速扩张的过程中,催收并不是建立在信用合规严格、违约率基本可控等基础上的一种辅助手段,而是已经成为整个产业放弃信用合规、疯狂追求贷款规模的底线性风险控制措施,甚至已经成为重要的利润来源之一。在这种生态环境下,信贷规模越大,借款人违约率就越高,产业对催收的需求也就越急迫。[2] 在这种情形下,第三方催收迅猛发展,合法催收、"文明"催收难为产业所容,暴力或"软暴力"催收则大行其道。加上监管机构不明、专门立法缺失,催收已经成为网络小额贷款产业被"污名化"的核心所在。不过值得特别补充的是,虽然催收的机构化、职业化是其引发社会反感、污名化加重的重要原因,但也正是其机构化、职业化的发展,明显的违法犯罪催收日趋减少,而转为以破坏他人声誉、正常工作和生活秩序为核心的"软暴力"催收。尽管自 2017 年 12 月《现金贷通知》实施后,无特定

---

[1] 参见黎四奇:《我国债务委外催收存在的问题与解构》,载《中南大学学报(社会科学版)》2019 年第 2 期。

[2] 参见谭曼、段明:《中国债务催收行业的机遇、挑战及其治理》,载《首都师范大学学报(社会科学版)》2019 年第 2 期。

场景依托、无指定用途的现金贷已经被叫停,网络小额贷款只能依托消费信贷而发放,但鉴于前者的存量规模以及后者的增量规模,负外部性巨大的催收依然是整个产业最为倚重的风险控制措施。

《现金贷通知》《转型意见》《2020 通知》《2020 征求意见稿》等都强调了规范催收的要求,但都属于原则性的规定。比如,"不得通过暴力、恐吓、侮辱、诽谤、骚扰等方式催收贷款",这在实践中难以严格落实,也很容易引发规避。这是将催收作为一种违法犯罪现象予以对待,而没有正视催收作为一个相对独立的行业所蕴含的法律治理需求。既然催收已经成为网络小额贷款产业的内在组成部分,就应当正本清源而不能因噎废食。

2016 年,世界银行集团国际金融公司和我国央行金融消费权益保护局联合发表了《中国债务催收问题研究》报告,对我国催收行业提出了七大建议:明确债务催收行业行政主管机构;推动出台债务催收行业法律法规,促进该行业的阳光化、规范化;研究组建债务催收行业自律组织;出台债务催收行业自律公约;关注债务催收行业高新科技催收手段的发展和规范;研究出台个人破产或个人债务清理制度;优化信用环境,严厉打击逃废债行为。[1] 以上可以作为规范催收行业的基本框架。前两个建议相对容易转化,关于主管机构问题,催收机构与整顿后的 P2P 网络借贷(借贷信息中介)相似,将其界定为金融市场服务机构较为妥当。虽然催收以借贷交易为前提,但其本身并不涉及借贷,故以中央和地方的市场监督管理机构作为行业主管机构为宜。当然在颁布和实施监管规则时,应联合原银保监会、公安等机构一起进行。关于专门立法问题,是针对催收行业单独立法,还是先将其先作为网络小额贷款产业监管规则中的一部分等条件成熟时再单独立法,均是可取的选项。立法的核心不是形式,而是内容。前述"报告"剩下的五点建议的转化涉及两大核心立法内容:催收标准以及配套

---

[1] 参见世界银行集团国际金融公司、央行金融消费权益保护局:《中国债务催收问题研究》,载微信公众号"虎嗅 APP"2019 年 7 月 5 日,https://mp.weixin.qq.com/s/0IqWAH_0aDdaVL0lnG8NtA。

制度。

(二)以明确催收标准和完善配套制度作为催收规范的核心

构建明确、具体的行业及行为标准,是催收规范的核心。催收对借款人个体的正常生活和社会整体的公序良俗都容易产生巨大的负外部性,且具体行为千差万别、难以即时监测,待纠纷或冲突发生后再予以解决往往已经酿成严重后果,这也是长期以来行业发展不规范、投机心理严重的症结之一,因此必须设置明确、具体的行业及行为合规标准。[1] 从体系化的角度而言,催收标准应包括机构和人员准入、具体化和类型化的催收流程、禁止性催收行为、借款人投诉机制、对委托第三方催收的特别规定、违法催收的法律责任等。可能是催收对于金融稳定的影响有限,抑或立法者认为条件尚不成熟,迄今为止尚未见到正式的立法尝试。从公开报道来看,已有的规范主要来自企业内部和行业协会。2017年5月,深圳市互联网金融协会印发了《深圳市网络借贷信息中介机构催收行为规范(征求意见稿)》(以下简称《深圳征求意见稿》),从行业性自律角度,对贷后催收方式、收费标准、禁止性催收行为、委外催收、借款人信息采集与使用等问题作出了规定。其列举了10种禁止性催收行为,包括限时催收(8时至21时)、限次催收(同一天不得超过3次)、限定催收对象(严禁向借款人和担保人之外的第三人催收)、禁止公开催收(不得在借款人的工作、生活或学习场所宣传催收信息)等。这些规定的针对性较强、可行性较高,也为一些自我合规程度较高的催收机构所主动遵循,因此,对于立法有较大的借鉴意义。从监管的角度而言,有一些必要的措施需要补充。例如,应当强化对催收机构及其人员的准入管理。第三方催收机构应办理市场监管登记,催收员应当与催收机构有正式的劳动合同,禁止小额贷款公司的催收部门或第三方催收机构在催收员岗位上采取劳务派遣用工或非全日制用工。对于类似

---

[1] 参见谭曼、段明:《中国债务催收行业立法论纲》,载《湘潭大学学报(哲学社会科学版)》2019年第6期。

滴滴顺风车司机、外卖平台"众包骑手"这样的随时注册、随时就业的机动性催收人员,应当明确禁止。催收是一项人与人沟通的行为,催收员的实操行为对于催收的社会效果有很大的影响。应禁止承担过刑事责任的人员直接从事针对借款人的催收行为。地方行业协会应当组织催收员的资格培训,建立持牌上岗制度,并在地方金融监管机构备案。又如,违法催收的责任问题也需要加强。对违法催收机构及个人,应当实施"黑名单"制度即准入限制,并将违法催收记录作为许可小额贷款公司具体业务范围的条件。除上述补充外,《深圳征求意见稿》中的有些规定值得商榷。比如,其规定禁止性催收行为经过借款人事先明确同意则可以采取,但是在诱导性借贷环境下,借款人急于获得贷款,往往会忽视当时处于不确定性的催收行为会对未来产生的负面影响。禁止性催收行为是超越借款人个人利益判断的公共政策干预,故应取消借款人同意则催收合法这一条件。好比超过法律最高利率的部分利息,即使借款人同意,也不受到法律保护。还有其他类似的问题,本章不再展开讨论。令人遗憾的是,不知何故,《深圳征求意见稿》至今尚未正式颁布,也未见深圳市互联网金融协会作出说明,由此也可发现催收立法的困难。确实,催收是一个高度分散化、个人化、难以精准测度的行为,其中涉及产业利益与公序良俗的兼顾、贷款人和借款人的利益平衡、外部性控制等错综复杂的因素,制定明确的监管规则难度很大。因此,由各地方行业协会整合本地催收机构的内部规则形成行业性规则,再由地方监管机构试点立法,时机成熟时再由中央监管机构对其中的基本原则和底线性规则统一立法是比较可行的路径。中央监管机构应支持和推动各地方监管机构以及行业协会加快制定本地催收行业的地方监管规则以及行业自律规范。[1]

为了保证催收标准的有效实施,相应的配套制度必不可少。第一,激

---

〔1〕 2018年3月,中国互联网金融协会发布了《互联网金融逾期债务催收自律公约(试行)》,共5章31条,基本原则与《深圳征求意见稿》一致,但具体规则的标准化程度和适用针对性不如后者突出。

励小额贷款公司对借款人进行信用合规管理。网络小额贷款产业过度依赖催收,是因为借款人违约率太高,而违约率太高的原因则源于小额贷款公司怠于实施信用合规管理。有效激励的关键在于与利益捆绑。建议按照年度计算,对于借款人违约达到一定比例的公司,限制直至禁止其下一年度(或更长时间)向银行和股东借款、发行债券和资产证券化产品融资的权利。第二,完善借款人个人征信制度。对于一个正常的网络小额贷款生态来说,贷款人以公平利率放贷、主动避免发布诱导性借贷广告以及合理催收的保证,是尽可能减少并有力约束借款人恶意逃废债行为(有偿还能力而不履行偿还义务)的方式。要实现这个效果,除激励贷款人强化对借款人的信用合规外,也应当对借款人的负债程度作出必要的限定。基本的原则应当是,对同一借款人在所有贷款平台的贷款总额作出限制,同时规定当借款人存在尚未偿还的债务时,任何平台不得对其放贷。这就要在小额贷款公司之间实现借款人的信用信息共享。银行业金融机构之间通过央行的个人征信中心已经可以实现这个功能,应当进一步覆盖到网络小额贷款行业。[1] 第三,推进个人破产清算制度。个人破产清算的核心是通过对债务人设置特定的限制以免除其偿债义务。理论上,由于借款人可以通过申请个人破产清算免除还款义务,所以对催收会形成很大的约束,从而可以倒逼贷款人从严实施信用合规、合理控制贷款规模。因此,个人破产清算制度是催收规范必不可少的配套制度之一。我国的个人破产立法已经起步,2020年8月,深圳市人大常委会公布了《深圳经济特区个人破产条

---

〔1〕 《2020征求意见稿》第13条规定,"对自然人的单户网络小额贷款余额原则上不得超过人民币30万元,不得超过其最近3年年均收入的1/3,该两项金额中的较低者为贷款金额最高限额"。这个规定存在几个问题,其一,考虑到大部分网络小额贷款借款人的年均收入,30万元的额度设定过高。其二,这个规定将没有收入的在校大学生排除在外。出现这个问题,应该是因为校园贷跟现金贷已经被明确禁止,而京东白条、蚂蚁花呗等产品被认定为消费信贷产品,因而没有被《2020征求意见稿》认定为网络小额贷款。也许立法者未来会对网络信用消费贷款产品作出专门规制,但消费信贷本质上依然属于网络小额贷款。尽管校园贷被禁止,但大学生依然是依托电商交易的消费信贷产品的主力消费群体,也是高额利率、诱导借贷和不当催收的受害群体之一。因此,更有效率的办法是在网络小额贷款监管立法中予以一体化规制。

例》,允许在深圳经济特区居住且参加深圳社会保险连续满 3 年,因生产经营、生活消费导致丧失清偿债务能力或者资产不足以清偿全部债务的自然人申请破产清算。自法院宣告债务人破产之日起 3 年,为免除债务人未清偿债务的考察期限。考察期届满,债务人可以向法院申请免除其未清偿的债务。自法院裁定受理破产申请之日起,至裁定免除债务人未清偿债务之日止,债务人在消费等行为上要受到与被法院实施限制消费措施的被执行人、失信被执行人等相似的严格限制。地方立法的效果有待实践检验,尤其是个人破产清算的法律实施成本较高,社会的整体信用环境能否支持个人破产制度的实施并在后者的带动下迅速改善,决定了地方试点立法到全国统一立法的进展。这也构成了催收制度与个人破产清算制度之间相辅相成的辩证法。

## 六、结语

P2P 网络借贷整顿推动普惠金融市场的重构和相应法律治理的变革。P2P 网络借贷平台转型为借贷信息中介之后,小额贷款已经成为涉众性最强的普惠金融产业。我国多年来互联网基础设施建设的成熟、技术的飞速发展及深入应用,同时放大了网络小额贷款产业的优势和风险。网络小额贷款产业对法律治理有风险控制、创新推动、危机处置等多元化的需求,尤其是在利率管制、广告治理和催收规范等核心问题上,要求相应的法律治理应秉承整体主义的理念,强化精准治理的方法论,以实现监管与市场、公众之间的利益平衡。

# 后 记

本书各章的主要内容均曾以论文的形式公开发表，借此机会由衷地感谢中国法学会的王莉萍老师、中国人民大学法学院的姚海放老师、华东政法大学的谢青老师、上海社会科学院的徐澜波老师、南京市社会科学院的朱未易老师和吴海瑾老师、华东师范大学法学院的刘迎霜老师的宽容、鼓励和支持，也向论文的匿名评审专家们表示诚挚的谢意。

感谢我的博士生导师中国人民大学法学院的史际春教授和硕士生导师华南理工大学法学院的蒋悟真教授，感谢两位导师将我领入学术之门，并一直给予我关怀和帮助。

感谢我的母校湖南大学法学院和中国人民大学法学院对我的培养，感谢我的工作单位对外经济贸易大学以及对外经济贸易大学法学院对我的培养和支持。

本书受到国家级青年人才项目、对外经济贸易大学杰出青年学者培育计划、对外经济贸易大学学科建设专项经费的资助，在此一并表示感谢！

最后的感谢送给法律出版社的编辑老师们，谢谢他们认真、负责且专业的工作，使本书能够顺利出版。

冯 辉
2023 年 7 月于对外经济贸易大学